戦前期日本の食品衛生問題

郭 鋒【著】
GUO FENG

The Food Hygiene Problems in Pre-war Japan

専修大学出版局

目　次

序章　先行研究の整理と問題提起 ……………………………… 1
　先行研究の整理　1
　　1．公衆衛生史の先行研究　1
　　2．食品衛生　3
　問題提起　4

第 1 部　衛生行政の形成と食品衛生問題

第 1 章　戦前期日本衛生行政の概観 ……………………………… 9
　はじめに　9
　第一節　戦前期文部省——内務省衛生行政史における食品衛生問題　10
　　一、明治期　10
　　　1．中央の衛生行政機構　11
　　　2．東京府の機構　12
　　　3．地方衛生行政機構　14
　　　4．衛生試験所　16
　　二、大正・昭和前期　18
　　　1．中央衛生行政機関　19
　　　2．地方衛生行政機関　23
　第二節　戦前期日本の食品衛生史　25
　　一、明治期　25
　　　1．司法省食品衛生関連布達　27
　　　2．刑法による取締　27
　　　3．内地雑居に伴う飲食物取締制度の確立・立法化への提言　28

4．「飲食物其他ノ物品取締ニ關スル法律」 30
　　　5．食品添加物 31
　　二、大正・昭和初期 38
　　　1．全国状況 38
　　　2．警視庁 41
　　　3．食品添加物 44
　おわりに 55

第 2 章　衛生組合の活動 …………………………………… 61

　はじめに 61
　第一節　静岡市衛生組合の活動 62
　　一、静岡市衛生組合の創設 62
　　二、静岡市衛生組合の組織 67
　　三、静岡市衛生組合の事業 68
　　　1．種痘 68
　　　2．衛生談話会、衛生展覧会、衛生演劇、衛生浪花節、活動写真会 70
　　　3．結核予防と消毒事業 73
　　　4．腸チフスその他の予防 75
　　　5．蠅駆除と捕鼠の奨励 79
　　　6．各部一斉巡検、健康週間、衛生デー 81
　　　7．下水道敷設と井水検査 83
　　　8．静岡衛生時報の刊行 84
　第二節　衛生組合の活動と食品衛生 85
　　一、東京府衛生組合（南多摩郡）の活動 85
　　二、大阪府衛生組合（鷺洲・城北）の活動 85
　　　1．鷺洲衛生組合 85
　　　2．城北衛生組合 87
　　三、静岡市衛生組合の活動 87
　第三節　新聞記事からみた衛生組合の活動とその問題点 89
　　一、1898 ～ 1905 年の記事 90

二、1930〜1935 年の記事　95
　おわりに　100

第 2 部　個別産業における食品衛生・品質問題

第 3 章　明治期製茶 ……………………………………… 107
　はじめに　107
　第一節　近代日本茶業の沿革　109
　　一、偽茶・粗悪茶、粗製不正茶、着色茶の定義　109
　　二、明治初期の製茶貿易　110
　　三、明治中期の製茶貿易　112
　　四、明治後期の製茶貿易　114
　第二節　「領事報告」からみた明治期製茶品質問題　119
　　一、「領事報告」の性格　119
　　二、1883 年「贋製茶輸入制禁条例」をめぐる領事報告　120
　　　1．アメリカにおける製茶の流通　121
　　　2．アメリカにおける製茶消費増大の理由とその問題点　122
　　　3．「贋製茶輸入制禁条例」をめぐる製茶品質問題　123
　　　4．「贋製茶輸入制禁条例」の日本茶にもたらした影響　129
　　三、1897 年「粗悪不正茶輸入禁止条例」をめぐる領事報告　129
　　　1．アメリカにおける製茶の流通　130
　　　2．アメリカにおける製茶消費減少の理由とその解決策　130
　　　3．「粗悪不正茶輸入禁止条例」をめぐる製茶品質問題　131
　　　4．「粗悪不正茶輸入禁止条例」の日本茶にもたらした影響　136
　　四、1911 年「粗悪不正茶輸入ニ関スル増補細則」をめぐる領事報告・
　　　　組合報告　137
　　　1．アメリカにおけるカナダ経由の下等茶輸入の増加　137
　　　2．アメリカにおける着色茶輸入禁止をめぐる意見対立　138
　　　3．「粗悪不正茶輸入ニ関スル増補細則」をめぐる製茶品質問題　138
　　　4．「粗悪不正茶輸入ニ関スル増補細則」の日本茶にもたらした影響　146

        第三節　茶業組合資料からみた明治期製茶品質問題　148
            一、偽茶・粗悪茶問題と日本政府・茶業組合の対応　148
                1．日本の中央茶業組合本部の対応　150
                2．政府の対応　153
            二、粗製・不正茶問題と日本政府・茶業組合の対応　154
                1．茶業組合中央会議所への改組及び対応　154
                2．政府の対応　155
                3．「標準茶」の基準問題　155
            三、着色茶問題と日本政府・茶業組合の対応　157
                1．茶業組合中央会議所の対応　157
                2．日本政府（農商務省）の対応　158
        おわりに　159

第4章　近代缶詰 ……………………………………… 167

    はじめに　167
    第一節　近代缶詰の沿革　168
        一、缶詰のはじまり　168
        二、初期的市場形成　169
        三、日清戦争による発達　170
        四、日露戦争による発達　172
        五、民間における缶詰の普及──戦後払下げと震災　174
        六、缶詰の輸出と国内における贈答品への活用　175
    第二節　缶詰の品質問題　178
        一、不当表示　178
        二、缶詰中毒　182
        三、防腐剤問題　182
    第三節　業界対応　184
        一、缶詰組合の沿革　184
        二、普及事業　185
        三、市販缶詰開缶研究会の開催と「推奨マーク」、缶型の統一　185

四、サーモン・デーと『缶詰時報』の刊行　188
　　五、缶詰と黒変問題　189
　おわりに　191

第5章　近代製菓 …………………………… 195
　はじめに　195
　第一節　在来和菓子産業の存在形態　197
　　一、穀物・砂糖と菓子生産の関連性　197
　　二、在来和菓子産業の限界性　198
　第二節　近代洋菓子市場の形成　198
　　一、軍事的な菓子需要　199
　　　1．チョコレート　199
　　　2．ビスケット、パン　200
　　二、民間的な菓子需要　202
　　　1．家内工業から工場工業へ　202
　　　2．贈答　202
　　　3．新聞記事からみたパンの流行　203
　　　4．喫茶店の出現と洋菓子　204
　第三節　和洋製菓の品質問題　204
　　一、シュークリームの危険──プトマイン中毒問題　204
　　二、浜松の毒餅事件──病原菌の混入──食中毒の考え方の転換　205
　　三、菓子の銀紙包装──鉛毒問題　208
　　四、上品な菓子──有害着色料問題　209
　　五、有毒着色料──有害着色料　209
　第四節　業界対応　211
　　一、販売過程における障害　211
　　二、生産過程における衛生向上　212
　　三、製造年月日の表記　214
　おわりに　215

終章	219
参考文献一覧	227
第3章　史料	235
あとがき	249

装丁　右澤康之

序章　先行研究の整理と問題提起

　戦前期の日本における食品衛生と品質改良の歴史を実証分析することが本書の目的である。衛生行政の分析だけではなく、個別産業の実態を踏まえた食品衛生問題を検討することが本書の特徴となる。具体的には、輸出産業である製茶・缶詰と内需産業である製菓を分析対象に、輸出相手国の食品衛生意識の変化、日本国内における食品衛生意識の変化などに注目し、時代状況によって変化する品質問題の実態を、可能な限り掘り下げて分析することとしたい。

先行研究の整理

1. 公衆衛生史の先行研究

　食品衛生問題は、これを単純に腐敗に代表される食物の安全性の問題として考えれば人類の歴史と共に生じた古い問題であるが、これに対する科学的知識の蓄積、社会的問題意識の形成と、行政的対応という点で位置づけるとするならば、公衆衛生という問題領域の形成をもって出発点と考えることでき、そこから環境衛生、食品衛生問題と問題が細分化し、形成されてきたものと考えることができる。したがって、先行研究としては公衆衛生に関わる研究史を最低限把握することが必要となる。まず公衆衛生の定義について、伊藤ちぢ代は、アメリカの公衆衛生学者であるウィンスロウ（C.E.A. Winslow）の次のような文章をもって、定義を行っている。「公衆衛生は、共同社会の組織的な努力を通じて、疾病を予防し、寿命を延長し、身体的・精神的健康と能率の増進をはかる科学・技術である」[1]、なおかつ、「そのためには、共同体による環境

衛生を守る組織化された努力、感染制御、個々人の衛生に関する教育、早期診断と予防的措置を実施する医療と看護サービスの集約、さらに健康を維持するために十分な生活基盤をすべての個人に保障する社会システムの発達が必要とされる」[2]。つまり原則としては近代国民国家が、科学的知識に基づき行政的権力を用いて国民を疾病から予防し、健康を向上させることが公衆衛生であることになる。その意味で公衆衛生の一部領域に属する食品衛生問題も、近代科学技術と国民国家を前提とする「近代的」問題領域であるといえる。

　上記の公衆衛生問題については、それが伝染病の予防が目的であったり、国民の栄養向上という点があったとしても、国家が国民の身体に介入するものとして批判的に分析を行うアプローチが存在する。例えば色川大吉は、近代日本の公衆衛生行政について、それを「富国強兵」路線のもとで明治政府が伝染病に対抗するため、地方衛生行政を警察行政へと従属させ、強権的に伝染病対策を推し進めたことを「衛生行政の官僚化」を招いたと批判的に指摘した。またこれとは別に当時の公衆衛生行政が伝染病対策に傾斜し過ぎた結果、内務省が避病院を建設し患者を隔離させても、伝染病流行が過ぎ去れば忘却されてしまうという行政対応の場当たり性、継続性の欠如が批判された[3]。また鹿野政直は、近代的概念である「健康」という心身の状態をもとに病人や「不衛生な人々」（それは多くの場合、社会階層と密接な関係があった）が差別・排除されてしまうという、衛生制度史における近代日本の国民像を描き、近代医療史に「隔離の思想」、「衛生観念」、「国家の主導性」という３つの論点を提示している。鹿野は、戦前の日本人を行政の衛生政策を受動的に受け入れる存在として描き、自らの生命の主体性を獲得できていない存在と位置づけている[4]。尾崎耕司は、日本における近代国民国家形成上の重要な経路として徴兵・学校・衛生の３点を位置づけ、その３経路の分析から、日本の「イエ（戸）」を軸とする、公法上の権利義務関係の創出とそれを実体化するための地方制度の形成について論じている[5]。近年では宝月理恵が、日本における衛生を巡る研究と分析視覚の系譜を３つに分類している。すなわち、①19世紀末の「偉大な改革家」に主導される公衆衛生や衛生改良運動によって幕開かれる「近代」を、公衆の健康を守護するメガニズムの形成過程であると捉える伝統的歴史学の系譜、②都市社会史の分野において、近代開港に伴い猛威を振るったコレラやペストなど

の急性伝染病への対応・防疫手段として、公衆衛生行政の強化に取り組んだ日本の近代都市行政史研究の系譜。この分野では上記鹿野の研究に代表されるような、「衛生」を基準とする社会的差別のメカニズムも注目されている。③統治技法の分野において、衛生問題を近代国民国家における統治技法の一つと位置づけ、衛生行政が医学的観点から個人および家族の健康を規制化・監視化させ、さらに監獄、学校、工場、兵舎といった場所にも個人衛生を規範化させることにより、国民の身体に対して個人レベルまで政治的・行政的介入を可能にした点を重視する系譜であり上記尾崎の議論などに代表される[6]。

以上のように、日本において、複数の分野において公衆衛生の研究が行われてきたが、近年の研究動向は上記宝月の②、③に代表されるように、衛生行政を国家による国民の身体への介入と位置づける傾向が主流であったと言える。公衆衛生行政、特に近代日本のそれが国家による身体への介入という側面を孕んでいたという指摘は否定しがたいものであろう。しかし一方で、幕末・明治期以降、急激な近代化を遂げた日本社会において、これも急激に問題化した疫病や食の安全に対する対応を行うにあたり、国家の強制力を持った介入を全否定すべきであるか否かについては筆者は疑問を覚える。また近代資本主義社会に突入した日本において上記の衛生問題分析は一つの要素を見落としているように思える。それは企業の存在である。特に食品問題については食品製造が近代化・企業化する過程で生じた問題も数多い。本書では第1部においては行政分析のアプローチから食品衛生問題を考えるが、第2部において個別の食品産業に注目する点に特徴がある。

2. 食品衛生

次に広義の公衆衛生問題から対象を絞り、食品衛生問題に関する先行研究を見てみよう。率直に言って歴史研究の分野において、食品衛生問題を単独で扱った研究は極めて少ない。これは日本の食品衛生問題が行政的に独立したのが、第二次世界大戦後1947年に制定された食品衛生法以後と考えられていることと関係があるだろう。そうしたなかで戦前の食品衛生行政全般について論じた唯一と言ってよい業績は、山本俊一の『日本食品衛生史（明治編）』『日本食品衛生史（大正・昭和前期編）』『日本食品衛生史（昭和後期編）』である。山本

は食品衛生法以前の明治期から昭和期にかけて、食品衛生を巡る行政がどのような法的・行政的枠組み下で構築され、運用されてきたのかについて、明治期から今日に至るまでの衛生行政の前史を描いている[7]。本書も行政制度については山本の業績から学ぶところがほとんどであることを明記しておきたい。その他個別の食品衛生問題に関する研究業績としては、細貝祐太郎編『食品衛生の歴史と科学：人はいかにして毒を知り食の汚染を防げるようになったか』による食中毒問題に対する歴史的研究[8]、日本食品化学研究振興財団二十世紀日本食品添加物史編纂委員会編『二十世紀日本食品添加物史』[9]、清水孝重による食品着色に関する研究[10]、光武幸による食品添加物に関する研究等、多数の研究をあげることができる[11]。山本をはじめとする先行研究業績に問題点をあげるとすれば、それは上記衛生史研究の潮流と同様に分析対象が行政に偏っていることであり、食品製造を行う企業に対する視点が不足してる点である。

問題提起

　上記の先行研究整理を踏まえて本書の課題を述べるとすれば、戦前期日本における食品衛生と品質改良の歴史実証分析を主に食品製造に関わった企業努力に着目して分析する点にある。幕末開港とともに、日本社会には近代的な「文明」が押し寄せてきた。その「文明」の中にはペストやコレラといった伝染病も含まれていた。一方で、そうした「文明」の副作用に対する概念として、「衛生」という概念も日本社会にもたらされるに至った。衛生問題は、当初は前述したペストやコレラといった伝染病の防疫問題として取り組まれる。しかし、そうした問題が一段落すると、それ以外の問題点、すなわち日本社会の内部における「衛生」の不足といった問題点に注目を集まるようになってきた。そうした問題は、環境衛生という概念として独立しはじめ、さらには環境衛生から食品衛生へと細分化していった。近代化とともに、食品産業も大量生産化が進んでゆき、食品の貯蔵技術や商品化のための彩色技術など新たな段階の食の安全の問題がクローズアップされてきたのである。

　もちろん、日本における食品衛生の問題を歴史的に考える際には、第二次世

界大戦後に成立された「食品衛生法」の制定とこれに伴う行政・企業・国民の努力の過程を検証することが必要であることはいうまでもない。しかし、本書においては、その前史として、「食品衛生法」が成立する以前、すなわち戦前における食の安全の歴史を企業の側面から検討することを課題としたい。

　これに加えて筆者個人の立場に関わる問題関心を述べたい。近年経済成長が著しい中国は、日本に対する主要な食料品輸出国の一つであるが、「三鹿」ミルク、農薬入り冷凍餃子など様々な食品衛生問題を抱えている。その展開は、中国人民だけの問題ではなく、日本の国民にも大きく関わる問題である。それは日中両国の社会・経済問題にも影響を与えかねない問題であり、その改善・解決には国家を超えた知識の共有が必要であると考える。本書では、近代日本戦前期における食品産業が食品衛生問題とどのような形で遭遇し、どのような対処を行ってきたのかについて、その歴史的経過を描くこととしたい。それを中国の食品衛生問題の展開に役立てられれば幸いである。

　なお本書では、近代日本の食品衛生問題を検討するにあたり、第1部において食品衛生問題を含む衛生行政全般の概観を試みた後、第2部において製茶、缶詰、製菓という3つの分野を分析の対象とする。その理由は以下のとおりである。近代の日本茶業は、製糸業と同様に外貨獲得産業として位置づけられていた。生糸と異なり、日本茶は食料品として海外とりわけアメリカ合衆国市場に輸出されていたのであった。近代を通して、日本茶の品質問題の認識をめぐり、日米両国間に攻防戦が展開されていた。すなわち、近代日米間の文化差異により生じた貿易摩擦が食品衛生問題と関連して発現した事例への注目である。次に、缶詰業は、西洋的な食物保存手法が日本に導入され、後輸出産業として成長に至った貴重な事例である。それは特に近代日本の戦争遂行と密接な関係を有している。前出の尾崎耕司が近代日本国民国家形成を理解するに当たり軍隊と衛生を並列させて論じた点と問題意識を共有する部分のある分析対象である。そして、製菓業は、主に国内需要が中心的であったが、後に輸出も行われる分野である。在来の「和菓子」産業と外国から技術の導入により急成長した「洋菓子」産業の両方に注目したい。すなわち食品衛生問題を「企業」活動を手掛かりに、「貿易」、「軍事」、「内需」の3経路から分析することを試みるものである。

具体的な課題として、第1に戦前における近代製茶品質を分析することによって、最大の製茶輸出市場であるアメリカにおける製茶品質に対する認識の変化のみならず、日本国内における製茶品質に対する認識の変化に注目し、その変化を明らかにすること。第2に比較対象として、近代缶詰・製菓の品質に対する認識の変化を明らかにすること。第3に日本茶・缶詰・製菓の品質に対する認識の変化の違いを明らかにすること、という3つの課題を設定している。

　本書は、分析対象を戦前期に限定し、いわゆる本格化した「食品衛生法」に至るまでの前史を研究することを目的とした。その理由は、戦後の食品衛生問題研究に比し、戦前期の食品衛生問題の先行研究は相対的に少なかったからである。なお、戦後の衛生問題は今後の課題としたい。

注

1) 伊藤ちぢ代「衛生行政と健康に関する法制度——健康観の哲学的基礎付けのための基礎研究」（日本大学大学院総合社会情報研究科『日本大学大学院総合社会情報研究科紀要』No.6、2005年所収）、444-445頁。
2) 伊藤ちぢ代、同上、444-445頁。
3) 色川大吉『近代国家の出発』（日本の歴史21）中央公論社、1966年。
4) 鹿野政直『健康観にみる近代』朝日新聞社、2001年。
5) 尾崎耕司「近代国家の成立——軍隊・学校・衛生」（歴史学研究会・日本史研究会編『日本史講座　第8巻　近代の成立』東京大学出版会、2005年所収）、84頁。
6) 宝月理恵『近代日本における衛生の展開と受容』東信堂、2010年、4-5頁、20頁。
7) 山本俊一編『日本食品衛生史（明治編）』中央法規出版、1980年；山本俊一編『日本食品衛生史（大正・昭和前期編）』中央法規出版、1981年；山本俊一編『日本食品衛生史（昭和後期編）』中央法規出版、1982年。
8) 細貝祐太郎編『食品衛生の歴史と科学：人はいかにして毒を知り食の汚染を防げるようになったか』中央法規出版、2013年。
9) 日本食品化学研究振興財団二十世紀日本食品添加物史編纂委員会編『二十世紀日本食品添加物史』日本食品衛生協会、2010年。
10) 清水孝重「色と食品——食品着色料の歴史的変遷（特集：色）」（『食品・食品添加物研究誌』(174)、1997年所収）、44-59頁。
11) 光武幸「我国における着色料取締りの歴史：歴史的経緯からみた着色料の存在意義」（『北海道大学大学院環境科学研究科邦文紀要』(1)、1985年所収）、22頁。

第1部
衛生行政の形成と食品衛生問題

第1章　戦前期日本衛生行政の概観

はじめに

　第1節では、戦前期の文部省から内務省衛生行政史における食品衛生問題を取り上げる。衛生行政に関する基本的文献としては、『内務省史』[1]と『厚生省五十年史』[2]という行政府の担当官庁がまとめた文献がまず存在する。1938年に内務省から厚生省が分離されるまで、食品衛生問題を含む衛生行政は同省の管轄であった。衛生行政の制度上の変化を追う上で上記文献は基本的史料と言える。個別の研究としては笠原英彦・小島和貴が、近代化の重要課題である医療・衛生行政のモデルを巡る議論と試行錯誤の過程を叙述し、「長与専斎から後藤新平へと改革が引き継がれる過程における、衛生行政理念の変容を描いた」[3]。同様の系譜を持つ研究として尾崎耕司は、後藤新平の衛生思想を検討することを通じて、近代日本において地域住民の合意のもとに、衛生行政が機能する仕組みの形成過程を明らかにし、後藤新平が目指した自治的な衛生制度への展望と限界を位置づけた[4]。また横田陽子は、衛生行政の試験検査部門の歴史的経緯を辿り、制度に関わる専門家に注目したことにより、従来の通史にはない地方における衛生行政の歴史を明らかにしている。横田は衛生行政が科学と社会の交錯の現場であると示唆し、科学技術の進歩に加えて社会のあり方に伴っても変化するものであると指摘した[5]。

　一方で序章でも述べた通り、衛生行政の進展を単なる進歩の歴史と位置づけるのではなく、国家による人間身体への介入の歴史と位置づける研究系譜も存在する。谷口直人は、日本における衛生行政推進上、最大の要因が伝染病の流

行であったことを指摘し、「伝染病予防法」の制定過程を明らかにすることで、衛生行政確立を近代国家建設の重要な礎石として位置づけている[6]。また地方における衛生実務については、小林丈広が、新聞、京都市参事会、臨時市医の記録、および警察の報告書を駆使して近代京都の衛生状況を検証し、コレラ防疫を契機とした近代の地域差別の変容を探り、社会的差別のメカニズムを解明した[7]。宝月理恵は、こどもの身体管理という観点を切り口として、衛生がかかわる3つの〈場〉(国家・学校・新中間層家庭)を分析の対象として設定することにより、近代日本における「衛生」概念の展開と国民の受容の様相を検討している[8]。

以上の研究史を意識したうえで、本章では近代日本における衛生行政の展開過程を概観し、なかでも「食」に関わる領域における衛生概念が、戦前日本においてどのように意識されていたのかについて明らかにすることを試みる。

第一節　戦前期文部省——内務省衛生行政史における食品衛生問題

一、明治期

1872年、文部省に医務課が置かれ、衛生事務を取り扱うようになった。同課は1873年3月、医務局に昇格して、ついで1874年8月18日に「医制」[9]が公布されるに至った[10]。医制は、文部省が東京、京都、大阪の三府への達という形で発布した、医療制度や衛生行政に関する各種規定を定めた法令であり、全76条から形成されていた。以下その一部を抜粋する。

「医制」(明治七年八月十八日文部省より東京京都大阪三府へ達)[11]

第一条　全国ノ医政ハ之ヲ文部省ニ統フ
第二条　医政ハ即人民ノ健康ヲ保護シ疾病ヲ療治シ及ヒ其学ヲ興隆スル所以ノ事務トス
第三条　文部省医務局中ニ医監副医監ヲ置キ専ラ医政ヲ担任セシム
第四条　全国内ニ衛生局七所ヲ設ケ大中小ノ衛生局ヲ置キ文部省ノ趣旨ヲ奉シ

テ地方官ト協議シ其区中一切ノ医務ヲ管理セシム
　　　但シ海陸軍陣医院ノ事務ハ此限ニ非ス
第五条　各地方ニ於テ医務ニ関スル事件ハ統テ衛生局ト協議スヘシ
　　　（当分）衛生局完備セサル間ハ文部省ニ申出ツヘシ
第六条　地方官ニ於テ医務掛ノ吏員一二名ヲ置キ管内ノ医務ヲ掌ラシム其人名ハ兼テ文部省並ニ衛生局ニ届ケ置クヘシ
　　　但シ地方官吏ヨリ兼任タルヘシ
第七条　地方ノ医師及ヒ薬舗主家畜医等ヲ撰テ医務取締ヲナシ衛生局地方長官ノ差図ヲ受ケ部内日常ノ医務ヲ取扱ハシム
第八条　医務取締ハ医師薬舗主等ヨリ出ス所ノ書類ヲ集メ毎年両度二月七日中衛生局ニ出スヘシ
　　　但シ臨時ノ願伺等ハ其時々地方長官衛生局ニ出スヘシ
　　　医務取締ハ各地ノ習俗並ニ衣食住等ノコトニ付現ニ健康ヲ害スルコトアルヲ察セハ衛生局ニ申出ツヘシ
　　　又流行病アリテ医師ヨリ届出タル時ハ病性ノ善悪流行ノ緩急ヲ察シ速ニ衛生局並ニ地方官ニ届クヘシ

　「医制」は医療行政全体に及ぶ包括的な法令であり、医療衛生全体の方針を示した訓令的性格を持つものである。そのため直接飲食物を規制対象とするような具体的内容を持つものではなかったが、第八条に「医務取締ハ各地ノ習俗並ニ衣食住等ノコトニ付現ニ健康ヲ害スルコトアルヲ察セハ衛生局ニ申出ツヘシ」と記されたように、国民生活のいわゆる「衣食住」の習俗に関わる関連で健康被害が生じた場合、それが衛生局の所管であることが定められている。

1．中央の衛生行政機構

　「医制」の発布に伴い、衛生行政を担当する局である衛生局が、文部省に設けられたが、制定後1年も経過しない1875年7月4日に、衛生行政は文部省から内務省へと移管された。その結果、文部省医務局は廃止され、内務省第七局を設置して衛生事務を取り扱うこととなり、翌年には、同第七局は衛生局と改称されたのである。以後、内務省衛生局が食品を含む衛生行政全般を管轄

第1部　衛生行政の形成と食品衛生問題

図1-1　内務省衛生局組織図（1883年）

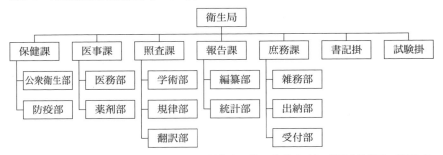

出所：総理府統計局編『総理府統計局百年史資料集成』（第1巻　総記　上）、総理府統計局、1973年、55-56頁。

する状況は、厚生省の設立される1938年まで続くこととなった[12]。

　衛生局の組織は、内務省衛生局分課事務章程（1883年）が定めるように、五課二掛に分けられており、これを図1-1で示した。食品衛生の領域は保健課の管轄となった。保健課の下には公衆衛生部と防疫部が置かれている。公衆衛生部の職務の一つは、「飲食物ならびに顔料・染料・玩具等の取り締まりにかかわる諸件を調べること」であり、今日の食品衛生に関わる領域を管掌していたことがわかる[13]。各府県においても、衛生行政に関わる部局が整備されてゆくことになるが、当初は後述するように、地方自治体における衛生行政は警察の所管となることとなった[14]。

2. 東京府の機構

　明治期の地方衛生行政は、内務省の所管下におかれたが、地方における運用を地方行政府に担わせることを構想した長与専斉の思惑と異なり、戦前衛生行政は警察の管轄下におかれることとなった。東京府における衛生行政は当初、警視庁と東京府の間で分掌する状態がしばらく続き、その後、いわゆる衛生警察制度として全国各府県レベルにまで定着してゆくこととなったのである[15]。1880年4月21日、東京府において衛生警察制度が制定され、警視本庁より各課各分署へ「今般各署にさらに衛生警察専務を置き、所轄内衛生取締を担当させ、事務手続きを左の通り定めた」との通達が発せられ[16]、同年5月1日には、「今般各署に衛生警察専務を置いたので、各担当者は左の事項を注意し

第 1 章　戦前期日本衛生行政の概観

異常があれば速やかに上官に具申しなければならない」と具体的な指針が定められている[17]。

上記通達の中で、食品衛生に関係し、警察が監視の対象とするものとして、下記のようなものがあげられている。①人畜接近の場所に於ける馬、牛、豚、牧場、諸鳥獣畜飼育所、屠場、魚類乾燥場、諸市場、魚腸貯蔵場の不潔または悪臭、②腐敗・がん造等の飲食物を販売する者、③病死した鳥獣肉を販売する者、④露店において鳥獣肉を販売する者、⑤牛乳搾取人、⑥氷製造および販売人、⑦飲食物および玩具の着色料その他染料、⑧中毒死亡者および患者。同時に、東京府衛生課職制及び事務章程も定められたものの、そのなかで食品衛生に関連する記述を見出すことはできない[18]。

1883 年 1 月 23 日に公布された「警視庁通達衛生条項」の第九条には、食品衛生に関しては、以下のような記述がみられる。「第九条　衛生上の事務は次の条項により適宜にその実情を視察する。第一　牛乳搾取場及び売肉、凍氷店のこと、(中略) 第七　未熟の果物、腐敗の飲食物あるいは有害の着色料を施した飲食物の販売に関すること、(中略) 第一一　魚鳥獣肉、野菜店等において販売する腐敗または有害の物品に関すること」[19]。

さらに、1886 年 6 月 2 日に出された警視庁訓令甲第 13 号「事務分掌心得」の第 13 条では、第一局第五課が管轄する事務のうち食品衛生に関連する事務が以下のように定められている。「一　牛乳搾取および販売取り締まりに関する件、一　氷雪製造及び販売取り締まりに関する件、一　売肉取り締まりに関する件、一　腐敗・がん造その他有害食物販売の検査に関する件、一　飲料水販売その他取り締まりに関する件、一　絵具および着色料取り締まりに関する件、一　屠畜場建設およびその営業取り締まりに関する件、一　獣畜伝染病および疫獣焼却埋葬に関する件、一　獣類埋葬場取り締まりに関する件、一　家畜取り締まりに関する件、一　魚干場取り締まりに関する件」[20]。また、同心得の第 19 条により、医務部が管轄する事務のうち食品衛生に関連する事務が以下のように定められていた。「一　飲食物、薬品、着色料、染料および水質等分析の件、一　獣類伝染病予防、消毒、検疫に関する件、一　屠獣検査に関する件」[21]。1892 年 11 月 25 日には、警視庁医務部の機構改革が行われ、食品衛生関係の管轄事務が以下のように整理された。「医務掛　一　有害品製造

所、貯蔵所にかかわる衛生事項鑑査に関すること；獣医掛　一　屠獣検査に関すること、二　乳牛検査に関すること、三　馬匹に関すること、四　売肉に関すること、五　牛乳に関すること；分析掛　飲食物、……着色料……庖厨（ほうちゅう）具、玩弄具等の分析に関すること」[22]。

　水に関わる分野はコレラ・赤痢等の防疫に関連する要素が強く、屠畜に関連する分野などはいわゆる環境衛生に属する事柄と考えることができるが、それ以外にも食品のがん造（贋造）、着色料等の有害物質、腐敗による食中毒の問題等、食品衛生に関連する事項が総花的とはいえ、幅広く射程に収められている点は注目に値する。ただこうした諸問題を当時の警察行政が有効に監視し、改善できていたかといえば、それはまた別の問題であろう。

3. 地方衛生行政機構

(1) 府県の機構

　1878年の内務省乙第44号および第49号により、各府県では衛生事務担当者が置かれるようになった。1879年12月27日付内務省達乙第55号「府県衛生課事務条項」により、衛生課が設置されるようになり、衛生問題の専門家を専任者として任命し、衛生事務を取り扱うようになった[23]。この措置は翌年に衛生行政が警察に移管されるまでの短期間の措置であった可能性が高いが、それでも地方行政に衛生担当部局が置かれるようになる出発点として注目しておきたい。「府県衛生課事務条項」は、第2項の後半に「腐敗贋造ノ食物飲料ニ注意シ之カ取締ヲナス事」「飲食物及ヒ玩弄品ノ着色料其他顔料染料ノ取締ヲナス事」といった食品衛生関係の条文が列記されている[24]。

内務省達乙第55号（抄） [25]

昨明治十一年当省乙第四十四号並ニ同四十九号ヲ以テ衛生事務担当ノ吏員ヲ置キ候様相達置候処自今更ニ衛生課ヲ設ケ略□衛生ノ大意ヲ通スル者ヲ撰テ之ニ専任シ別紙ノ条項為取扱候様可致此旨相達候事

　但シ条項ニ準シ職務章程取調可伺出事

　（別紙）

府県衛生課事務条項
　地方衛生課ハ府知事県令ノ指揮ニ従ヒ成規ニ依リテ管内衛生ノ事務ヲ整理シ其新設ノ事件及ヒ改良ノ方法ニ係ル者ハ地方衛生会ノ議ニ付シ之ヲ施行スル者トス而シテ重要ノ事件ハ施行ノ前之ヲ内務省ニ稟議スベシ
第二　飲食料取締ノ事
　各地飲水ノ性質ヲ検査シ井或ハ水道ノ位置構造水源ノ掃除法等ニ注意シ之カ改良ヲ謀ル事
　腐敗贋造ノ食物飲料ニ注意シ之カ取締ヲナス事
　飲食物及ヒ玩弄品ノ着色料其他顔料染料ノ取締ヲナス事
第三　清潔法注意ノ事
　市場、製造場、畜場、屠場、魚干場等ノ衛生上利害ヲ検察スル事
第四　病災予防ノ事
　家畜流行病伝染病ノ予防消毒法ヲ行フ事

　上記内容としては、前年に出された「警視庁通達衛生条項」と相似する部分が多く、この内務省達が、条項のベースになるものだったと考えることができる。

(2) 町村の機構

　一方、1879年12月27日付内務省達乙第56号「町村衛生課事務条項」により、町村における衛生行政の組織が定められた。町村の公選による衛生委員会を設け、戸長を助ける形で、衛生事務を取り扱うよう定められた[26]。

内務省達乙第56号（抄）[27]

今般地方庁中衛生課設置ニ付テハ郡区中ニ主務相定メ担当可為致候得共町村内ニ於テ実際人民ト接シ致世話候者無之テハ日常民間ノ実況ニ就キ行ハレ兼候場合モ不少ニ付更ニ町村ノ公撰ヲ以テ衛生委員ヲ設ケ別冊ノ条項ニ準拠シ戸長ヲ助ケテ該町村衛生ノ事務為取扱可申此旨相達候事
　但便宜数町村連合ニテ撰用候モ不苦且委員設置ノ方法並事務取扱手続等取調

第 1 部　衛生行政の形成と食品衛生問題

可伺出事
　（別冊）
　町村衛生課事務条項
第二条　［一項略］
　　　　市場、製造場、畜場、屠場、魚干場等ハ其位置及ヒ建造方ニ注意シ健康
　　　ヲ害スヘキ事由アラ之ヲ改良スルノ見込ヲ立ル事
第三条　腐敗セル魚鳥獣肉蔬菜類、不熟ノ果物不良ノ塩蔵食物、及ヒ贋造ノ粉
　　　類等ノ販売ニ注意スル事
第四条　飲水、氷、牛乳ノ善悪其他飲料ノ腐敗贋造等ニ注意スル事
第六条　飲食物玩弄品等ノ著色料ニ注意スル事

　上記内容についても、注意点としては上記内務省による都道府県達とほぼ同一の内容であったことが確認できる。

4. 衛生試験所

(1) 中央の衛生試験所

　衛生学は科学（化学）である。衛生行政の一領域である食品衛生行政においても、科学的知識や検査技術の進歩なくしては、合理的な取締りを行うことはできず、逆に無用な取締りが社会に不利益を与えてしまう可能性もある[28]。戦前期日本の衛生行政に「科学性」を付与するにあたり、大きな役割を果たした機関として全国に設置された衛生試験所の存在があげられる。1874 年に飲食物の試験検査施設として東京にはじめて司薬場が設置された。西洋医薬の進歩に伴って西洋医薬品の需要が増加したが、当時の日本国内において自らこれを生産する能力がなく、そのすべてを輸入に頼っていたため、贋造薬が横行した問題に対処するためであった[29]。その後、大阪、横浜、長崎の各地にも、司薬場が相次いで設けられた。司薬場はその名の通り、当初は薬品検査を主な目的として発足したのであるが、1881 年 12 月に薬品検査のほか衛生に関するその他の項目を広く試験するようになった。食品に関するものとしては、主に塩、酒類、着色料などの試験が開始された。また、食中毒についての研究も始められ、1878 年 12 月に内務省から各府県に対し、飲食物の中毒及び薬物

第1章　戦前期日本衛生行政の概観

の誤用などによって被害を蒙った者がいる場合は、その毒物の品名、中毒症状などを具して司薬場に報告することを義務づける通達が発せられた[30]。

1883年5月に、司薬場は衛生試験所と改称され、そのなかに検明部が設けられた。同部では、大気、用水、土壌、衣服、飲食物、鉱泉等の検査を行い、また飲食物の着色料もその検査対象に含まれたほか、警察および裁判に関する分析試験も行われた。1886年に、検明部が生理、病理、化学の三科に分割され、1890年8月には、同部において従来の大気、用水、土壌、衣服、飲食物、鉱泉に関するものに加え、新たに警察、裁判、医学の化学に関するもの及び病原検索に関する諸事務も取り扱うようになった。その後1904年に、衛生上の利害及びその試験方法等の調査事務が新たに追加されて、東京衛生試験所に調査部が新設された[31]。

(2) 地方の衛生試験所

最初、国立の衛生試験所は、東京・横浜および大阪に設立され、地方警察・行政府はそこに検体を送り、検査成績通知を受け取るという形であった。しかし、このように国の衛生試験所に検査を依頼することは不便であったため、特に簡単な飲食物検査などは、府県レベルで検査できるほうが望ましいと考えられ、徐々に府県にも衛生試験所が設立されていった[32]。そのなかでも1881年という比較的早期に、県立衛生試験所を発足させている静岡県を例として取り上げておこう。

1880年3月に、静岡県浜松で開催された静岡県薬剤師総会において、「県下各警察署分署に警察薬剤師を置くの議」が上申された。これを受け、知事は1881年警察令第22号をもって、「警察衛生行政における試験主事のための心得」を定めた[33]。

警察衛生行政における試験主事のための心得[34]

第一条　行政司法における検定または分析に関して、試験主事が従事する事項は次の通りとする。
　一　飲食物に関する検定

第1部　衛生行政の形成と食品衛生問題

　一　着色玩具に関する検定
　一　飲食物着色に関する検定
　一　牛乳の良否に関する検定
　一　製氷の良否に関する検定
　一　飲料水に関する検定
　一　劇発物に関する検定
　一　裁判に関する理化学および分析薬物上の検定および分析
第二条　前条の検定および分析のうち繁雑でないものは従来の慣習により嘱託警察医が取り扱っても妨げないが、検定および分析の結果ならびに人の権利に関係する場合はすべて試験主事に取り扱わせなければならない。
第三条　裁判に関する検定および分析は、臨時その他の場合において、予審判事、検事等の嘱託または委嘱のあった場合に取り扱わせるもので、したがってその費用も裁判所の支弁を受けるものとする。
第四条　警察に関する検定および分析に関する費用は、当分の間支給に及ばない。違警罪または予審判事等の嘱託または委嘱のない司法にわたる軽微の事件に関する検定および分析に関する費用もまた同じ。
第五条　すべての試験分析等は多額の費用を要するので、極力濫用しないように努めることが必要である。

　以上のように、ここであげられている検査項目が食品衛生関係と警察・裁判関係であることに注目してみると、明治初期においてすでにこれらの検査に対する社会的要請が強かったことを知ることができる[35]。ただし第五条において、費用の問題から試験を「濫用」しないよう指導されるなど、その活用に制限があったことも事実である。

二、大正・昭和前期

　大正期から昭和初期の衛生行政を管轄別に分けると、①公衆衛生行政（内務省衛生局所轄）、②労働（工場）衛生行政（内務省社会局所轄）、③学校衛生行政（文部省所轄）、陸海軍衛生行政（陸海軍省所轄）の4つに分類することができる[36]。本節では、主に公衆衛生行政の領域のうち、飲食物衛生を含む部

分を中心に述べることにする。

1. 中央衛生行政機関

中央衛生行政機関は、行政機関、調査審議機関、研究機関、試験機関および療養機関の5つによって構成された[37]。

(1) 行政機関

すでに述べたように、近代日本における最高の中央衛生行政の責任者は内務大臣であった。内務省には、衛生局が置かれ、内務大臣が主管する一般衛生事務の補助を行った。衛生局には、保健課、予防課、防疫課および医務課の4課があった。1924年12月の内務省分課規定では、各科の管轄事務が以下のように定められた[38]。

「衛生局

保健課
- 一　飲料水及水道水に関する事項
- 一　飲食物其の他栄養に関する事項
- 一　屠畜及屠場に関する事項
- 一　下水道、汚物掃除其の他清潔保持に関する事項
- 一　公園、鉱泉場、海水浴場、療養地等に関する事項
- 一　工場、劇場其の多衆（数）集合する場所の衛生に関する事項
- 一　小児及婦女の一般衛生に関する事項
- 一　健康増進に関する事項
- 一　衛生統計に関する事項
- 一　他課の主管に属せざる公衆衛生に関する事項

予防課
- 一　結核、「トラホーム」、癩、花柳病其の他慢性伝染病に関する事項
- 一　寄生虫病、原虫病及地方病に関する事項
- 一　精神病に関する事項
- 一　恩賜財団済生会[39] 其の他救療に関する事項

防疫課
一　急性伝染病に関する事項
一　海港検疫に関する事項
一　痘苗、血清其の他細菌学的予防治療品に関する事項

医務課
一　医師、歯科医師、産婆及療属に関する事項
一　薬剤師、製薬者及薬剤師会に関する事項
一　医師会、歯科医師会及薬剤師会に関する事項
一　医師試験、歯科医師試験及薬剤師試験に関する事項
一　薬品及売薬に関する事項
一　毒物、劇物其の他有害物に関する事項
一　売薬部外品に関する事項
一　薬草栽培及製薬奨励に関する事項
一　普通病院に関する事項」[40]

　以上の管轄分類から判明するように、今日の食品衛生に関わる領域は衛生局のなかでも保健課が担当することになっており、1920年代半ばに食品衛生に関する行政部署が、伝染病の予防・防疫に関わる部分、医療・薬品に関わる分野からは区分されてきたことがわかる。

(2) 調査審議機関
　調査審議機関には、中央衛生会、日本薬局方調査会、保健衛生調査会、阿片委員会、国立公園委員会および薬業振興協議会の6つがあった[41]。
①中央衛生会
　中央衛生会は、1879年のコレラ流行の際に臨時に設けられた機関ではあるが、同年12月に官制を定め、恒久的機関となった。1895年勅令第57号「中央衛生会官制」によって、中央衛生会の管轄職務が定められた[42]。同会は、内務大臣の監督に属し、公衆衛生および獣畜衛生に関する事項につき、各省大臣の諮問に応じ、意見を具申する合議制諮問審議機関であった。また、中央衛

生会は各省主幹事務中衛生に関する事項について、その主務大臣に建議することができた⁴³⁾。衛生各般の事項は、警視総監、北海道長官および府県知事に尋問し、あるいは臨時会員を各地方に派遣して調査検察を要すると認めた時には、これを内務大臣に具申することができた。医師法、歯科医師法、薬剤師法および獣医法によれば、内務大臣が医師・歯科医師・薬剤師・獣医師に対し、免許取消もしくは営業停止または再免許を行う場合には、中央衛生会の決議を経る必要が定められた。中央衛生会は、1949年に廃止となった[44]。

②日本薬局方調査会

　日本薬局方調査会は、1906年3月勅令第53号「日本薬局方調査会官制」によって組織が認められた機関である。同会は、内務大臣の監督に属し、日本薬局方改正に関する事項を調査する機関であった[45]。

③保健衛生調査会

　保健衛生調査会は、1916年6月勅令「保健衛生調査会官制」によって組織が認められた機関であった。同会は、内務大臣の監督に属し、日本国内の衛生状態改善に必要な事項および国民健康保持増進に必要な方策を調査・研究する機関であった。同会は、1939年7月28日勅令第497号「国民体力審議会官制」によって誕生した国民体力審議会に統合された[46]。調査審議機関のなかでは、同委員会が最も食品衛生問題に近い分野を扱う調査会であったと考えられるが、上記の目的をみるに、食品衛生と栄養学の領域にまたがる分野が対象になっているものと考えられる。

④阿片委員会

　阿片委員会は、1931年4月勅令第38号「阿片委員会官制」によって組織が認められ、1941年に廃止された機関であった。同会は、日本本土および外地における阿片および麻薬の製造輸移出入の統制、その他阿片麻薬に関する事項を調査審議し、適正な対策を立てることを目的とする機関であった[47]。

⑤国立公園委員会

　国立公園委員会は、1931年9月勅令第243号「国立公園委員会官制」によって組織が認められ、1941年に廃止された機関であった。同会は、国立公園の指定、国立公園計画および国立公園事業に関する事項を調査・審議する機関であった[48]。

⑥薬業振興協議会

　薬業振興協議会は、1930年12月に仮設置された機関であった。正式設置は不明である。同会は、国産薬品の使用奨励を図り、外国より輸入品が急増する原因を分析し、内地薬品の品質向上・コスト削減を図る目的で設けられた専門家の会であった[49]。

（3）研究機関

　衛生関連問題を研究する研究機関としては、伝染病研究所・衛生試験所および栄養研究所の3つが存在した[50]。

①伝染病研究所

　伝染病研究所は、大日本私立衛生会の付属として、1892年に設立されたものであり、1899年に内務省所轄の研究所となった。さらに、1905年に痘苗製造所・血清薬院の事業と合併された。1914年に内務省から文部省に移管され、1916年に東京帝国大学附置とされた。現在の東京大学医科学研究所は、伝染病研究所の後身である。同研究所は、1916年勅令第47号「伝染病研究所官制」によって組織が認められた機関である。同研究所は、伝染病その他の検索、予防治療方法の研究、予防消毒治療材料の検査、伝染病研究方法の講習ならびに痘苗血清その他細菌学的予防治療品の製造および検定する機関であった[51]。

②衛生試験所

　衛生試験所の前身は、1874年3月に文部省が創設した東京司薬場であり、1883年に衛生局試験所と改称し、さらに1887年に衛生試験所となった。同試験所は、衛生上必要な試験および検索、官公署または私人の依頼に応じて、大気、用水、土壌、衣服、飲食物、鉱泉、その他衛生に関係ある物件の試験、官公署または私人の依頼による薬品の精粗、真贋、性質、主成分およびその医薬品用適否の試験、警察および裁判医事の化学的試験、政府に納付する阿片のモルヒネ含量の試験に関する事項を行う機関であった。衛生試験所は、1949年に国立試験所となり、大阪は支所となった[52]。

③栄養研究所

　栄養研究所は、1920年9月勅令第407号「栄養研究所官制」によって組織が認められた内務省の附属機関である。同研究所は、国民の栄養問題を究明し、

それを解決することを目的とする機関であった[53]。

(4) 試験機関

試験機関には、医師試験委員、歯科医師試験委員および薬剤師試験委員の3つがあった。1929年4月1日に、文部省から内務省に移管された機関であった[54]。

(5) 療養機関

療養機関には、広義に解釈すれば癩療養所のほか、結核療養所もその範疇に入れることができる。「国立癩療養所官制」は1927年10月勅令第308号で公布されており、「国立結核療養所官制」が公布されたのは、1937年6月23日勅令第261号であった[55]。

2. 地方衛生行政機関

①北海道長官、警視庁総監、府県知事

各道府県における衛生行政の担当部局は、東京府を除くと、道府県警察内に衛生課があり、衛生事務を処理していた。また、衛生課には、衛生試験室もしくは細菌検査所が設置されていた[56]。東京府においては、衛生行政事務は東京府知事と警察総監との間で分担されていた。医師、歯科医師の免許申請および免許訂正の事項は東京府知事を、薬剤師の場合は警視総監を経由することになる。また、産婆試験は東京府知事が施行し、看護婦試験は警視総監が行うという状態であった。ただし、これらの管轄の根拠については、明らかではなかった模様である[57]。

1926年6月に、地方官制第14条第1項に「内務大臣は須要により府県を指定して土木部、産業部又は衛生部を置くことを得」と定められ、各府県に警察とは別に衛生部設置が許された。第一線の衛生技師は衛生課の衛生部への昇格を強く望んだものの、実際には戦後まで衛生部という名称での独立が叶わなかった。以下に引用した1927年の地方衛生技術官会議の諮問事項からも、衛生部の独立が認められなかった現状がわかる[58]。

「1. 衛生行政に関し改善を要すと認むる点　宮城県衛生課長：先年来問題に

第 1 部　衛生行政の形成と食品衛生問題

なり居れる衛生機関拡張乃至統一問題は、目下如何なる状況に在りや。吾々東北地方のものは一向其消息に接せず、又昨年の会議に於て京都府の加藤君から衛生部の独立の事に就ての希望意見ありしが、其後問も無く官制の改正ありて、地方庁にも三部制が布かれ、其以外に地方産業土木及衛生部を置くことの可能と為りしを以て、吾々は鶴首して衛生部の設置さるるを待ち居りたり、然るに1カ年を経過したる今日、衛生部は未だ一県にも設置されたのを見ない。顧みて他の土木産業部等を見ると其当時直に数県設置され、土木部の如きは何れも例外なく技術出身なる土木技師を部長に据えたのを見る。産業土木部の設置以上に吾々は衛生部の設置を必要なりと思ふ。それは国力の発展民衆の健康保全上重要なる関係があるからであって、之は言はずして明白なることであるにも拘らず、今日迄実現せぬ吾々は甚だ之を遺憾とするのである。或は言ふ、衛生部長たる適任者が無いからだと。現在吾々の同僚中には立派に部長たる資格のある人が居るし、決して差支ないと信ずる。又一部の官制改正を要するといふ人もあるが、吾々は現在の制度にて警察を使用するに一向差支はないと思ふのである。現在の警察部長は大抵衛生事務を解せない、否か他の仕事が忙しい為に、衛生事務は凡て衛生課長に一任して関与せぬといふ実情である。当時の警視庁の衛生部においても、部長が書記官（事務官）であり、技術官の地位は低く見られていたことがわかる」[59]。つまり衛生部の必要性を認める人々は存在していたものの、専門家の不足を理由に部局としての拡大が阻まれている状態が存在していたことを推察することができる。

②警察署長

警察署長は、その所属の北海道長官、警視総監、府県知事の指揮を受けて、その所轄区域内の衛生行政事務を取り扱うことになっていた[60]。

③市町村または市町村長

市町村または市町村長は、その固有事務または法令の規定に基づく委任事務として、その所轄区域内の衛生事務を取り扱うことになっていた。市役所には、衛生課または衛生試験所が設置されているところが多かった[61]。

④検疫機関

当時の地方における検疫機関は、税関または臨時開港検疫所であった[62]。海港検疫を実施している税関は、横浜・大阪・神戸・門司・長崎・敦賀の6

つであった。各税関には、港務部が設けられ、検疫事務を取り扱っている。また、1932年の時点で、函館・唐津・住ノ江（佐賀県）・四日市市・名古屋・鹿児島に臨時海港検疫所が設けられていた。臨時検疫所所在地の地方長官に、臨時検疫所の管理が一任され、所長はその所在地道府県の警察部長が兼任することになっていた[63]。

第二節　戦前期日本の食品衛生史

前節では日本近代における衛生行政制度の流れを追い、そのなかから食品に関わる衛生分野が析出されてくる過程を追ってきたが、本節では、明治期の日本における食品安全政策の史的展開を探るため、山本俊一『日本食品衛生史』[64]（明治、大正・昭和初期）に基づいて、戦前期日本の食品の品質に関わる安全面の問題の法制度面を整理してみることとしたい。第一節の叙述と重複する点も多々あるが、食品衛生問題を衛生行政史のなかに位置づける試みとして諒とされたい。

一、明治期

日本の食品衛生史上において明治時代は最も進歩が早く、それと同時に最も波乱に富んだ時期であった。それは開国により海外からの伝染病が流入してきたほか、貿易の活発化により、輸出入品の安全問題が顕在化するなど、食の安全に関わる様々な問題が発生したことが背景にあった。開国以降、各府県では自主的に食に対する取締り規制を定め、市販飲食物を検査対象として、贋造か否かを調べて、取締りを実施した。その初例として、1872年京都府が外国製飲食物の検査を実施し始めたほか、神奈川、堺、栃木、兵庫の各県も飲食物着色料の取締りを実施した。また、1878年5月には京都府が「飲食物彩食料販売規制」を、堺県は「飲食物着色料取締規則」をそれぞれ制定した[65]。

その一方で、明治期の中央政府の食品安全政策の起源は、1873年に遡ることができる。1873年8月12日に、司法省布達第130号第1項「贋造の飲食物および腐敗の食物と知って販売するものが」が挙げられ、これを処罰の対象とすることを規定した。1878年に、日本における食品衛生に関する最初の全

国的な取締りである「アニリン其他鉱属製ノ繪具染料ヲ以テ飲食物ニ著色スルモノノ取締方」(1878年4月18日内達乙35)が制定された。これは、当時、外国から渡来したアニリン、砒石など主として絵具や染料などに用いられるものが、色が鮮明かつ安価であることから、その有害性を知らずに飲食物の着色料として使われ、各地で多くの弊害が発生していたので、内務卿が全府県に通達を発したものであった。さらに、1878年9月には、前年のコレラの流行を氷が媒介していた事実が少なくなかったことから、製氷営業人に、氷の製造及び販売にあたっては、あらかじめ管轄庁の検査を受けさせるよう布達が出された[66]。

1900年に至って、初めて全国的かつ包摂的な食品衛生に関する法制が成立した。「飲食物其他ノ物品取締ニ關スル法律」及びこれに関連する諸命令がこれである。「飲食物其他ノ物品取締ニ關スル法律」(1900年2月23日法律第15号)の発布を皮切りに、その後「牛乳営業取締規則」(1900年4月)、「有害性着色料取締規則」(1900年4月)、「清涼飲料水営業取締規則」(1900年6月)、「氷雪営業取締規則」(1900年7月)、「飲食用食器取締規則」(1900年12月)、「人工甘味質取締規則」(1901年10月)、「食品防腐剤取締規則」(1903年9月)といった一連の食品衛生に関する規則が相次ぎ発布されることになった。これで日本における食品衛生行政の枠組みが完成したとされる。この枠組みは、1947年「食品衛生法」が成立するまで、40年以上にわたり機能し続けることとなった[67]。

1900年の衛生局報によると、この法律の制定理由は「近年、飲食物ノ製造、又ハ販賣者ニシテ腐敗ニ傾キ、或ハ粗製、若クハ有害性ノ防腐薬、又ハ有害性ノ着色料ヲ使用スル等種々ノ弊害ヲ生シ、之カ取締法ヲ設クルハ公眾衛生上一日モ 忽 ニスヘカラサルヲ認メ該法律案ヲ第十四議會ニ提出シ協贊ヲ經テ、之ヲ發布セラレタリ」とされている[68]。なお、これらの法令は内務省令による食品衛生全般を規制するものではなかったため、したがってほとんどの府県は「飲食物其他ノ物品取締ニ關スル法律」の委任による府県令として、「飲料店飲食店営業取締規則」や「飲食物営業取締規則」などを設け、個別の取り締まりを行っていた[69]。

1. 司法省食品衛生関連布達

話を1872年に戻すが、11月8日に、東京府において「違式註違条例」が通達され、保健衛生に関する厳重な取締を図られた。さらに一部の府県においても、東京府にならって類似した条例を発した。この条例は、最終的に1873年8月12日に司法省布達130号をもって全国的に施行されることになった[70]。

布達の前文には、「今般各県違式註違ノ条目御布告相成候処右条目ノ儀ハ国中ノ安寧人民ノ健康ヲ警保スル所以ニ有之候条各地方人民悉ク承知不致候テハ不相成候ニ付戸長副戸長ノ設ケアル処ハ必ス之ヲ掲示シ……」という要旨がみられていた[71]。つまり衛生問題一般に対する注意を国民に呼びかける布達であったが、このなかには以下のような今日で言うところの食品衛生に関する条文も定められていた。

「　第七條　贋造ノ飲食物並ニ腐敗ノ食物ヲ知テ販売スル者
　　第十條　病牛死牛其ノ他病死ノ禽獣ヲ知リテ販売スル者
　　第二十五條　毒物並ニ激烈気物ヲ用ヒ魚鳥ヲ捕フル者
　　第三十五條　往来ニテ死牛馬ノ皮ヲ剥キ屠ル者」
　前記の条項に違反した者は、すべて処罰の対象となる[72]。

贋造品や腐敗した飲食物の販売、病死して病原菌を保有している恐れのある動物からの肉類の販売、毒物を用いて捕殺した魚や鳥の販売、往来における動物の屠殺が禁じられ処罰の対象となったのである。

2. 刑法による取締

また1880年7月17日太政官第36号布告刑法の第4編違警罪第426条第3項目には、以下のような食品衛生に関する条文が規定されていた[73]。

「第四百二十六條　左ノ諸件ヲ犯シタル者ハ二日以上五日以下ノ拘留ニ処シ又ハ五十銭以上一円以下ノ科料ニ処ス
　三　不熟ノ果物又ハ腐敗シタル飲食物ヲ販売シタル者」
　その後、改正が加えられ、食品衛生に関する条文が以下のようになった。
「第五章　健康ヲ害スル罪

第五節　人ノ健康ヲ害ス可キ飲食物及ヒ薬剤ヲ販売スル罪
第二百五十三條　人ノ健康ヲ害ス可キ物品ヲ飲食物ニ混和シテ販売シタル者ハ三円以上三十円以下ノ罰金ヲ処ス
第二百五十四條　〔略〕
第二百五十五條　前二条ノ罪ヲ犯シ因テ人ヲ疾病又ハ死ニ致シタル者ハ過失殺傷ノ各本条ニ照シ重キニ従テ処断ス」

前記の条項に違反した者は、すべて処罰の対象となる[74]。

当初の条文に追加が行われたのは、食品の安全問題が徐々に広範囲わたることで、個別の食品を指定するのではなく、広く「人の健康を害する」飲食物や薬剤を販売することを規制するという包括的な規制を目指し、違反者に対して明確な罰則を設けた点に特徴があるといえる。

3. 内地雑居に伴う飲食物取締制度の確立・立法化への提言

ただし上記のような刑法による取締だけでは、食品衛生行政上、十分ではなかった。

1886年、加藤時次郎[75]は「衛生探偵の必要」という論文を発表し、飲食物取締に関しては衛生探偵の必要性を唱えた[76]。探偵というと現代では民間の調査機関を想起しがちであるが、ここで加藤が提起しているのは、警察に属する公的調査員である。現代で言えば「衛生Gメン」と表現すべきであろうが、こうした衛生問題に関する調査機関の必要が提起されたものである。また、1888年3月21日の京都衛生支会において、中塚昇という人物が菓子箱に製造年月を貼布することを建言した[77]。また、1890年、薬学士丹波敬三[78]は、「飲食品、嗜好品、色素及び常用家具販売取締規則の必要を論じ、あわせて帝国議会の諸君の賛成を望む」という演説を行った[79]。さらに、1892年7月22～23日に、宮城県仙台市において開催された大日本私立衛生会[80]第10次総会において、評議員中浜東一郎[81]は飲食物の法的規制の必要性を唱えた[82]。

以上のように社会の各方面からこの時期食品の衛生に関する発言が相次いだ背景には、「内地雑居」問題が存在した可能性がある。1894年に成功した条約改正による新条約（「日英通商航海条約」・「日米通商航海条約」）は、その5年後の1899年から実施されることになっていた。そこで、問題になったのが

第1章 戦前期日本衛生行政の概観

内地雑居である。在日欧米人が領事裁判権を放棄する代わりに、日本内地のどこにでも居住することができ、商売を営む権利を獲得することになった。外国人が日本内地に進出することにより、もたらされる影響を懸念し、横山源之助の『内地雑居後の日本』をはじめとする数多の内地雑居に関わる議論が唱えられた。

衛生方面に限定した内地雑居論をあげると、主に2つに絞ることができる。一つは、外国人から日本内地に伝染病を持ち込まれることに対する懸念であり、もう一つは、内地における衛生水準の低さが外国人の日本に対する評価を低下させることに対する懸念であった。

飲食物の法制化が一気に進んだ背景には、1897年7月に迫った条約改正の施行があった。その前年の1896年3月に、内務省と警視庁第三部が、欧米の制度に沿った飲食物取締法則の設置を検討している。また、東京衛生試験所所長田原良純[83]は、条約改正後の内地雑居問題について、従来の伝染病重視の衛生行政に加え、新たな課題として飲食物の取締の重要性を提起した。その理由は、「飲食物取締の事も重要な衛生事業の一として親切に注意致しますから其人達が日本に来れば必ず異様の感じを持ちはせぬかと思はれます」[84]。つまり、条約改正により、飲食物取締に馴染んでいる外人が日本内地に進出するため、衛生行政における飲食物取締の位置づけを見直すべきだという提言がなされたのである。

また、その直後に開催された大日本私立衛生会第17次総会において、内務省衛生局技師柳下士興は、条約改正に向けて日本国内における法令の整備を行う必要性を唱えた。その一例として飲食物が挙げられ、法令の体系化を促したという[85]。

1899、1900年は、「海港検疫法」、「産婆規則」、「汚物掃除法」「下水道法」などといった条約改正を意識した法律設定が目白押しであった。このような状況下で、全国的な飲食物規制の法制化も本格的に動き出す。1899年6月に、中央衛生会におかれた着色料その他取締法設定に関する調査委員会で法案が検討され、9月には調査委員会で検討を終えた法案が内務大臣に具申されて、12月の第14回帝国議会衆議院に政府から提出されたという。その結果、とくに討論もなく法案が可決された。以上のような経緯を経て、1897年2月24日

「飲食物其他ノ物品取締ニ關スル法律」が公布され、同年の4月1日から施行された[86]。

4.「飲食物其他ノ物品取締ニ關スル法律」

　1900年に制定された「飲食物其他ノ物品取締ニ關スル法律」は前述したように、食品衛生に関する最初の包括的法律であると評価されている。同法は、附則1条を含む5条から構成され、食中毒などの食品事故から人々の生命を守る、社会防衛的な警察取締法則の性格が強いものであった。第1条「法令ノ定ムル所ニ依リ」から、取締りの実質を定めることは命令に委任され、内務省令及びこれに基づく地方命令という形式をとって各種飲食物営業に関する取締規則が制定されていた。

　同法律の骨子は、①衛生上危害を生じる恐れのある飲食物の禁止・停止あるいは廃棄措置、②立ち入り検査、③処罰という3点にまとめることができる[87]。同法律は、販売の用に供する飲食物または販売の用に供し、もしくは営業上に使用する飲食器、割烹具などで衛生上の危害を生じる恐れがあるものについて、行政庁が法令の定めるところにより、製造、採取、販売、授与もしくは使用を禁止し、またはその営業を禁止もしくは停止することができるようにするとともに、その他物品の廃棄処分、検査のための収去などを規定したものである。従来の制度に比べ、衛生上の危害が生じる「恐れのある」ものに対して立ち入り検査を含む取締りを行うことを可能とすることにより、予防的対応を可能にした点に同法の特徴があるといえるだろう。逆に言えば行政による個人や営業者に対する介入力が強化されたとも言うことができる。営業者に対する行政庁の権限は、東京府については警視総監、北海道については北海道庁長官、東京以外の府県については知事が行うこととされた。北海道庁長官及び東京以外の各府県知事には、その職権のうち軽易なものに限り警察官署に委任することができる。飲食物の取締については、主に食品類（飲料水、氷雪、牛乳および獣肉等）、食器類および添加物類（着色料、人工甘味質及び防腐剤等）などのそれぞれを対象として行われている[88]。以下に条文の一部を抜粋する。

飲食物其他ノ物品取締ニ關スル法律（明治三十三年二月法律第十五號）[89]

第一條　販賣ノ用ニ供スル飲食物又ハ販賣ノ用ニ供シ若営業上ニ使用スル飲食器、割烹具及其ノ他ノ物品ニシテ衛生上危害ヲ生スル虞アルモノ法令ノ定ムル所ニ依リ行政廳ニ於テ其ノ製造、採取、販賣、授與若ハ使用ヲ禁止シ若ハ停止スルコトヲ得

　　前項ノ場合ニ於テ行政廳ハ物品ノ所有者若ハ所持者ヲシテ其ノ物品ヲ廢棄セシメ又ハ行政廳ニ於テ直接ニ之ヲ廢棄シ其ノ他必要ノ處分ヲ爲スコトヲ得但シ所有者若ハ所持者ニ於テ衛生上危害ヲ生スルノ虞ナキ方法ニ依リ之ヲ廢棄セムコトヲ請フトキハ之ヲ許可スルコトヲ得

第二條　行政廳ハ吏員ヲシテ前條ノ物品ヲ檢査セシメ試驗ノ爲メ必要ナル分量ニ限リ無償ニテ収去セシムルコトヲ得

　　前項ノ場合ニ於テ行政廳ハ吏員ヲシテ普通営業時間又ハ営業ノ爲開カル、間ニ限リ物品ヲ製造シ採取シ陳列シ貯蔵シ若ハ携帯スル場所ニ立入ラシムルコトヲ得

第三條　本法ノ執行ニ關シ官吏又ハ公吏ノ命ヲ受ケテ指定ノ期間内ニ之ヲ履行セサル者ハ二十圓以下ノ罰金ニ處ス

　　本法ノ執行ニ關シ官吏又ハ公吏ノ命ヲ受ケテ公務ヲ行フ者ニ抗拒シタル者ハ一月以下ノ重禁錮ニ處シ二十圓以下ノ罰金ニ附加ス

第四條　官吏公吏又ハ行政廳ノ命ヲ受ケテ公務ヲ行フ者本法ノ執行ニ關シ不正ノ行爲ヲ爲シタル者ハ一年以下ノ重禁錮ニ處シ四十圓以下ノ罰金ニ附加ス

　　行政廳ノ命ヲ受ケテ公務ヲ行フ者本法ノ執行ニ關シ人ノ嘱託ヲ受ケ賄賂ヲ収受シ又ハ之ヲ聽許シタル者ハ刑法第二百八十條ノ例ニ照シテ處斷ス

附則
　本法ハ明治三十三年四月一日ヨリ之ヲ施行ス

5．食品添加物

（1）着色料

　食品添加物には、着色料から防腐剤など様々な種類のものが存在するが、安

全性との関係で日本で最初に問題視されたのは着色料であった。そのなかでも明治初期から食品添加物として使用され、食中毒の原因となった着色料は緑青であった。その被害は明治初期から中期に至るまで、かなり広い範囲に及んでいる。こうした状況をさらに複雑化したのは、すでに明治初期より輸入されはじめたアニリン色素であった。当時は、その毒性についての知識が極めて乏かった上に、新たな有機色素が相次いで輸入されたため、その取締は容易ではなかった[90]。

その後、衛生局の努力により、すくなくとも着色料による急性中毒の発生はほとんど抑えられるに至ったが、これに伴って新たに登場してきた防腐剤、人工甘味質の安全性が注目されるようになった。これに対処するため、内務省は1900年4月に「有害性着色料取締規則」、1901年10月に「人工甘味質取締規則」、1903年9月に「食品防腐剤取締規則」を公布し、食品添加物に対する規制を開始した。さらに、1900年6月の「清涼飲料水営業取締規則」にも前記の添加物のほかに有害性芳香質の添加を禁止した。また、1900年12月の「飲食用食器取締規則」では有害物質が食器を介して飲食物に移行しないよう規定を設けた[91]。

ただし、明治時代の食品添加物を規制する方法は、条文中に有害物質名を列記し、それらの使用を禁止する方式（今日のネガティブリスト方式という）であった。したがって、時代の進展とともに有害添加物が増えていけば、これに対応して規則改正を行い、禁止項目をつけ足していくという、いたちごっこ的な性格を孕んでいた。条文には、明示された以外の化学物質あるいは化学組成をもった添加物は、府県の認可を得る必要があると規定されていた。ところが申請を受けた府県は、その多くの場合、独自の判断をすることができず、内務省に伺いを立てることになる。後年のことになるが、「食品衛生法」（1947年）においては、認可された食品添加物を列記し、それ以外の化学物質の添加を禁止するという逆の方式（今日のポジティブリスト方式という）に切り替えられた[92]。以下、代表的な食品添加物取締規則である「有害著色料取締規則」について検討を加える。

第1章　戦前期日本衛生行政の概観

内務省令第十七号　　　　　　　　　　　　明治三十三年四月十七日

有害著色料取締規則

第一条　有害性著色料ヲ分テ左ノ二種トス

　第一種　左ニ掲クル物質其ノ化合物及之ヲ含有スルモノ

　　砒素、拔□護、嘉度密鳥護、格羅護、銅、水銀、鉛、錫、安知母紐護、鳥拉紐護、亜鉛、藤黄、必倔林酸、「ヂニトロクレゾール」、「コラルリン」

　第二種　左ニ掲クル物質及之ヲ含有スルモノ

　　硫酸拔□護、硫化嘉度密鳥護、酸化格羅護、朱、酸化錫、「ムツシーフ」金、酸化亜鉛、硫化亜鉛、銅、錫、亜鉛及其ノ合金属ニシテ固有ノ光澤ヲ有スルモノ

第二条　有害性著色料ハ販売ノ用ニ供スル飲食物ノ著色ニ使用スルコトヲ得ス

第三条　有害性著色料ヲ以テ著色シタルモノハ販売ノ用ニ供スル飲食物ノ容器又ハ被包トシテ使用スルコトヲ得ス但シ左ニ掲クルモノハ此ノ限ニ在ラス

　一　漆、硝子、釉薬又ハ琺瑯質ニ有害性著色料ヲ融和シタルモノ

　二　第一条第二種ノ著色料ヲ以テ著色シタル容器又ハ被包ニシテ飲食物ニ其著色料混入ノ虞ナキモノ

第四条　第一条第一種ノ著色料ハ販売ノ用ニ供スル化粧品、歯磨、小児玩弄品（絵雙紙、錦繪、色紙ヲ含ム）ノ製造又ハ著色ニ使用スルコトヲ得ス但シ左ニ掲クルモノハ此ノ限ニ在ラス

　一　漆、硝子、釉薬又ハ琺瑯質ニ有害性著色料ヲ融和シタルモノ

　二　護謨質ニ融和シタル金硫黄

　三　乾燥油又ハ「ワニス」ニ融和シ若ハ「ワニス」ヲ塗布シタル酸化鉛（鉛丹ヲ含ム）又ハ格羅護酸鉛（硫酸鉛ト併用セルモノヲ含ム）但シ剥離シ易キモノハ此ノ限ニ在ラス

　四　水ニ不溶性ノ亜鉛化合物ニシテ護謨質又ハ「ワニス」ニ融和シ若ハ「ワニス」ヲ塗布シタルモノ

　　酸化亜鉛又ハ硫化亜鉛又ハ護謨質又ハ「ワニス」ヲ融和シ若ハ「ワニス」

第 1 部　衛生行政の形成と食品衛生問題

　　　　ヲ塗布スル場合ノ外販売ノ用ニ供スル護謨製玩弄品(がんろう)ノ製造又ハ著色ニ使用スルコトヲ得ス
第五条　砒素ヲ含有スル著色料ハ販売ノ用ニ供スル衣服其ノ他身ノ囲リニ用ユル物品又ハ其ノ材料ノ著色ニ使用スルコトヲ得ス但シ布百平方「センチメートル」中ニ「ミリグラム」以下ノ砒素ヲ含有スルモノハ此ノ限ニ在ラス
第六条　第二条ニ違背シテ著色シタル飲食物第三条ノ容器被包及ヒ之ヲ使用シタル飲食物又ハ第四条若ハ第五条ニ違背シテ製造シ著色シタル物品若ハ材料ハ之ヲ販売シ又ハ販売ノ目的ヲ以テ陳列シ若ハ貯蔵スルコトヲ得ス
第七条　前条ノ物品ニ関シテハ地方長官ハ明治三十三年二月法律第十五号第一条ニ依リ処分スルコトヲ得ス本則ニ違背シタル営業者ニ関シテ亦同シ
第八条　地方長官ハ本則ノ執行ニ関シ明治三十三年二月法律第十五号第二条ノ職権ヲ行フコトヲ得
附則
第十一条　鉛白(えんぱく)[93]ハ当分ノ内第四条ノ規定ニ拘ハラス化粧品トシテ之ヲ使用スルコトヲ得

出所：山本俊一『日本食品衛生史（明治編）』日本法規出版株式会社、1980 年、381-382 頁。

　同規則は、附則 1 条を含む 9 条から構成され、飲食物に使用できない有害性着色料のほか、化粧品、歯磨、小児玩具、衣服の材料等に至るまで、使用してはならない着色料を指定し、併せて同じ着色料でもその使用方法によっては使用できる除外例等を示したものである。
　光武幸は、「有害著色料取締規則」の特徴を以下のように指摘している。第 1 条では有害性着色料を第 1 種と第 2 種に分類して制限列挙し、第 2 条以下において、これら色素の販売を目的とする飲食物の着色料として、あるいはこれら色素を使って製造した飲食品を販売の目的をもって陳列したり貯蔵することを禁止した。違反に対しては罰則（25 円以下の罰金）が適用された。第 1 種の着色料については飲食物の他に化粧品、歯磨、小児玩具そして食品の容器や包装の着色に使用することが禁止された。しかし第 2 種の着色料については食品の容器や包装に使用しても飲食物に移行する恐れがない場合は使用が認

第1章　戦前期日本衛生行政の概観

められた。第1種と第2種に分類した目的は何かを考えるに、第2種の化学物質は水または希酸に難溶性であるもの、あるいは第1種の化学物質よりも毒性が弱い物質であるが故に、第1種から除外して、その使用方法によっては着色料として使用しても差しつかえないという、危険段階基準を設けたものと考えられる[94]。

(2) 防腐剤

1903年に「飲食物防腐剤取締規則」が制定されるまでは、防腐剤を飲食物に添加することについて、かなり寛大な態度がとられていた。それは、防腐剤を飲食物に使用することによって、飲食物の保存性が高められることにあったからである[95]。つまり本来は食物の腐敗を防ぎ、安全性を向上させることを目指した添加物であったわけである。しかし徐々に研究が進むと防腐剤に用いられる化学物質のなかに人体に対する有害性が疑われるものが含まれることが判明し、これに対する取締規則が制定されたのである。

内務省令第十号　　　　　　　　　　　　　　　明治三十六年九月二十八日

飲食物防腐剤取締規則

第一条　本則ニ於テ防腐剤ト称スルハ左ニ掲クル物質其ノ化合物及之ヲ含有スルモノヲ謂フ
　　安息香酸（あんそくこうさん）、硼酸（ほうさん）、「クロール」酸、「フルオール」水素及其ノ塩類、「フオルムアルテヒツド」、昇汞（しょうこう）、亜硫酸及其ノ塩類並次亜硫酸塩類、「サリチール」酸及其ノ化合物、「チモール」

第二条　販売ノ用ニ供スル飲食物ノ製造又ハ貯蔵ニ防腐剤ヲ使用スルコトヲ得ス
　　防腐剤ヲ使用シタル飲食物ハ之ヲ販売シ又ハ販売ノ目的ヲ以テ陳列シ若ハ貯蔵スルコトヲ得ス

第三条　第一条ニ掲クルモノハ飲食物ノ防腐用ト称シテ販売シ又ハ販売ノ目的ヲ以テ陳列シ若ハ貯蔵スルコトヲ得ス

第四条　第二条第三条ノ物品ニ関シテハ地方長官ハ明治三十三年二月法律第

十五号第一条ニ依リ処分スルコトヲ得ス本則ニ違背シタル営業者ニ関シテ亦同シ
第五条　地方長官ハ本則ノ執行ニ関シ明治三十三年二月法律第十五号第二条ノ職権ヲ行フコトヲ得
第六条　第二条第三条ニ違背シタル者ハ弐拾五圓以下ノ罰金ニ処ス

附則
第七条　本則ハ明治三十七年七月一日ヨリ之ヲ施行ス
第八条　左ニ各号ノ場合ニハ本則施行ノ日ヨリ七ヶ年本則ノ規定ヲ適用セス
　一　清酒ノ製造又ハ貯蔵ノ為別ニ定ムル試験法ニ適合スル限度マテ「サリチール」酸ヲ使用スルトキ
　二　魚介獣肉ニ硼酸又ハ其ノ塩類ヲ使用スルトキ
　三　魚介ノ貯又ハ運搬ノ為「サリチール」酸又ハ其ノ化合物ヲ使用スルトキ
　四　前各号ニ依リ防腐剤ヲ使用シタル清酒、魚介若ハ獣肉ヲ販売シ又ハ陳列シ若ハ貯蔵スルトキ硼酸、硼酸塩類及「サリチール」酸ニ限リ前項ノ期間第三条ヲ適用セス

出所：山本俊一『日本食品衛生史（明治編）』日本法規出版株式会社、1980年、383頁。

　本規則は、附則2条を含む8条から構成された。防腐剤に対する取締りの論争となったのは、附則において一定の規制内で使用を認められたサリチル酸及び硼酸[96]であった。これらが許可量以上の濃度を用い、あるいは制限外の飲食物に対して使用された場合、人体に害を及ぼすため、これに対する取締りが行われた。清酒に対するサリチル酸添加は、同規則の発令時から例外的な取り扱いを受けていたが、この例外措置の期限延長にめぐる論争は、大正時代に入っても続くのである。これと並行して防黴（かび）剤に対する社会的要請が強まってきたことから、これに関連する論争は大正期から昭和期にかけて発展することになる。また、同規則により魚介獣肉に限り1911年9月までは、硼酸および塩類を防腐剤として使用することが許可された[97]。多量に摂取すれば人体に有意に有害な影響がある物質であっても特性の食品製造で不可避的に少量混入

するごとが避けられないような物質も存在する。サリチル酸はその好例であるが、この種の使用限度量をどこまで認めるべきであるかという問題は今日においても明確な線引きの難しい問題である。

(3) 人工甘味質

開国とともに、日本人の甘味の消費量が増加していったが、その需要に砂糖の増加が追いつかない、或いは業者が安価な甘味質に着目した結果、人工甘味質の使用量が増加していった。そのため1897年頃より人工甘味質が食品衛生上問題視されるようになったが、その当時の見解としては、人工甘味質は衛生上直接に危害を生じる恐れがないが、砂糖の代用品として十分の栄養価値がなく、消化器に対しても良好な影響を与えないというのが支配的であった。とくにサッカリンは砂糖に比して、300倍ないし500倍の強い甘味を有するだけではなく、その価格が安く、それだけ消費量の増加が著しく、将来は砂糖を追放するような勢いになってきたので、人々の健康上にも経済の上にも大きな影響を及ぼしかねないと考えられるようになった[98]。以下、取締規則の条文を引用する。

内務省令第三十一号　　　　　　　　　　　　　明治三十四年十月十六日

人工甘味質取締規則

第一条　人工甘味質トハ「サッカリン」（甘精）其ノ他之ニ類スル化學的製品
　　　ニシテ含水炭素ニ非サルモノヲ謂フ
第二条　販売ノ用ニ供スル飲食物ニハ人工甘味質ヲ加味スルコトヲ得ス
　　　人工甘味質ヲ加味シタル飲食物ハ之ヲ販売シ又ハ販売ノ目的ヲ以テ陳列
　　　シ若ハ貯蔵スルコトヲ得ス
　　　本条ノ規定ハ第三条第一項第二項ノ場合ニ之ヲ適用セス
第三条　地方長官ハ治療上ノ目的ニ供スヘキ飲食物ノ調味ニ人工甘味質ノ使用
　　　ヲ許可スルコトヲ得
　　　前項の飲食物ハ醫師ノ證明アル者ニ限リ之ヲ販売授與スルコトヲ得
　　　本条ノ第一項ノ許可ヲ受ケタル者其ノ飲食物ヲ他人ニ代理販売又ハ請賣

セシムルトキハ其ノ氏名及営業所ヲ地方長官ニ届出ヘシ

本条ノ第一項ノ許可ハ地方長官ニ於テ何時ニテモ之ヲ取消スルコトヲ得

第四条　前条ノ飲食物ヲ販売授與スルトキハ容器又ハ被包ヲ用ヰ其ノ容器又ハ被包ニハ「人工甘味質製」ノ六字ヲ記スヘシ

第五条　地方長官ハ第三条第一項ノ許可ヲ受ケスシテ人工甘味質ヲ加味シタル飲食物ニ関シテ明治三十三年二月法律第十五号第一条ニ依リ處分スルコトヲ得ス本則ニ違背シタル営業者ニ関シテ亦同シ

第六条　地方長官ハ本則ノ執行ニ関シ明治三十三年二月法律第十五号第二条ノ職権ヲ行フコトヲ得

出所：山本俊一『日本食品衛生史（明治編）』日本法規出版株式会社、1980年、382頁。

　本規則は、6条から構成された。その内容は主に次の2点である。その一、炭水化物以外のサッカリン等の人工甘味質を販売用飲食物に使用してはならない。その二、地方長官は治療上の目的で使用する飲食物の調味に人工甘味質の使用を許可することができる。この場合には、その容器または包装に「人工甘味質製」と明記しなければならない。

二、大正・昭和初期

1. 全国状況

　「飲食物其他ノ物品取締ニ關スル法律」と、その後に制定された一連の法制により、大正期に入るまでに、食品衛生関連法規の制定は一応完成したとされている。ただし、実際上の食品衛生を取り締まっていくためには、庁府県令による詳細な定めあるいは飲食物営業に対する取締規則の制定が必要となる。これらの具体的運用を定める規則類は、その後昭和期に入ってからも、漸次府県別に制定されていった[99]。一般飲食物に関する府県令については、内務省衛生局の久下勝次が1935年に発表した「保健衛生行政に関する府県令」に詳しく述べられている。その要旨については、下記のようになる[100]。

　「昭和10年の時点で、一般飲食物に関する庁府県令が制定されていたのは

30府県であった。その名称は主として飲食物取締規則あるいは飲食物営業取締規則であるが、その他もこれに類似したものであった。この30庁府県の取締規則の内容について、調査分析した結果は次のようであった。

一　取り締り対象
　調理、洗滌、剥皮(はくひ)等の処置を必要とせずそのまま飲食用に供し得るものだけに対象を限定しているのが18県、無制限にすべての飲食物を対象とするものが12県であった。

二　営業者の守るべき事項
(1) 腐敗、変敗その他衛生上危害を生じるおそれのある飲食物を販売し、または販売の目的をもって陳列あるいは貯蔵することを禁止する（22県）。
(2) 不良品を良品のように欺くことを禁止する（3県）。
(3) 客用飲食器具は一客毎に清洗し、または消毒すること（22県）。
(4) 飲食物を取り扱う場所および飲食物用器具は清潔に保持すること（30県）。このうち特殊な規定として飲食物の製造場に土足で立入ることの禁止（3県）、製造場、加工場等は毎月一回以上大掃除をし、井戸さらいを毎年一回以上実施すること（1県）、調製場に不用なその他物品を置くことの禁止（1県）、銅および銅の合金製鍋類に食酢その他の酸類を注いで食品を調理することの禁止（1件）がある。
(5) 飲食物用器具を拭浄(しょくじょう)する布片は清潔なものを用い、時々これを消毒すること（21県）。
(6) 飲食物の残滓(ざんし)、廃物を衛生的に処理すること（14県）。
(7) 従業員の身体および被服は清潔に保持すること（25県）。
(8) 飲食物に直接接触する被包は清潔なものを用いること（新聞紙、雑誌等をもって被包することを禁ずるものが多い）（21県）。
(9) 飲食物には適当な覆蓋(ふくがい)をし、その他塵埃(じんあい)、昆虫等の付着を防ぐに足りる措置をすること（30県）。
(10) 使用水は清潔なものを用いること（21県）。このうち特殊な規定として飲食物を直接冷却する氷雪は飲食用氷雪を用いること（1県）、使用水の水質検査を行い、必要あるときは防害方法を命ずることができる（2県）

がある。
(11) 飲食物の取り扱いには適当な器具を用い、直接手指を触れないこと（多く規制を緩和して、手指清洗後には直接飲食物を取り扱い得るとか、製造場以外には厳格な適用をしないとかの除外例を認めているものが多い）（17県）。
(12) 路傍の飲食物製造所または飲食席は公衆の目に触れないように隠蔽すること（1県）。
(13) 腐敗、変敗その他衛生上危害を生ずるおそれのあるを原料として飲食物を製造、加工または調理することの禁止（22県）。
(14) 便所は臭気発散および蠅の発生防止を努めること（1県）。
(15) 製造場、加工場または調理場以外の場所において飲食物の製造、加工または調理することの禁止（2県）。
(16) 飲食物の包装に製造年月日を記入すること（1県）。
(17) 飲食物の露店販売または行商の場合は営業者の住所氏名を標示すること（1県）。

三　飲食物の製造、販売その他飲食物を取り扱う場所の位置、構造、設備の制限
(1) 便所、汚物溜、汚水溜に接近した場所に設けないこと（10県）。
(2) その他場所と区画し、採光、換気を十分にすること（11県）。
(3) 天井を設け、地盤は不浸透質材料をもって築造し、汚水排除の設備をすること（17県）。
(4) 鼠族昆虫等の防止設備をすること（11県）。
(5) 使用水は流出装置とすること（3県）。
(6) 原料貯蔵の必要があるものはその装置をすること（1県）。

四　伝染性疾患に罹った者の従業禁止
　結核、らい、トラコーマ、性病等の伝染性疾患に罹った者が飲食物の製造、販売等に従事することの禁止（24県）、（このうちの6県では従事だけではなく立入りも禁止している）。

五　健康診断書の提出
　営業者、従業員等に対して医師による健康診断書の提出を義務づける（24

県)。
六　行政官庁の一般的命令権
(1) 飲食物の調製、販売等に使用する設備、修繕その他必要な施設を命ずること（10県）。
(2) 右に掲げた事項の他、設備、器具等の清浄化および消毒を命ずること(7県)。
(3) 設備、器具の改築、修繕、消毒を命ずること（1県）。
(4) 設備、器具の改造、修繕、掃除を命ずること（1県）。
(5) 設備、器具の清潔、消毒を命ずること（1県）。
(6) 設備、器具改善を命ずること（1県）。
(7) 器具の消毒を命ずること（3県）。
　以上の職権者は警察官署あるいは警察署長（17県）、知事（1県）、警察官吏または衛生吏員（5県）であった。
七　その他
(1) 検査および臨検規定（3県）。
(2) 同業組合の任意設置（2県）。
(3) 明治33年法律第15条の職権を行い得ると規定（18県）。」[101]

　以上の調査結果からわかることは、明治期から大正期を経て昭和10年頃に至ると、府県における食品衛生関連の規定も包括的かつ詳細・具体的なものに整備されつつあるということである。特に食品製造現場における衛生面の指導は大幅に内容が豊富になっており、製造過程における中毒や汚染を防ぐための指導が徹底しつつある状況をみることができる。

2．警視庁

　以上のような状況下で、衛生に関する知識が相対的に乏しいと指摘され続けてきた警察行政も、取締りの内容を精緻化していった。1926年6月17日に、警視庁では警察庁令第27号をもって、「飲食物営業取締規則」を制定し、7月1日より施行された[102]。この条文においては、食品営業者の食品衛生に関連するものが下記のように記されている。

警視庁令第二十七号　　　　　　　　　　　　　　大正十五年六月十七日

飲食物営業取締規則

第一条　本令ニ於テ飲食物営業者ト称スルハ営業トシテ飲食物ヲ販売シ又ハ販売ノ目的ヲ以テ製造、加工若ハ調理スル者ヲ謂フ

第二条　飲食物営業者ハ腐敗、変敗其ノ他衛生上危害ヲ生スルノ虞アル飲食物ヲ販売シ又ハ販売ノ目的ヲ以テ之ヲ貯蔵陳列シ若ハ之ヲ原料トシテ飲食物ヲ製造、加工、調理スルコトヲ得ス但シ変敗シタル飲食物ニシテ製造、加工、調理又ハ利用ノ方法ニ依リ衛生上ノ危害ヲ生スル虞ナシト認メ所轄警察官署ニ於テ之ヲ許可シタル場合ハ此ノ限ニ坐ラス

　　前項但書ノ規定ニ依ル許可ヲ受ケムトスル者ハ其ノ製造、加工、調理又ハ利用ノ方法及設備ヲ詳記シタル願書ニ現品ヲ添ヘ願出ツヘシ

第三条　飲食物営業者ハ左ノ事項ヲ遵守スヘシ

一　販売ノ目的ヲ以テ不良ノ飲食物ヲ被包、混合其ノ他方法ヲ以テ良品ノ如ク装ハザルコト

二　客ニ供スル飲食物用器具ハ一客毎ニ清浄ナル湯又ハ水ヲ以テ洗滌シタル清潔ナルモノヲ用キルコト

三　飲食物ヲ販売、製造、加工、調理、貯蔵又ハ陳列スル場所及其ノ容器、器具、測量器、運搬器具、屋台車等ハ常ニ清潔ニスルコト

四　飲食物用器具ヲ拭浄スル方布ハ白布トシ常ニ清潔ナルモノヲ用キ時時煮沸又ハ其ノ他ノ消毒ヲ為スコト

五　飲食物ノ残滓、廃物ハ覆蓋アル容器ニ容レ防虫及防臭ノ方法ヲ講スルコト

六　飲食物又ハ其ノ容器ノ取扱ニ従事スル者ハ常ニ其ノ身体及被服ヲ清潔ニスルコト

七　炮煮、洗滌、剥皮等ヲ要セスシテ食用スヘキ飲食物ヲ客ニ供スル場合ニ於テハ其ノ直接被包スル袋、折函、竹皮等ノ類ハ清潔ナルモノヲ使用スルコト

八　前号ノ飲食物ヲ運搬又ハ貯蔵スル場合ハ適当ノ覆蓋ヲ為スコト

第四条　所轄警察官署ハ衛生上必要アリト認メタルトキハ飲食物営業者ノ店舗

其ノ他場所又ハ井戸、機械、器具、容器、運搬具等ノ改造若ハ修繕又ハ必要ナル施設ヲ命スルコトアルヘシ

第五条　第二条、第三条第一号乃至第五号、第七号及第八号ノ規定ノ執行ニ関シテハ明治三十三年二月法律第十五号第一条ニ依リ処分シ又ハ同法律第二条ノ職権ヲ行フコトアルヘシ

第六条　第二条及第三条ノ規定又ハ第四条ニ基キテ発スル命令ニ違反シタル者ハ拘留又ハ科料ヲ処ス但シ他ノ法令ニ別ノ規定アルモノハ各其ノ法令ノ定ムル所ニ依ル

第七条　本令ハ宿屋、待合茶室、貸席、休憩場、娯楽場等ノ類ニシテ其ノ営業ニ関シ常時客ニ飲食物ヲ提供スル営業者ニ之ヲ準用ス

第八条　飲食物営業者カ未成年者又ハ禁治産者ナルトキハ本令ノ罰則ハ之ヲ法定代理人ニ適用ス但シ其ノ営業ニ関シ成年者ト同一ノ能力ヲ有スル未成年者ニ在リテハ此ノ限ニ在ラス

　　　飲食物営業者ハ其ノ代理人、戸主、家族、同居者、其ノ他従業者ニシテ其ノ業務ニ関シ本令又本令ニ基キテ発スル命令ニ違反シタルトキハ自己ノ指揮ニ出テサルノ故ヲ以テ処罰ヲ免ルルコトヲ得ス

　　　法人ノ代表者又ハ其ノ他ノ従業者法人ノ業務ニ関シ本令又ハ本令ニ基キテ発スル命令ニ違反シタル罰則ヲ法人ノ代表者ニ適用ス

附則
本令ハ大正十五年七月一日ヨリ之ヲ施行ス

出所：山本俊一『日本食品衛生史（大正・昭和初期編）』日本法規出版株式会社、1981年、399-400頁。

　本法令は、附則1条を含む8条から構成された。飲食物営業者を定義し、人体に危害を生じる恐れがある飲食物の販売、もしくは販売目的の陳列および貯蔵することを禁止した。また、製造場所や製造工程においては、飲食物営業者に清潔を義務づけたほか、改善命令、職権行使、罰則、準用範囲についても規定している。府県行政における食品衛生取締り水準の向上に対応して、警察においても取締り基準を、少なくとも規則条文上においては精緻化させていたといえよう。その後、1938年5月17日に、新たに発布される警視庁令第10

号により、「飲食物営業取締規則」は全面的に改正されることになる[103]。

3. 食品添加物

(1) 着色料
①法令の改正

1900年4月に発布された内務省令第17号「有害性著色料取締規則」は、1913年、1916年および1920年に、一部改正が行われた。同規則は、前述したように附則1条を含む11条から構成され、単に飲食物に使用できない有害性着色料を指定してその使用を禁止するのみならず、化粧品、歯磨、小児玩具、衣服の材料等に至るまで、使用してはならない着色料を指定し、併せて同じ着色料でもその使用方法によっては使用差し支えない除外例等をも示したものである[104]。

1904年の改正は、第二条に但書を追加し、野菜果実類や昆布などの食品に対する銅化合物添加の許容限度を引き上げたものであった。1913年の改正は、主に1904年に追加された第二条但書の改正である。昆布の許容限度を無水物1kg当たり100mgから150mgまで引き上げたものである。また、これに関連して、同日付け内務省令第13号により野菜、果実類の貯蔵品および昆布中の銅についての試験法も改正されることとなった[105]。

1930年10月22日内務省令による改正は、第四条と第十二条に関するものである。第四条に、化粧品、歯磨、小児玩具を製造する際、新たに使用可能な着色料が1つ追加された。第十二条では、化粧品の製造における鉛白の添加禁止に猶予期限が設けられた[106]。1934年12月8日内務省令第35号の改正は、1930年に改正された化粧品の製造における鉛白添加の禁止に関する猶予期間をさらに1年間延長した[107]。以上の改正の特徴は全体として従来に比べ問題となっている食品中の化学物資の使用基準が緩和されている傾向にある。これは食品業者側からの「厳しすぎる」取締り基準の緩和を求める要請に応えたものであるといえるが、この緩和が今日的に妥当なものであったか否かの判断は難しい。以下に条文を引用しておく。

内務省令第十七号　　　　　　　　　　　　明治三十三年四月十七日

有害著色料取締規則

第一条　有害性著色料ヲ分テ左ノ二種トス
　第一種　左ニ掲クル物質其ノ化合物及之ヲ含有スルモノ
　　砒素（AS）、拔□謨（バリウム Ba）、嘉度密鳥謨（カドミウム Cd）、格羅謨（ガリウム Cr）、銅（Cu）、水銀（Hg）、鉛（Pb）、錫（Sn）、安知母紐謨（アンチモン Sb）、烏拉紐謨（ウラン U）、亜鉛（Zn）、藤黄、必偓林酸（ピクリン）、「ヂニトロクレゾール」、「コラルリン」
　第二種　左ニ掲クル物質及之ヲ含有スルモノ
　　硫酸拔□謨（硫酸バリウム BaSo4）、硫化嘉度密鳥謨（硫化カドミウム Cds）、酸化格羅謨、朱、酸化錫、「ムツシーフ」金、酸化亜鉛、硫化亜鉛、銅、錫、亜鉛及其ノ合金属ニシテ固有ノ光澤ヲ有スルモノ
第二条　有害性著色料ハ販売ノ用ニ供スル飲食物ノ著色ニ使用スルコトヲ得ス
第三条　有害性著色料ヲ以テ著色シタルモノハ販売ノ用ニ供スル飲食物ノ容器又ハ被包トシテ使用スルコトヲ得ス但シ左ニ掲クルモノハ此ノ限ニ在ラス
　一　漆、硝子、釉薬（ゆうやく）又ハ琺瑯質（ほうろう）ニ有害性著色料ヲ融和シタルモノ
　二　第一条第二種ノ著色料ヲ以テ著色シタル容器又ハ被包ニシテ飲食物ニ其著色料混入ノ虞ナキモノ
第四条　第一条第一種ノ著色料ハ販売ノ用ニ供スル化粧品、歯磨、小児玩弄品（しょうにがんろう）（絵雙紙（えぞうし）、錦繪（にしきえ）、色紙（しきし）ヲ含ム）ノ製造又ハ著色ニ使用スルコトヲ得ス但シ左ニ掲クルモノハ此ノ限ニ在ラス
　一　漆、硝子、釉薬又ハ琺瑯質ニ有害性著色料ヲ融和シタルモノ
　二　護謨質ニ融和シタル金硫黄
　三　乾燥油又ハ「ワニス」ニ融和シ若ハ「ワニス」ヲ塗布（とふ）シタル酸化鉛（鉛丹ヲ含ム）又ハ格羅謨酸鉛（硫酸鉛ト併用セルモノヲ含ム）但シ剥離シ易キモノハ此ノ限ニ在ラス
　四　水ニ不溶性ノ亜鉛化合物ニシテ護謨質又ハ「ワニス」ニ融和シ若ハ「ワニス」ヲ塗布シタルモノ
　　酸化亜鉛又ハ硫化亜鉛又ハ護謨質又ハ「ワニス」ヲ融和シ若ハ「ワニス」

ヲ塗布スル場合ノ外販売ノ用ニ供スル護謨製玩弄品(がんろう)ノ製造又ハ著色ニ使用スルコトヲ得ス
第五条　砒素ヲ含有スル著色料ハ販売ノ用ニ供スル衣服其ノ他身ノ囲リニ用ユル物品又ハ其ノ材料ノ著色ニ使用スルコトヲ得ス但シ布百平方「センチメートル」中ニ「ミリグラム」以下ノ砒素ヲ含有スルモノハ此ノ限ニ在ラス
第六条　第二条ニ違背シテ著色シタル飲食物第三条ノ容器被包及ヒ之ヲ使用シタル飲食物又ハ第四条若ハ第五条ニ違背シテ製造シ著色シタル物品若ハ材料ハ之ヲ販売シ又ハ販売ノ目的ヲ以テ陳列シ若ハ貯蔵スルコトヲ得ス
第七条　前条ノ物品ニ関シテハ地方長官ハ明治三十三年二月法律第十五号第一条ニ依リ処分スルコトヲ得ス本則ニ違背シタル営業者ニ関シテ亦同シ
第八条　地方長官ハ本則ノ執行ニ関シ明治三十三年二月法律第十五号第二条ノ職権ヲ行フコトヲ得
附則
第十一条　鉛白(えんぱく)ハ当分ノ内第四条ノ規定ニ拘ハラス化粧品トシテ之ヲ使用スルコトヲ得

1904年7月26日内務省令第12号による改正

第二条に左ノ但書ヲ加フ
但シ野菜果実類ノ貯蔵品及昆布ニ其ノ一「キログラム」中銅百「ミリグラム」ヲ含有スル限度マテ銅又含有著色料ヲ使用スルハ此ノ限ニ在ラス

1909年1月16日内務省令第1号による改正

第四条中第二号ノ二号ヲ加ヘ第二項ヲ追加ス
　三　乾燥油又ハ「ワニス」ニ融和シ若ハ「ワニス」ヲ塗布シタル酸化鉛（鉛丹ヲ含ム）又ハ格羅謨酸鉛（硫酸鉛）ト併用セルモノヲ含ム）但シ剥離シ易キモノハ此ノ限ニ在ラス
　四　水ニ不溶性ノ亜鉛化合物ニシテ護謨質又ハ「ワニス」ニ融和シ若シハ「ワニス」ヲ塗布スル場合ノ外ノ販売ノ用ヲ供スル護謨製玩弄品ノ製造又ハ著色ニ使用スルコトヲ得ス

1913 年 7 月 26 日内務省令第 12 号による改正
第二条　有害性著色料ハ販売ノ用ニ供スル飲食物ノ著色ニ使用スルコトヲ得ス
　　　但野菜果実類ノ貯蔵品ニ在リテハ其ノ一「キログラム」中銅百「ミリグラム」、昆布ニ在リテハ其ノ無水物一「キログラム」中銅五十「ミリグラム」ヲ含有スル限度マテ銅、銅化合物又ハ之ヲ含有スル著色料ヲ使用スルハ此ノ限ニ在ラス

1930 年 10 月 12 日内務省令第三十号による改正
第四条第一項左ノ一号ヲ加フ
　　　五　安知母紐謨（アンチモン Sb）、鉛及安知母紐謨ト鉛ノ合金ニシテワニス若シセロイドヲ塗布シ又ハ鍍金シ若ハ鍍銀シタルモノ
　　　但シ剥離シ易キモノハ此ノ限ニ在ラス
第十二条　現在鉛白ヲ使用シテ化粧品ノ製造ヲ為ス者ハ現在製造ノ化粧品ト同一ノモノヲ製造スル場合ニ限リ第四条ノ規定ニ拘ラズ昭和八年十二月迄鉛白ヲ使用スルコトヲ得
　　　鉛白ヲ使用シタル化粧品ハ昭和九年十二月三十一日以後ニ於テ之ヲ販売シ又ハ販売ノ目的ヲ以テ陳列若ハ貯蔵スルコトヲ得ズ之ニ違反スル化粧品ハ第四条ノ規定ニ違反シテ製造シタルモノト看做ス

1934 年 12 月 8 日内務省令第 35 号による改正
第十二条第二項中「昭和九年十二月三十一日」ヲ「昭和十年十二月三十一日」ニ改ム

出所：山本俊一『日本食品衛生史（大正・昭和初期編）』日本法規出版株式会社、1981 年、432-434 頁。

②タール色素をめぐる論争
　当時の着色料の使用基準を巡る代表的論争にタール色素の使用基準を巡る国会での論争がある。1922 年 3 月 14 日に、衆議院において大林代議士ほか 1 名より「タール色素ならびにカラメル使用取締に関する建議案」が提出された。22 日の本会議に上程されることになり、その後委員会付託となった末、24 日

の本会議において可決されたという[108]。その当時飲食物の着色料として、最も使われていたのは、タール色素とカラメルであった。有機性色素であるタール色素は、人体に無害のものがある一方で、毒性を持ち人体に害を及ぼす恐れがあるものも存在する。その類の有害性タール色素には砒素が含まれており、そのため規制する必要があるとの理由であった[109]。

また、ウィスキー・醤油・味噌などに広く使われているカラメルは、普通の砂糖を燻蒸して製造されたものである。その製造過程において、ホルムアルデヒドという物質が生成されてしまう。そのホルムアルデヒドの使用は、「飲食物防腐剤取締規則」によって禁じられていたが、ホルムアルデヒドを含有するカラメルを使用すること自体は規制されていなかった。しかし、澱粉や砂糖などを加熱すれば、必ずホルムアルデヒドが発生することもあり、飲食物にカラメルの使用許容限度を設ける方法で、議論がなされた[110]。多量に摂取すれば人体に有害な物質であっても、自然界にごく少量は存在し、その限りで人体に有意な影響を与えないものもあることから、その使用基準を巡って議論が戦わされたのである。

③研究者の提言

しかし一方で着色料の安全性を巡る試験方法は確立しているとは言えず、昭和時代に入り、研究者の側から着色料に対する公定試験法の制定を建議し、取締の不十分な実情を訴え、あるいは着色料の発癌性の危険を警告するなどの動きがみられた[111]。

a．試験法の設定

1928年に、山口県の知事の手を経て、山口・九州・沖縄各連合衛生技術官会議（3月・山口県）において決議された建議書は、内務大臣宛てに提出された。その建議書の一項目はタール色素公定試験法の制定に対する要望であった[112]。

b．危険な飲食物

1934年に、警視庁衛生検査所長柿沼三郎は、「危険なる飲食物」という報告書のなかで、有害着色料について、以下のように述べている。

「菓子で一番面倒なのは着色料である。石炭タール採った色素が一番問題である。内務省の着色料に関する取締規則は明治三十三年に発布されたもので、

第1章　戦前期日本衛生行政の概観

現在においてはこれでもって完全な取り締りを期待するわけにはいかないが、しかし残念なことにこの取り締り以外に方法がない。当局としてはこの取締規則以上注意しているが、しかしながらそれは奨励に過ぎないので、徹底的に取り締ることは到底できない……」

以上のように、昭和時代になっても、日本国内において菓子を製造する際に用いられている着色料が一番問題視されていることがわかる。その理由の一つとしてあげられたのは、現行の「着色料取締規則」の不十分さであった[113]。

c. 癌の危険

1941年に、加藤朝捷という人は『医事公論誌』に3回にわたり「食品や薬品に含まれる色素により癌の生ずる危険性」という総説を発表した。色素類の濫用に対して警告を発し、さらに5つの対策を提案した[114]。

「一　食用色素の中から不必要で危険なものとみなされているものを法律的に禁止すること；二　毒性試験の再検討；三　発癌性薬品の鑑別；四　色素製造者へ直接注意を促すとともに、色素使用の工業者にも注意を発すること；五　民衆の教育」[115]。いずれも当時の議論からして常識的な指摘ではあるが、それだけに毒性試験の不十分さや、安全性が判明しない色素の使用問題が第二次世界大戦期に至るまで絶えなかった状況をみることができる。

(2) 防腐剤
①飲食物防腐剤取締規則の改正

防腐剤については1903年9月に、内務省令第十号「飲食物防腐剤取締規則」が公布された。その後、1904年内務省令第17号および1906年内務省令第13号の改正により、本規則の第一条に規定される防腐剤の種類が10品目となった。防腐剤に対する取締り論争の焦点となったのは、附則において一定の規制内で使用を認められたサリチル酸及び硼酸であった。これらが許可量以上の濃度を用い、あるいは制限外の飲食物に対して使用された場合があったため、これに対する取締りが行われた[116]。

1915年10月に、内務省令第十五号「飲食物防腐剤取締規則改正」が公布された。規定される防腐剤の種類が新たに5品目が追加され、15品目となった[117]。

内務省令第十号　　　　　　　　　　　　　明治三十六年九月二十八日

飲食物防腐剤取締規則

第一条　本則ニ於テ防腐剤ト稱スルハ左ニ掲クル物質其ノ化合物及之ヲ含有スルモノヲ謂フ

　　安息香酸（あんそくこうさん）、硼酸（ほうさん）、「クロール」酸、「フルオール」水素及其ノ塩類、「フオルムアルテヒヅド」、昇汞（しょうこう）、亜硫酸及其ノ塩類並次亜硫酸塩類、「サリチール」酸及其ノ化合物、「チモール」

第二条　販売ノ用ニ供スル飲食物ノ製造又ハ貯蔵ニ防腐剤ヲ使用スルコトヲ得ス

　　防腐剤ヲ使用シタル飲食物ハ之ヲ販売シ又ハ販売ノ目的ヲ以テ陳列シ若ハ貯蔵スルコトヲ得ス

第三条　第一条ニ掲クルモノハ飲食物ノ防腐用ト称シテ販売シ又ハ販売ノ目的ヲ以テ陳列シ若ハ貯蔵スルコトヲ得ス

第四条　第二条第三条ノ物品ニ関シテハ地方長官ハ明治三十三年二月法律第十五号第一条ニ依リ処分スルコトヲ得ス本則ニ違背シタル営業者ニ関シテ亦同シ

第五条　地方長官ハ本則ノ執行ニ関シ明治三十三年二月法律第十五号第二条ノ職権ヲ行フコトヲ得

第六条　第二条第三条ニ違背シタル者ハ弐拾五圓以下ノ罰金ニ処ス

附則

第七条　本則ハ明治三十七年七月一日ヨリ之ヲ施行ス

第八条　左ニ各号ノ場合ニハ本則施行ノ日ヨリ七ヶ年本則ノ規定ヲ適用セス

　一　清酒ノ製造又ハ貯蔵ノ為別ニ定ムル試験法ニ適合スル限度マテ「サリチール」酸ヲ使用スルトキ

　二　魚介獣肉ニ硼酸又ハ其ノ塩類ヲ使用スルトキ

　三　魚介ノ貯又ハ運搬ノ為「サリチール」酸又ハ其ノ化合物ヲ使用スルトキ

　四　前各号ニ依リ防腐剤ヲ使用シタル清酒、魚介若ハ獣肉ヲ販売シ又ハ陳

列シ若ハ貯蔵スルトキ硼酸、硼酸塩類及「サリチール」酸ニ限リ前項ノ期間第三条ヲ適用セス

1915年10月30日内務省令第十五号による改正
第一条 「チモール」ノ下ニ左ノ如ク追加ス
「ナフトール」、「レゾルチン」、「ヒノゾール」、蟻酸、亜硝酸

出所：山本俊一『日本食品衛生史（大正・昭和初期編）』日本法規出版株式会社、1981年、413-414頁。

②飲食物防腐剤漂白剤取締規則の公布・改正

1928年には、「飲食物防腐剤漂白剤取締規則」と名を改めて発布された。従来の「飲食物防腐剤取締規則」に漂白剤が追加され、一括して取締ることにした。この際、新たに蒼鉛、銀、桂皮酸およびフルアクリル酸という4品目の防腐剤も取締りの対象となった。同時に、亜硫酸、次亜硫酸および安息香酸という3品目の防腐剤については、定まった限度量以内であれば、その使用が認められた[118]。この改正は、ますます多様化していくと予想される防腐剤の使用に対し、その取締制度が設けられたことに意義がある[119]。

内務省令第二十二号　　　　　　　　　　　　　　　昭和三年六月十五日

飲食物防腐剤漂白剤取締規則

第一条　左ニ掲グル物ハ販売ノ用ニ供スル飲食物ノ製造又ハ貯蔵ニ之ヲ使用スルコトヲ得ズ但シ別ニ指定スル物ヲ指定ノ条件下ニ使用スルハ此ノ限ニ在ラズ
　一　安息香酸、硼酸、「クロール」酸、「フルオール」水素、「フォルムアルテヒード」、昇汞、亜硫酸、次亜硫酸、「サリチール」酸、「チモール」、「ナフトール」、「レゾルチン」、「ヒノゾール」、蟻酸、蒼鉛、銀、桂皮酸、「フルアクリール」酸
　二　前項ニ掲ゲザル物ニ付テハ、品名、用法及用量ヲ具シ主タル営業所所在地ノ地方長官（東京府ニ在リテハ警視総監以下之ニ倣フ）ノ許可ヲ受

クルニ非ザレバ防腐又ハ漂白ノ目的ヲ以テ販売ノ用ニ供スル飲食物ノ製造又ハ貯蔵ニ使用スルコトヲ得ズシ第二条ノ規定ニ依リ許可ヲ受ケタル防腐剤又ハ漂白剤ヲ許可ヲ受ケタル用法、用量ノ範囲内ニ於テ使用シ又ハ食塩、砂糖、酢、アルコホル、蕃椒其ノ他調味料ヲ主トスル物品ヲ使用スルハ此限ニ在ラズ

　　　前二項ノ規定ニ違反スル飲食物ハ之ヲ販売スシ又ハ販売ノ目的ヲ以テ運搬、陳列若ハ貯蔵スルコトヲ得ズ

第二条　飲食物ノ防腐剤又ハ漂白剤ヲ発売セムトスルトキハ発売者ノ名称、原料品名及其ノ分量、調製方法、用法並用量ヲ具シ主タル営業所所在地ノ地方長官ノ許可ヲ受クベシ之ヲ変更セムトスルトヲ亦同ジ

　　　前項ノ場合ニ於テ日本薬局方ニ記載セザル原料品ヲ使用セムトスル者ハ其ノ見本品ヲ提出スベシ

第三条　前条ノ規定ニ依リ許可ヲ受ケタル防腐剤又ハ漂白剤ノ原料品ニシテ日本薬局方ニ記載セザル物ハ第二条第二項ノ見本品ト同様ノ性質品質ヲ具備スルコトヲ要ス

第四条　発売者ハ防腐剤又ハ漂白剤ノ容器又ハ被包ニ其ノ氏名又ハ商号、主タル営業所所在地、用法並用量ヲ明記スベシ

第五条　地方長官ハ衛生上危害ヲ生ズルノ虞アリト認ムルトキハ第二条第一項ノ規定ニ依リ許可ヲ受タケタル者ニ対シ其ノ許可ヲ受ケタル事項ノ変更ヲ命ズルコトヲ得

第六条　地方長官ハ本令又ハ本令ニ基キテ為シタル処分ニ違反スル飲食物、防腐剤又ハ漂白剤ニ関シテ明治三十三年二月法律第十五号第一条ニ依リ処分スルコトヲ得本令ニ又ハ本令ニ基キテ為シタル処分ニ違反シタル営業者ニ関シテ亦同ジ

第七条　地本長官ハ本令ノ執行ニ関シテ明治三十三年二月法律第十五号第二条ノ職権ヲ行フコトヲ得

第八条　左ニ掲グル者ハ百円以下ノ罰金又ハ拘留若ハ科料ニ処ス但シ第一条第一項又ハ第二項ノ規定ニ違反シタル場合ニ於テ其ノ事実ヲ知ラザルトキハト雖モ処罰ヲ免ルルコトヲ得ズ

　一　第一条各項ノ規定ニ違反シタル者

二　第二条第一項ノ規定ニ依リ許可ヲ受ケズシテ防腐剤又ハ漂白剤ノ発売ヲ為シタル者
三　第二条第一項ノ規定ニ違反スル防腐剤又ハ漂白剤ヲ販売シタル者
四　第三条ノ規定ニ違反スル防腐剤又ハ漂白剤ノ発売ヲ為シタル者
五　第四条ノ規定ニ依ル表示ヲ為サズ又ハ虚偽ノ表示ヲ為シタル者
六　第五条ノ規定ニ依ル処分ニ違反シタル者

昭和十四年五月十五日厚生省令第十号による改正
第四条　発売者ハ防腐剤又ハ漂白剤ノ容器又ハ被包ニ其ノ氏名又ハ商号、主タル営業所所在地、用法及用量並安息香酸又ハ其ノ化合物ヲ含有スルモノニ在リテハ其ノ旨ヲ明記スベシ

出所：山本俊一『日本食品衛生史（大正・昭和初期編）』日本法規出版株式会社、1981年、434-435頁。

③違反防腐剤
a．硼酸
　1923年に、オーストラリアより輸入されたバターに防腐剤として、硼酸が添加されている事実が発見された。この影響で、同年8月4日に、大阪府知事は内務省衛生局長宛てに、輸入バターを取締るべきかどうかという伺いを申し立てた。その回答としては、取締りの励行を指示されている[120]。
b．サリチル酸
　1912年11月8日、京都府大塚技手は、京都市新町通錦小路上る大八醤油店を臨検した際、醤油に防腐剤としてサリチル酸が添加されている事実を発見したため、18樽の醤油を廃棄させ、追って厳重に処分することを言い渡した[121]。

（3）人工甘味質
　当時の日本において、人工甘味質のなかで最もよく使われていたのがサッカリンである。日本に初めてサッカリンが輸入されたのは1890年のことであったが、当時の輸入量は、わずか半ポンド（225g）にすぎなかったという。し

かし、その後輸入量が右肩上がりで増加し、1900年にはその輸入量が3.5tに達した[122]。1901年に、「人工甘味質取締規則」によりサッカリン等の人工甘味質の使用は、医療用を除いて禁止された。しかし、これはサッカリンに毒性があるというのではなく、むしろ砂糖と競合し、砂糖の売れ行きを妨げるという経済的な理由の存在も指摘されている[123]。当時砂糖製造業は植民地台湾の主要産業であったことから国内砂糖産業への打撃に対して政府が神経質になるには理由が存在した。

大正期に入り、砂糖の価格が急上昇すると、サッカリンの解禁を論ぜられたが、結果的に解禁されることがなかった。昭和期に入ると、一般の嗜好傾向としてますます食品に甘味を要するようになってきた。特に、たくあん漬けなどのような長期保存食品には、砂糖を使用することができず、サッカリンの使用が要望されるようになった。そこで、1941に、「人工甘味質取締規則」の一部改正が行われ、たくあん漬けの調味に一定量以下のサッカリンの使用が認められたが、時期を考えると太平洋戦争開始時期に相当するため、台湾砂糖産業の重要性が低下したこととこの規定の改正の関係性についても考慮する必要があるだろう[124]。その他昭和期にはズルチンという合成甘味料の使用も問題となった。1941年6月、福岡県宗像郡で発熱を伴って顔面が腫れるという特徴的な症状を呈した患者が約1000人確認された。後の調査結果で、この症状がズルチンによるものと判明したため、急遽取締りの対象となった[125]。

内務省令第三十一号　　　　　　　　　　　　　　明治三十四年十月十六日

人工甘味質取締規則

第一条　人工甘味質トハ「サッカリン」（甘精(かんせい)）其ノ他之ニ類スル化學的製品
　　　　ニシテ含水炭素ニ非サルモノヲ謂フ
第二条　販売ノ用ニ供スル飲食物ニハ人工甘味質ヲ加味(かみ)スルコトヲ得ス
　　　　人工甘味質ヲ加味シタル飲食物ハ之ヲ販売シ又ハ販売ノ目的ヲ以テ陳列
　　　　シ若ハ貯蔵スルコトヲ得ス
　　　　本条ノ規定ハ第三条第一項第二項ノ場合ニ之ヲ適用セス
第三条　地方長官ハ治療上ノ目的ニ供スヘキ飲食物ノ調味ニ人工甘味質ノ使用

ヲ許可スルコトヲ得
　前項ノ飲食物ハ醫師ノ證明アル者ニ限リ之ヲ販売授與スルコトヲ得
　本条ノ第一項ノ許可ヲ受ケタル者其ノ飲食物ヲ他人ニ代理販売又ハ請賣セシムルトキハ其ノ氏名及営業所ヲ地方長官ニ届出ヘシ
　本条ノ第一項ノ許可ハ地方長官ニ於テ何時ニテモ之ヲ取消スルコトヲ得
第四条　前条ノ飲食物ヲ販売授與スルトキハ容器又ハ被包ヲ用ヰ其ノ容器又ハ被包ニハ「人工甘味質製」ノ六字ヲ記スヘシ
第五条　地方長官ハ第三条第一項ノ許可ヲ受ケスシテ人工甘味質ヲ加味シタル飲食物ニ関シテ明治三十三年二月法律第十五号第一条ニ依リ処分スルコトヲ得ス本則ニ違背シタル営業者ニ関シテ亦同シ
第六条　地方長官ハ本則ノ執行ニ関シ明治三十三年二月法律第十五号第二条ノ職権ヲ行フコトヲ得

1941年8月4日厚生省令第39号による改正
第二条第一項但書ヲ左ノ如ク改ム
但シ左ノ各号ノ一ニ該当スル場合ハ此ノ限ニ在ラス
　一　治療上ノ目的ニ供スヘキ飲食物ノ調味ニ使用スルトキ
　二　沢庵漬ノ調味ニ「サツカリン」ヲ沢庵漬一「キログラム」ニ付〇、二五「グラム」迄使用スルトキ
第二条ノ次ニ左ノ一条ヲ加フ
第二条ノ二　前条第一項第二号ニ掲クル沢庵漬中「サツカリン」試験法ハ別ニ之ヲ定ム

出所：山本俊一『日本食品衛生史（大正・昭和初期編）』日本法規出版株式会社、1981年、436-437頁。

おわりに

　以上、戦前期日本における食品衛生を巡る行政制度、法制についての推移を概観した。日本の食品衛生行政は出発点においては防疫を中心とする衛生行政の一領域に過ぎなかった。しかし近代化の進行のなかで、扱われる食品が増加

し、また輸出入品としての食品安全問題が浮上することによって、徐々に対処すべき領域が増加することによって、独立した領域として存在感を高めていった過程が明らかになった。しかし戦後のように食品衛生が行政上独立した部署とならなかった点に、戦前期日本の食品衛生問題の限界を認めることができる。

また地方における食品衛生行政は、都道府県と市町村などの地方行政府と警察行政による連携のもとで行われた。その取締り制度は徐々に精緻化していったが、添加物等の高度な化学的知識を要する新しい食品衛生問題が浮上してゆく中で、取締り力の不足や、科学鑑定力の向上、行政側の知識不足などが問題視されるようになった。また添加物のなかで、甘味料のサッカリンに対して比較的強硬な取締りが行われた背景に、国内（台湾）の砂糖産業を保護する意図があったとすれば（今回それを充分に論証することはできなかったが）、それは重要な論点であると思われる。

注

1) 大霞会編『内務省史』（全4巻）原書房、1981年。
2) 厚生省五十年史編集委員会編『厚生省五十年史』厚生問題研究会、1988年。
3) 笠原英彦・小島和貴『明治期医療・衛生行政の研究――長与専斎から後藤新平へ』ミネルヴァ書房、2011年。
4) 尾崎耕司「後藤新平の衛生国家思想について」（大阪歴史学会『ヒストリア』(153)、1996年所収）。
5) 横田陽子『技術からみた日本衛生行政史』晃洋書房、2011年、193-196頁。
6) 谷口直人「『伝染病予防法』の制定過程――内務省公衆衛生の構想と展開」（内務省史研究会編『内務省と国民』文献出版、1998年所収）。
7) 藤原有和「書評 小林丈広著『近代日本と公衆衛生――都市社会史の試み』（関西大学人権問題研究室『関西大学人権問題研究室室報』（第29号）2002年所収、10-11頁）；小林丈広『近代日本と公衆衛生：都市社会史の試み』雄山閣出版、2001年。
8) 宝月理恵『近代日本における衛生の展開と受容』東信、2010年。
9) 1874年8月18日文部省ヨリ東京京都大阪三府へ達。医療制度や衛生行政に関する各種規定を定めた法令である。
10) 厚生省医務局編『医制百年史』ぎょうせい、1976年、11頁。
11) 山本俊一、前掲書、349頁。
12) 山本俊一『日本食品衛生史（明治編）』日本法規出版株式会社、1980年、13頁。
13) 山本俊一、前掲書、14頁。

14）山本俊一、前掲書、4 頁。
15）山本俊一、前掲書、14 頁。
16）山本俊一、前掲書、14 頁。
17）山本俊一、前掲書、14 頁。
18）山本俊一、前掲書、14-15 頁。
19）山本俊一、前掲書、15 頁。
20）山本俊一、前掲書、16 頁。
21）山本俊一、前掲書、16 頁。
22）山本俊一、前掲書、17 頁。
23）山本俊一、前掲書、17 頁。
24）山本俊一、前掲書、18 頁。
25）山本俊一、前掲書、350 頁。
26）山本俊一、前掲書、18 頁。
27）山本俊一、前掲書、350-351 頁。
28）山本俊一、前掲書、4 頁。
29）厚生省医務局編、前掲書、58 頁。
30）厚生省医務局編、前掲書、150-151 頁。
31）厚生省医務局編、前掲書、59 頁。
32）山本俊一、前掲書、21 頁。
33）山本俊一、前掲書、21 頁。
34）山本俊一、前掲書、21-22 頁。
35）山本俊一、前掲書、21-22 頁。
36）清水勝嘉『日本公衆衛生史：昭和戦前期』不二出版、1991 年、13 頁。
37）清水勝嘉、前掲書、13 頁。
38）清水勝嘉、前掲書、13 頁。
39）日本の慈善事業団体。病院の運営や社会福祉施設の運営などを行っている社会福祉法人の団体である。
40）清水勝嘉、前掲書、13-14 頁。
41）清水勝嘉、前掲書、14 頁。
42）清水勝嘉、前掲書、14-15 頁。
43）清水勝嘉、前掲書、14-15 頁。
44）清水勝嘉、前掲書、15 頁。
45）清水勝嘉、前掲書、15 頁。
46）清水勝嘉、前掲書、15 頁。
47）清水勝嘉、前掲書、15 頁。
48）清水勝嘉、前掲書、15 頁。
49）清水勝嘉、前掲書、15 頁。

第 1 部　衛生行政の形成と食品衛生問題

50) 清水勝嘉、前掲書、16 頁。
51) 清水勝嘉、前掲書、16 頁。
52) 清水勝嘉、前掲書、16 頁。
53) 清水勝嘉、前掲書、16-17 頁。
54) 清水勝嘉、前掲書、17 頁。
55) 清水勝嘉、前掲書、17 頁。
56) 清水勝嘉、前掲書、17 頁。
57) 清水勝嘉、前掲書、17-18 頁。
58) 清水勝嘉、前掲書、18 頁。
59) 清水勝嘉、前掲書、18 頁。
60) 清水勝嘉、前掲書、19 頁。
61) 清水勝嘉、前掲書、19 頁。
62) 清水勝嘉、前掲書、19 頁。
63) 清水勝嘉、前掲書、19 頁。
64) 当該資料は、明治期、大正・昭和前期、昭和後期の 3 冊にわけられている。本書は、主に明治期、大正・昭和前期を分析対象とする。山本俊一『日本食品衛生史（明治編）』日本法規出版株式会社、1980 年；山本俊一『日本食品衛生史（大正・昭和前期編）』日本法規出版株式会社、1981 年；山本俊一『日本食品衛生史（昭和後期編）』日本法規出版株式会社、1982 年。
65) 厚生省医務局編、前掲書、150 頁。
66) 厚生省医務局編、前掲書、150 頁。
67) 厚生省医務局編、前掲書、151 頁。
68) 厚生省医務局編、前掲書、151 頁。
69) 厚生省医務局編、前掲書、152 頁。
70) 山本俊一、前掲書、30 頁。
71)「このたび地方違式詿違の条項が布告されたが、この条例は国の安全と国民の健康を保持するためのものであるので、全国民はこれを知っていなければならない。そのため、戸長、副戸長の制度のある所では必ずこれを掲示し……。」山本俊一、前掲書、30-31 頁による。
72) 山本俊一、前掲書、30-31 頁。
73) 山本俊一、前掲書、31 頁。
74) 山本俊一、前掲書、31 頁。
75) 加藤時次郎（1858 年 2 月 14 日～1930 年 5 月 30 日）医師・社会運動家。1888 年ドイツに留学し、1890 年帰国後加藤病院を開業するとともに平民社の社会主義運動を援助する。1906 年結党の日本社会党評議員となる。1916 年生活社を設立、平民病院（加藤病院の改組）、平民薬局を運営するなど社会改良事業に活躍した。『20 世紀日本人名事典』による。
76) 山本俊一、前掲書、32-33 頁。

77）山本俊一、前掲書、33 頁。
78）丹波敬三（1854 年 2 月 25 日〜 1927 年 10 月 19 日）明治・大正期の薬学者。1880 年東京大学医学部助教授・陸軍薬剤師となる。1884 年ドイツに留学、1887 年に帰国し、東京帝国大学教授となる。1904 年欧米視察に赴き帰国後、日本薬局方調査員、薬剤師試験委員なども務め、日本の薬学教育に尽力した。『20 世紀日本人名事典』による。
79）山本俊一、前掲書、33-34 頁。
80）大日本私立衛生会は 1883 年に創設されたもので、医学者・薬学者をはじめとする学者や行政官、医師、その他衛生問題に従事する人たちが会員となった組織で全国的な規模をもつものであった。後の内務大臣である後藤新平や北里柴三郎など政治家や高名な学者も会員であった。光武幸「我国における着色料取締りの歴史：歴史的経緯からみた着色料の存在意義」(『北海道大学大学院環境科学研究科邦文紀要』(1)、1985 年所収)、6 頁注 9 よる。
81）中浜東一郎（1857 年 7 月 7 日〜 1937 年 4 月 11 日）明治〜昭和期の医師。1885 年内務省御用掛となり、欧州に遊学。1889 年に帰国し、内務省技師に任ぜられ防疫に努めた。1890 年東京衛生所長兼任。のち退官し回生病院を設立。1917 年自営病院閉鎖後は内閣恩給顧問医。日本保険医学協会長などを務めた。『20 世紀日本人名事典』による。
82）山本俊一、前掲書、34 頁。
83）田原良純（1855 年 7 月 6 日〜 1935 年 6 月 3 日）明治・大正期の薬学者。東京衛生試験所兼内務技師、同所検明部長をへて、1887 年同所長となる。1890 年在官のままドイツに留学し、かつ欧州各国の衛生事業を検視した。以後、東京衛生試験所長の傍ら、専売特許局技師、内務技師を兼務、他に日本薬局方調査会委員、中央衛生会委員などを歴任した。フグ毒を初めて卵巣から抽出し、"テトロドトキシン"と命名したことで知られる。『20 世紀日本人名事典』による。
84）第 6 回大日本私立衛生会衛生事務講習修了証書授与式での発言。横田陽子『技術からみた日本衛生行政史』晃洋書房、2011 年、22-23 頁による。
85）横田陽子、前掲書、23 頁。
86）横田陽子、前掲書、23 頁。
87）山本俊一、前掲書、35 頁。
88）山本俊一、前掲書、35-36 頁。
89）山本俊一、前掲書、353 頁。
90）山本俊一、前掲書、5 頁。
91）山本俊一、前掲書、287 頁。
92）山本俊一、前掲書、287-288 頁。
93）鉛白：塩基性炭酸鉛を成分とする白色顔料。古くから使用され、日本では昔、鉛板を積み重ねた下から酢を炭火で蒸発させて作った。かつては白粉（おしろい）の原料にも用いられたが、人体に有毒なため、現在は主に戸外用の塗料に用いられる。白鉛。『広辞苑（第五版）』による。
94）光武幸「我国における着色料取締りの歴史：歴史的経緯からみた着色料の存在意義」(『北

第 1 部　衛生行政の形成と食品衛生問題

　　　海道大学大学院環境科学研究科邦文紀要』(1)、1985 年所収)、6-7 頁。
95) 山本俊一、前掲書、335-337 頁。
96) サリチル酸：有機酸の一。無色の結晶。医薬・防腐剤・染料の原料などに用いる。硼酸：
　　無色・無臭で、真珠光沢をもつ鱗片状の結晶。うがい薬・消毒および軟膏製剤として用いる。
　　ガラス・顔料などの原料。『広辞苑（第五版）』による。
97) 山本俊一、前掲書、336-341 頁。
98) 山本俊一、前掲書、329 頁。
99) 山本俊一『日本食品衛生史（大正・昭和初期編）』日本法規出版株式会社、1981 年、15 頁。
100) 山本俊一、前掲書、16 頁。
101) 山本俊一、前掲書、16-19 頁。
102) 山本俊一、前掲書、19 頁。
103) 山本俊一、前掲書、19-21 頁。
104) 山本俊一、前掲書、313-316 頁。
105) 山本俊一、前掲書、314 頁。
106) 山本俊一、前掲書、314-316 頁。
107) 山本俊一、前掲書、316 頁。
108) 山本俊一、前掲書、317-320 頁。
109) 山本俊一、前掲書、317-320 頁。
110) 山本俊一、前掲書、317-320 頁。
111) 山本俊一、前掲書、322 頁。
112) 山本俊一、前掲書、322 頁。
113) 山本俊一、前掲書、322-324 頁。
114) 山本俊一、前掲書、324-325 頁。
115) 山本俊一、前掲書、323-326 頁。
116) 山本俊一、前掲書、321 頁。
117) 山本俊一、前掲書、322 頁。
118) 山本俊一「日本の食品衛生史──特に食品衛生法以前の食品添加物について」（日本食
　　品衛生学会『食品衛生学雑誌』21 (5)、1980 年所収)、334 頁。
119) 山本俊一、前掲書、10 頁。
120) 山本俊一、前掲書、340-341 頁。
121) 山本俊一、前掲書、343 頁。
122) 山本俊一、前掲論文、332 頁。
123) 山本俊一、前掲書、10 頁。
124) 山本俊一、前掲書、10 頁。
125) 山本俊一、前掲論文、332 頁。

第2章　衛生組合の活動

はじめに

　本書は全体として食品衛生問題と食品の品質問題を行政と個別産業の取り組みに焦点を当てて分析している点に特徴がある。しかし衛生問題は、行政と企業の取り組みだけではなく、個々の国民・民衆への啓蒙と取り組みがなければ社会的広がりを持たないということは言うまでもない。本章では戦前期に日本の地域社会に設置された衛生組合の活動に注目する。衛生組合とは、伝染病予防対策などの衛生業務を地域の末端において行った地域組織であるが、漸次に国勢調査などの事業を行政から委託されるなど、地域の自治機関として衛生業務以外の行政事務も担っていた行政の補助団体である。衛生組合が衛生業務や日常的な行政事務を担うことにより、住民の生活に深く関与し、地域秩序を維持する役割を果たしていた[1]。尾崎耕司は、衛生組合について地方制度との関連を正面に据えながら、神戸市の衛生組合という地域住民組織を考察対象として、その明治期以降の活動を辿りながら、日本近代の公衆衛生や都市自治のあり方を描いた[2]。その他に、衛生組合の役割を「官治的取締の手段としてとらえ」た小栗史朗の研究、「地域的な名望家支配の補完物」と位置づける原田敬一、松下孝昭の研究、同組合を衛生行政の末端機関として位置づけ、「地域的な差別意識を高めるもの」として批判的に位置づける安保則夫、小林丈広等の研究が存在する[3]。

　本章ではまず第1節で、静岡市衛生組合の活動について概観する。活動の多くは公衆衛生活動であり、食品衛生に関するものは多くないが、同時代の地

域衛生活動における食品関連分野への位置づけを明確にするため、あえて網羅的に検討した。第2節では、その他いくつかの地域衛生組合活動のなかから、食品に関連する活動を抽出して紹介する。

第一節　静岡市衛生組合の活動

一、静岡市衛生組合の創設

　1879年太政官達第55号をもって地方衛生会規則の発布、および内務省達乙第56号をもって「今後地方廳衛生課設置ニ付、町村衛生事務条項ノ設置」の許可という2つの通達に基づき、1889年11月に静岡衛生会規則草案委員会が設けられ、衛生組合の設立を企図するところに至った。1891年4月28日、静岡県内務部長より静岡市長宛て衛生組合に関する事項が通牒された[4]。

衛第一九〇号

　今般第二十號ヲ以テ傳染病豫防心得書訓令相成、該總則第一條ニ據リ市町村ニ於テハ本年五月中ニ便宜衛生組合ヲ設ケ、規約書縣廳ヘ可届筈ニ就テハ其組合區域ハ土地ノ情況ニ依リ、市ニ於テハ一町又ハ數ケ町或ハ戸數ヲ以テ區劃シ、大略左ノ事項ニ付規約ヲ設ケシメ、組合毎ニ組合長壱人ヲ置キ、平常規約ノ履行ニ注意セシメ、而シテ組合長ハ組合ヨリ可成市ノ區長又ハ其代理人、常設委員若クハ市吏員、醫師、學校教員等ニ在ルモノヲ推薦又ハ嘱託シ、組合設置ノ為別段ノ費用ヲ要セシメザル趣旨ニ付、右御承知相成度依命此段申進候也

　明治二十四年四月二十八日

　静岡市長　星野鐵太郎殿

　　　　　　　　　　　　　　　　　　静岡縣内務部長　村田豊

一、下水溝渠及流シ下等ハ時々掃除シ地泥塵芥ヲ溜滞セシメザル事
　（こうきょ）（くにどろ）
　資料ママ
一、井邊ヲ清潔ニシ潴滞セザル様注意シ、且飲料水ノ性質不良ナルモノハ之ヲ
　　　（ちょたい）
　改良シ、又ハ飲料ニ供セザル事

第 2 章　衛生組合の活動

<small>資料ママ</small>
一、便所ハ尿屎ノ充溢セザル様常ニ之ヲ汲取、且芥溜モ時々掃除ヲナシ塵芥ヲ堆積(たいせき)セシメザル事
四、邸内ニ汚水溜アルモノハ時々汲取汚臭ヲ除去スル事
五、悪疫流行ノ際之レガ豫防消毒等ニ關スル事
六、組合内ノ貧病者ハ成ルベク救療ノ方法ヲ設クル事
七、右ノ外衣食住其他習俗ノ健康ヲ傷害スベキモノハ其除害改良ノ方法ヲ設クル事

　上記の通牒により、衛生組合の目的は、清潔法、摂生法を励行して、伝染病の予防に取り組むことであった[5]。食品に関連するものとしては、主に井戸に関わる水回りの衛生改善が重視されているが、これは主に水を媒介とした疫病の防疫を意識した点が大きかったと思われる。その他、「七」において食の面においても健康を害する要素の改良が指摘されているが、包括的かつ抽象的な指示の印象を免れない。

　静岡県内務部長の通牒を受け、静岡市衛生組合の創設にあたって、静岡市長は自ら創設委員長を兼任し、各町に衛生組合創設委員の立候補者を招集し、選挙を経て、10名の衛生組合創設委員を選出した。1891年9月3日に衛生組合の創設に関する委員会を開催し、静岡市を一区として衛生組合を創設することが決議された[6]。

組合規約

　組合員の責務は、規約の第七条により規定されている。そのなか、食品衛生に関連した項目を詳しくみることにしよう。第一項は組合員の身体健康への配慮であり、衣服身体の清潔を保ち、不良飲食物の摂取かつ暴飲暴食を控えることを述べている。この部分は衛生というよりも栄養学の領域であるように思われる。第四項は食品衛生に直接的な関係を持たないが、井辺を清潔にして邸内の汚水を速やかに処分することで、飲料水への汚染を避けることが目的の一つであろう。第五項は飲料水の水質が不良の場合は、濾過もしくは煮沸して飲用することで、水を媒介とした病気を防ぐことが目的である。第七項は魚腸など汚臭を放つものは密閉して貯蔵することで、他の飲食物への汚染防止を呼びか

けている。第八項は不熟の果実を含め、いわゆる人体に害を及ぼす恐れがある有害飲食物の販売が禁じられており、食品衛生にもっとも深い関係をもつものである。第九項は飲食物に病原微生物を媒介する蠅また塵埃との接触を防ぐことで、飲食物の汚染防止を目的とするものである。前述した通牒と併せて考えると、この時期の衛生組合では食品衛生問題は問題として顕在化しておらず、水回りの防疫という「環境衛生」の領域に属する問題として意識されていたに過ぎない段階であったというべきだろう。

静岡市衛生組合規約

第一條　本規約ハ静岡市内ノ清潔法摂生法其他傳染病豫防ノ為メ設クルトス
第二條　組合ハ静岡全市ヲ以テ一組合トス
　　　　事務所ハ市役所内ニ置ク
　　　　　　但處理便宜ノ為メ組合長ハ適宜職員ノ持受部ヲ設クルヲ得
第三條　本規約ノ實行ヲ計ル為メ職員ヲ置ク
　　　　組合長　　壹名
　　　　副組合長　壹名
　　　　組合幹事　拾五名
　　　　組合委員　各町五十戸以内ハ一名、五十戸以上ハ二名乃至三名ヲ置ク、
　　　　　　　　　但二十戸以内ノ町ハ他町ニ聯合スルヲ得
第四條　正副組合長ハ組合幹事ニ於テ之ヲ選擧シ組合幹事ハ組合委員ニ於テ之ヲ選擧シ組合委員ハ各町若シクハ聯合町住民ニ於テ之ヲ選擧ス、其任期ハ共ニ満二ヶ年トス
第五條　本組合の職員ハ總テ無給トス、尤モ時宜ニ依リ組合會議ノ決議ヲ以テ報酬スル事アルベシ
第六條　組合長以下職員ノ職務ヲ左ノ如シ
　　　　組合長
　　一、組合内衛生ニ關スル一切ノ事ニ注目シ本規約ノ實行ヲ謀ル事
　　二、組合幹事及組合委員ヲ指揮監督シ組合員ヲシテ其ノ責務ヲ盡サシムル事
　　三、會議招集ノ事

四、組合費収支ノ事
　　副組合長
一、組合長ヲ輔ケ組合長事故アルトキハ其職務ヲ代理ス
　　組合幹事
一、組合長ノ指揮ヲ委員ニ傳フル事
二、組合委員ノ勉否及組合員ノ状況ヲ視察シ組合長ニ申告スル事
三、組合長ヨリ分掌ヲ受ケタル事項
　　組合委員
一、彼（資料まま）選區町ニ就キ本規約ノ實行ヲ勉ムル事
二、時々被選區内ヲ巡視シ懇篤説示事
三、傳染病豫防及消毒ニ盡力スル事
四、組合費取纏ノ事
五、右之外衛生上ニ付組合長ヨリ指揮ノ事
第七條　組合員ノ履行スベキ項目概略左ノ如シ
　第一項　衣服身體ヲ清潔ニシ不良又ハ過度ノ飲食ヲ為ヾムル事
　第二項　家屋ハ常ニ掃除シ空氣ノ流通ヲ善クスル事
　第三項　流シ下及溝渠ハ時々掃除シ土泥塵芥ヲ溜滯セシメザル事
　第四項　井邊ヲ清潔ニシ邸内ニ汚水ノ瀦滯ナカラシムル事
　第五項　飲料水ノ性質不良ナルモノハ細砂石ヲ以テ濾過スルカ又ハ煮沸スル
　　　　　カ其性質ニ依リ之ガ改良ヲ加フルニ非ザレバ飲料ニ供セザル事
　第六項　便所ハ尿屎ノ充溢セザル様常ニ之ヲ汲取且芥溜モ時々掃除ヲナシ塵
　　　　　芥ヲ堆積セシメザル事
　第七項　魚腸等總テ汚臭ヲ放ツベキモノヲ貯蔵スルハ其蓋ヲ密閉シ臭氣ノ散
　　　　　逸セザル様取扱ヒ且可成速ニ家屋懸隔ノ地ニ搬出スル事
　第八項　不熟ノ果實及有害ノ飲食物ヲ販賣スベカラザル事
　第九項　露店又ハ店頭ニ列スル食物ハ硝子等ノ蓋ヲナシ蠅又ハ塵埃ヲ防グベ
　　　　　キ事
　第十項　傳染病豫防消毒等ニ關シテハ法令達示ヲ遵守シ一層注意戒愼スル事
　第十一項　傳染病患者ヲ隱蔽シ又ハ吐瀉物等ヲ下水芥溜等ニ投棄シタルノ疑
　　　　　アルトキハ其旨速ニ組合長組合幹事又ハ委員ヘ便宜通報スベキ事

第十二項　本組合内ニ於テ費用ヲ要スル場合アルトキハ組合會議ノ決議ニ依
　　　　リ負擔スベキ事
　　　第十三項　本規約實行上ニ關シテハ共同一致ノ精神ヲ以テ互ニ注意戒告シ且
　　　　意見アル場合無腹蔵組合長組合幹事又ハ委員ニ申告スル事
　　　第十四項　右之外組合會議ニ於テ決定ノ事項
第八條　本組合通常會ハ毎年四月之ヲ開キ臨時會ハ必要ノ時々之ヲ開ク
第九條　組合會ノ議員ハ組合幹事十五名及組合委員ヨリ十五名ヲ互撰シテ之ニ
　　　充ツ
第十條　組合會ハ組合長ヲ以テ會長トス
第十一條　組合會ノ擧行スベキ事項左ノ如シ
　　　通常會
　一、前年度事務ノ成績及費用精算報告
　二、本年度費用豫算及收入法
　三、規約ノ追加更生其他重要ノ件
　四、正副組合長組合幹事ノ改選
　　　臨時會
　一、臨時費用其他重要ノ件
　二、組合幹事補缺選擧
第十二條　組合會ハ時宜ニ依リ其議事ヲ幹事會ニ委託スルヲ得
第十三條　事ノ急施ヲ要シ組合會ヲ開クノ暇ナキトキハ組合長ハ幹事會ヲ開キ
　　　之ヲ決シ追テ報告スルヲ得
第十四條　本規約ハ履行ヲシテ圓滑ナラシムル為メ毎年三回乃至六回談話會ヲ
　　　開キ衛生ニ關スル初般ノ事項及ビ本組合ニ係ル事件ヲ談話スルモノトス
第十五條　談話會ハ各町限リ若シクハ數町聯合シテ之ヲ開クモ妨ゲナシ、其開
　　　期場所ハ組合委員ニ於テ之ヲ指定シ組合會ニ通報スルモノトス
　　　　但出席人員及談話事項概目ハ組合長ヘ報告スルモノトス
第十六條　本規約ハ縣廳ヘ届出爾後追加變更ノ場合ハ同樣届出ベキ事

第 2 章　衛生組合の活動

二、静岡市衛生組合の組織

　静岡市衛生組合（以下、同組合と略す）の組織は、規約の第三条に基づき、組合長 1 名、副組合長 1 名、組合幹事 15 名、組合委員若干名より構成された。各町で委員を選出し、委員より幹事を、幹事より正副組合長を選出するという。その任期は、いずれも 2 ヶ年である。また、予算などを議定する場合は、規約の第十一条に基づき、通常会もしくは臨時会を開く必要がある。通常会は毎年 4 月で、臨時会は必要に応じて開くことが規定されている[7]。

　1898 年 5 月、伝染病予防法（1897 年 4 月 1 日法律第 36 号）の発布に対応して、規約の全面的な改正が行われた。その主な内容は、①副組合長を 1 名から 5 名に、幹事を 15 名から 12 名に変更し、委員を各町 2、3 名とした。その任期はいずれも 4 ヶ年とした。②組合会議は正副組合長、幹事及び組合員の中から 12 名を選出して組織される。③管理の便宜上により、静岡市の全区域を 4 部に分け、副組合長 1 名につき 1 部の管理を任せ、伝染病の予防消毒、衛生法の周到を図ることを目的とする[8]。

　1907 年 5 月、規約は二度目の全面的な改正が行われた。その主な内容は、①管理の便宜上により、静岡市の全区域を 4 区[9]に分けることを条文化した。②役員として、組合長 1 名、副組合長 5 名、幹事 12 名、評議員 12 名、委員若干名を置くこととした。③正副組合長は組合会で選出し、幹事は組合長より任命する。評議員は委員より選出し、委員は町住民より選出することが定められた。④組合会議は正副組合長、幹事、評議員をもって組織することとし、毎年 1 回の組合委員総会を開く。ただし、委員総会は決議機関ではなかったという[10]。その後、幹事の人数増加が続き、1915 年 5 月に 22 名に達した[11]。

　1917 年 5 月、規約は 3 度目の全面的な改正が行われた。その主な内容は、①管理の便宜上により、静岡市の全区域を 7 部に分け、各部に部長、理事を置くことにした。②役員として、正副組合長各 1 名、部長 7 名、理事 35 名、委員若干名より構成された。幹事長一名に幹事書記を置くことにした。③正副組合長、部長は組合会で選出し、理事は委員より選出するという。④組合会議は正副組合長、部長、理事をもって組織することとした。同時に部長会議も設けられた[12]。

第 1 部　衛生行政の形成と食品衛生問題

　1929 年 12 月、安東、大字などが静岡市区域に編入されたため、区域区分は 7 部から 10 部に、部長は 7 名から 10 名になり、理事も 35 名から 50 名に改められた。同月に、規約は 4 度目の全面的な改正が行われた。その主な内容は、①役員として、正副組合長各 1 名、部長 10 名、評議員 50 名、委員若干名より構成された。②委員の選出は総代に委嘱することになり、その任期を 2 ヶ年とした。③組合会は組合員総会に代わり、衛生組合の決議機関になった。組合会は正副組合長、部長、評議員をもって組織するという。④衛生会各部において、部長会を開き、委任事項、緊急事項の処理や組合会に提出する議案などを決議する。⑤年に 1 回役員総会を開き、報告や指示などを規定する。⑥改正された規約は 1930 年 1 月より施行するという [13]。

　1931 年 2 月、旧豊田村などが静岡市区域に編入されたため、区域区分は 10 部から 12 部に、部長は 10 名から 12 名になり、評議員も 50 名から 45 名（各部 5 名から 1 ～ 9 部各部 4 名、10 ～ 12 部各部 3 名）に改められた。さらに、同年 6 月に規約改正が行われた。その主な内容は、①正副組合長は組合会において、組合員の中から選出する。②部長、評議員は各部ごとの部会において、部長が組合員の中から、評議員が委員の中から選出する。③改正された規約は同年 7 月 1 日より施行するという [14]。

　1933 年 3 月、賤機村が静岡市区域に編入されたため、区域区分は 12 部から 13 部に、部長は 12 名から 13 名になり、評議員も 45 名から 48 名とした。同時に表彰規定も改正され、表彰すべき役員の在職年限を規定した。改正された規約は即日より施行するという [15]。

　1935 年 1 月、麻機械村、千代田村、久能村、大谷村などが静岡市区域に編入されたため、区域区分は 13 部から 21 部になり、部長は 13 名から 21 に、評議員も 48 名から 58 名とした [16]。

三、静岡市衛生組合の事業

1. 種痘

　静岡市衛生組合が最初の事業として、施行したのは種痘法である。1869 年 2 月、駿府病院において、住民一般に向け、種痘法の施行を布達した。これは、

明治政府が各府県に令した種痘法の普及よりも1年2ヶ月早かった[17]。

　種痘の良法たる事は方今都鄙を論せず、世人普く知る處なり。然るに尚ほ寒暑晴雨に拘はり遅滞する内に天然痘を感受して、小児をして大危難に罹らしむる者亦少からず。是其父母たる人の倦惰と云ふべし。實に憫然之至なり。依之今度病院に於て種痘いたし□に付、町在之者吾小児生後五十日を經候はゞ早々差出し、無懸念種痘可願出候事（下略）
明治二年二月

四ツ足御門外

駿府病院

　1880年7月、静岡市内において天然痘が発生したが、蔓延しなかった。1885年7月、静岡市内において天然痘が発生蔓延し、翌年2月になって漸く終息した。1891年12月、静岡県下各地に天然痘の発生が確認され、翌年1月になっても状況の改善が見込めず、患者が十数名に達したという。事態の改善を図るため、1892年1月22日に静岡県知事より天然痘の予防を奨励する諭告が発せられた。諭告を受け、同組合は臨時会を開き、臨時種痘法を施行することが決議された。同時に種痘手数料について、同組合幹事会において、一人当たり5銭以上10銭以下を徴収すると決議されたが、協力機関である静岡医会（資料ママ）[18]の意見もあり、貧困者に対し無料で接種した。1917年、静岡市内の壱所町において天然痘が発生したため、壱所町を中心とした22ヶ町の住民9450名に対し、無料で接種したという。1924年、東京府において天然痘が発生し漸次蔓延の兆しがあるため、静岡市内において無料種痘所を設け、公種痘期にある者を除き、住民9893名に接種した。1929年3月25日、清水市において痘瘡患者1名が発生したため、住民4820名に対し臨時種痘を施行した。1932年、中国より天然痘が持ち込まれることが多くなり、日本国内各地に患者が続出したという。同年4月10日に浜松市で3名の患者が発生したため、静岡市全住民を対象に接種することになった。1934年3月5日、市内三番町に1名の患者が発生したため、静岡市全住民に対して接種を施行した。同年5月30日、麻機村北に患者が発生したが、幸いに蔓延しなかった

という[19]。

2. 衛生談話会、衛生展覧会、衛生演劇、衛生浪花節、活動写真会

創立当初より、組合の活動は主として講演会あるいは展覧会を開き、住民の衛生思想の向上を図り、伝染病に対する注意を喚起させることを目的としていた[20]。

(1) 衛生談話会

同組合は設置以来、毎年市内各所において、衛生談話会あるいは衛生教育会を開いた。市内の医師、衛生関係者などを講師として招き、住民一般を対象に伝染病の予防警戒および一般衛生上の注意を促した。1917年10月15日、本市の教育会と聯合して衛生教育談話会を開催した。小学校、教会、劇場などにおいて談話会が実施され、聴講者数はのべ一万人を突破する盛況であったという。1919年11月13日より4日間、茶業組合聯合会議所において結核予防協会主催のもとに衛生講演会が開かれた。1920年10月1日より5日間、劇場において本市教育会と共同で教育衛生通俗談話会を開催し、腸チフス、コレラ、赤痢などの活動写真を用いて解説した。1921年7月9日、教会において同組合主催の通俗衛生談話会では、主としてコレラ、腸チフス、結核予防に関する衛生談話が行われ、余興として活動写真の映写も行われた。1927年7月25日より3日間、慶應義塾大学海外医事研究会の後援を得て、静岡市商品陳列所（資料ママ）において同組合主催の通俗衛生講習会が開かれた。講習料は無料としたが、講習録配布の希望者に30銭を徴収した。328名聴講者のうち84名に講習証書が与えられたという。1936年9月2日より、組合各部において、住民の衛生思想の喚起、および防疫宣伝が目的で、講演会、座談会、映画会などが開催された。同年7月17、18日の2日間、静岡県および静岡市の後援を得て、慶應義塾大学海外医事研究会主催の通俗医学講演会が開かれた。同組合はその会場費の一部を負担した。1937年6月5日、同組合主催の都市衛生懇談会が開催され、県並びに4市よりの衛生関係者も出席した[21]。

（2）衛生展覧会

　同組合が本格的に衛生展覧会を開いたのは 1913 年 6 月であった。新たに落成した静岡市伝染病院（資料ママ）において、7 日間実施された。陳列品は内務省の衛生参考品をはじめとして、静岡県衛生課、静岡衛戍病院、日本赤十字静岡県支部、静岡市医師会、静岡市薬剤師会、静岡市産婆組合、静岡市看護婦会などより 1500 余点が出品された。参観者数は合計 3 万 7463 名に達した。1918 年 4 月 22 日より 10 日間、大日本衛生普及会が主催となり、静岡市物産陳列館において衛生展覧会が開催された。住民に無料券を配布し、入場者数は約 1 万 6000 人であった。1919 年 9 月 2 日より 6 日間、静岡県警察部主催により静岡市物産陳列館において衛生展覧会が開催された。同組合は、展覧会の活動にも協力した。1930 年 11 月より 5 日間、静岡県および静岡市の主催により健康週間が施行された。3 つの会場（静岡県教育会館楼上、静岡市商品陳列館楼上、静岡県水産会楼上）にて、①法権と整容、②栄養と食料、③被服類の衛生、④温泉冷鉱泉及入浴、⑤水と浄化、⑥照明及燃料、⑦暖房及換気、⑧母性及小児保健、⑨自然療養と身体鍛錬、⑩遺伝と民族衛生、⑪衛生と迷信、⑫保健と疾病、⑬人体、⑭汚物処理、⑮保健と飲食物並飲食物用器具という 15 部に分けて陳列した。1933 年 2 月 19 日より 10 日間、大日本衛生普及会主催の衛生展覧会が開催された。さらに、同年 6 月 3 日より 3 日間、同組合、本市学校衛生会、静岡市安倍郡歯科医師会が主催となり、ライオン歯磨口腔衛生部の後援を得て、第 1 回歯科衛生展覧会を開いた。静岡県教育会館にて、市内小学校児童製作品（歯科衛生に因むポスター・綴方・書方等）、歯科衛生標語（一般市民より募集）、歯科衛生参考品（ライオン歯磨口腔衛生部出品）、歯科衛生相談所という 4 部に分けて陳列した。1936 年 5 月には、静岡新報社主催により、衛生展覧会が開催され、同組合がこの活動に協力した[22]。

（3）衛生演劇、衛生浪花節

　1916 年 5 月、中京成美団一座を傭聘し、7 日間にわたる衛生演劇を開催した。無料観覧であるため、入場者数は 1 万 2800 余名に達し、予想外の成果が得られた。同年には、衛生宣伝の浪花節も興行され、盛況を極めたという。1918 年 3 月 8 日より 7 日間、在郷軍人会および教育会の開催により、同組合

は「軍事教育衛生演劇」を興行し、割引券を配布した。1920年1月以来、日本全国に流行性感冒がはやったため、内務大臣より全国各府県あてに予防施設の普及強化という訓示が発せられた。したがって、同組合は全住民にマスクの着用を励行したものの、流行性感冒が依然蔓延したため、さらなる積極的な予防活動が求められた。そこで、同月24日より5日間、流行性感冒予防に関する衛生劇が開催された。入場者は必ずマスクを着用しなければならないと規定し、マスクを着用しない場合はいかなる理由であろうと入場することができない。マスクは10銭で購入することができる。1927年1月27日より5日間、同組合の協力を得て、光明劇団主催の流行性感冒および腸チフス予防その他衛生に関する宣伝劇が興行された。同組合はこの興行日をマスクデーとし、入場者に対して無料でマスクを配布した。1928年6月6日、組合総会に際して、浪曲衛生宣伝の創案者である小菊丸改め東海楽天を招き、浪曲衛生宣伝を興行した[23]。

(4) 活動写真

活動写真が興行されはじめたのは、1897年頃であった。活動写真は原始的ではあるが、動画ファイルムが導入され、人気を博した。1916年5月頃、江尻および清水地方に腸チフスがはやったため、予防のため、同組合は活動写真機、腸チフス予防宣伝のファイルムを借用し、医師会と共同主催のもとに、市内の幼稚園、小学校において、8日間にわたる防疫活動写真講話会を開催した。活動写真の映写が来会者の人気を博したこともあり、のべ約1万人が参加したという。1923年、同組合は防疫及び保健に関する宣伝のため、活動写真映写機を含めた資材を購入し、活動写真班を設置した。前後に市内11箇所で映写会を開催して、好評を博し、入場者数はのべ2万4000人に達したという。同年7月23日、市内の安倍橋の開通に際して、同組合は静岡県衛生課、静岡警察署、市医師会などと協同して、仮装行列、巡回宣伝、街頭講演、宣伝ポスター並びにビラの配布、活動写真などを用いて、衛生防疫に関する宣伝を行った。1924年初夏の頃、県内で腸チフスが相次いで発生し、蔓延する兆しが現れたため、適切な予防宣伝を行う必要性が認められた。同年5月16日から6月20日にかけて、同組合は市役所と協同し、市内16箇所で毎週2回の映写会を敢

行した。そのほか、各種団体や学校においても、活動写真を用いた宣伝が行われた。観覧者数は4万5400人に達したという。翌25年にも、活動写真を用いた宣伝が33回行われ、観覧者数は5万5500人を数えた。1931年11月3日、同組合は健康大会を開催し、活動写真を映写した。4日にも衛生劇（入場料は1人あたり10銭）を上演し、入場者数は3500人に達した。1932年、市内全般で25回の活動写真講演会を開催し、観覧者数は2万3850人に及んだ[24]。

3. 結核予防と消毒事業

(1) 結核予防

　1920年12月県令[25]の改正により、市町村長は結核による死亡者を警察署に申告する義務を課された。1919年3月27日、結核予防法（法律第26号）が公布された。条文には「主務大臣ハ結核患者ニシテ療養ノ途ナキモノヲ収容スル為、人口五万以上ノ市又ハ特ニ必要ト認ムル其ノ他ノ公共団体ニ対シテ結核療養所ノ設置ヲ命ズルコトヲ得」と規定されている。これに基づき、1921年7月、内務大臣より静岡市において結核療養所の設置が命じられた。1923年7月、元大里村中野新田区安倍川堤塘側を施設建設地として選定した。1925年9月起工し、翌26年3月竣工した。6月6日開所式を挙行し、7月12日より結核患者を収容し始めた。また、結核予防という目的で、1925年3月27日に静岡病院内において、結核相談所が設けられた[26]。

　一方、住民の結核に関する認識を深めるため、予防講演会を催した。静岡市において、最初の試みとしては、1921年6月25日より7月7日まで、市内の医師である倉持鋳吾を講師として招き、市内5ヶ所において結核予防講演会を開いた。聴講者数はのべ900名であった。また、1925年、国民の結核に関する認識を深めることを目的に制定された第1回の結核予防デー（3月27日）において、静岡市の同組合は衛生課長、静岡警察署長並びに各種団体と協議してこれに協力した。同組合は1万5000枚の結核予防標語カードを住民に配布した。結核予防標語カードは健康増進を図れば、いわゆる病魔を駆逐することができると強調した。1926年度は、結核予防デーを4月27日に改定したが、結核予防デーの実施に際して、同組合は2万枚の結核予防標語カードを住民に配布した。このカードには、前3年間の結核死亡者数も合わせて掲

載された。さらに、「当年1月より4月末日迄の本市結核死亡者数は幾何なるか」を課題として、懸賞を募集した。応募者460名に対し、48名が入選され、賞品が授与されたという。1928年、同組合は市役所、健康保険署と共同で、活動写真講演会を開催した。同時に、消毒班利用方法に関する宣伝ビラ2万枚を住民に配布した。同年には、市医師会において、標語入りの胸章1万個を市内の小学校、幼稚園児童に配布した。1931年、同組合は結核予防標語ポスターを住民に配布したほか、結核予防十訓その他も掲示し、小学校において活動写真会も開催した。1933年、同組合は結核予防標語ポスターを配布すると同時に、静岡市と共同で1000個の予防マークを活動写真優待券とペアで、大人10銭、小人5銭で販売した。1935年の結核予防デーには、小学校において結核予防宣伝活動写真会が開催された。1936年、同組合は結核予防標語ポスターを配布したほか、市役所と共同で予防デーに関する注意書も配布した。同時に、景品券付きの風船玉を放ち、小学校、町公会堂において結核予防宣伝活動写真会を開催した。また、同年10月14日、複十字会が主催となり、静岡県および静岡市の衛生課の後援を得て、市公会堂において「結核恢復者の体験を語る座談会」が開かれた。さらに、同年12月1日より7日間、結核予防国民運動振興週間が制定されたため、同組合は市役所と協力して注意書を配布した。同時に、その他県主催の講演会、座談会、活動写真会などにも積極的に関与した。1937年の結核予防デーには、例年と同じく結核予防標語ポスターを配布した。同年11月29日、同組合の協力を得て、市公会堂において更生会(静岡市療養所退所者よりなる会)の主催により、結核予防座談会が開かれた。同年12月1日よりの健康週間中の事業の一環として、静岡市療養所に2人詰の外気小屋(筆者注：結核軽症患者の収容)1棟およびその他備品を寄贈した。1938年5月17〜23日、国民精神総運動健康週間の全国一斉実施に際して、同組合もその実施に関与した。1939年5月2日、市役所において、静岡県および静岡市の主催により、衛生座談会が開かれた。同組合からは組合長以下役員も出席した[27]。

(2) 消毒事業

同組合は結核予防事業の一端として、最初に結核患者の家屋消毒を実施した

のが1909年4月であった。それ以降も、実施回数を重ね、1913年6月に強化を図るため、消毒班を設置することに至った。同年10月に事業を開始し、主に結核患者の家屋、使用の衣服など病毒に汚染されたものを消毒対象とした。瓦斯（フォルマリン）消毒、薬物（石炭酸）消毒、蒸気消毒（寝具などを対象とする）という3つの消毒法が用いられ、消毒対象の面積に応じて料金を徴収するという。瓦斯消毒の料金は、8畳一間4円、8畳を増すごとに1.5円を追加で徴収する。薬物消毒の料金は、6畳一間1円、6畳を増すごとに0.5円を追加で徴収する。蒸気消毒の料金は、3尺立方1個につき1円を、市外の場合は1.5円を徴収し、さらに、個数に応じて割引が適用されるという。第一次世界大戦が勃発したため、1915年、日本国内においても、諸物価が騰貴した。とりわけ、薬品が爆騰したため、消毒料金の改正が行われた。1918年10月、同組合は住民に消毒班の役割、利用方法を広く知らせることを目的に、「消毒機関」という印刷物を配布した。1920年に至り、結核死亡者数の漸次増加により、消毒班の存在が重視されるようになった。1923年、県令により結核予防の取締強化が指示され、消毒実施回数が増加したため、3度目の消毒料金改正が行われた。同時に、捕鼠奨励の印刷物も配布された。1939年8月24日、静岡県令第74号により「結核予防法施行細則」の第七条が改正された。従来から消毒対象であった結核患者の家屋、使用の衣服、寝具などに加え、市域において家主が家屋の賃貸を行うごとに、家屋を消毒する必要があることが定められた[28]。

4. 腸チフスその他の予防

(1) 腸チフス予防注射

　腸チフスは、当時毎年に流行する悪疫であり、その死亡率は最大時40％に達することさえあった。1893年100名余りの患者が発生して以来、官民ともにその撲滅に務めてきたが、根絶するには至らなかった。1925年、患者数は498名（1924年の患者数は164名）を記録した。1930年、地域合併により、静岡市の人口が20万人を突破した。1938年、220名の患者が発生し、7月～9月になると未曾有の大流行になり、死者数が72名に達した。急増した患者を収容するため、伝染病院は3棟の仮病室を増築することで対応した。同

組合は、6月26日〜7月3日にかけて、小学校などの7ヶ所において防疫活動写真講話会を開催した。8月3日より約1ヶ月間、静岡県衛生課、静岡警察署、静岡医師会から講師を招き、街頭や寄席、活動写真館などにおいて、短時間の衛生講話を試みた。また、8月4日、静岡市商品陳列所において、各町総代および同組合役員を招集し、腸チフス予防に関する協議会を開いた。組合各部において石油乳剤の配布、撒布を統一し、各町においても1ヶ月間の消毒水（昇汞水）の同時配布が決議された。翌25年に、「チフスの話」という冊子5000部を配布した。1925年7月20日、腸チフス菌の発見を記念して、この日を記念日とし、防疫の一環として、各府県において腸チフスに関する予防宣伝が行われた。本組合は、静岡県衛生課と協力して、講演会、活動写真会を開催し、同時に宣伝ビラを撒布した。1926年5月、静岡県訓令甲第10号をもって、腸チフス流行地域において特別予防実施方法の実施が命じられた。同時に、静岡市の35ヶ町が腸チフス流行地域として指定された。これを受け、静岡市において、5名の伝染病予防委員を設置し、さらに専任吏員を増員することで対応した。同時に、予防に関する小冊子および宣伝ビラを配布し、予防の普及を図った。さらに、指定町に対し、幼老者を除いた住民全員に予防注射も施行した。同組合は、8月2日より9月10日まで、各町の衛生委員を動員し、これらの予防事業に従事した。以上の活動が功を奏して、患者数は122名に食い止めることができた。35ヶ町が腸チフス流行地域指定という不名誉を挽回するため、1927年6月20日〜7月19日の間、静岡市において腸チフスの予防注射が行われ、7月17日より1週間を伝染病予防週間とした。同組合も積極的にこの事業に関与した。1928年6月25日〜7月18日にかけても、静岡市において腸チフスの予防注射が行われ、同組合もこの事業に参加した。同年7月14日より1週間を県下一斉伝染病予防週間と定めたことにより、静岡市は警察署の協力を得て、住民の健康調査を行い、腸チフス患者の早期発見に努めた。同組合も市長の委嘱により組合員を動員して、この事業に協力した。それ以降も、同組合は、市内において腸チフス予防注射および住民の健康調査が行われる際、積極的にこれに関与・協力した[29]。

第 2 章 衛生組合の活動

(2) 腸チフス内服予防薬の奨励

　同組合は、伝染病予防の一環として、内服予防薬の服用を奨励している。1933 年より、赤痢、疫痢内服予防薬を購入し、1935 年より腸チフス内服予防薬も共同購入して、実施した。服用奨励および服用注意書を配布した[30]。

(3) 腸チフス早期診断

　1939 年 4 月、本組合において、血液その他により腸チフスの早期診断が可能となり、医師会を通じて市内の各医師に関連書類を配布した。同年中、受け付けた早期診断の申込が 20 数件しかなかった。翌 40 年にも、継続的に早期診断の申込を受け付けたが、結果的に申込件数が多数に達しなかった。しかし、それ以降、早期診断の申込件数が漸次増加し、腸チフス予防に効果が発揮していった[31]。

(4) 赤痢・疫痢内服予防薬服用奨励

　1903 年、赤痢が大流行した。これに対し、同組合は市内 22 ヶ所において衛生講話会を開いた。同時に、静岡市では患者が発生した区域の交通を遮断し、交通遮断区域内の住民に対し、患者隠蔽を防ぐため、一人あたり 1 日 10 銭（当時の鰻丼が 12 銭）の生計費を給付した。1907 年より、赤痢患者の統計をみると、概して増加する傾向にある。昭和時代に入り、1927 年、1933 年を除けば、戦前は毎年 100 名以上の患者が発生し、最大時に 282 名（1938 年）に達したという。しかし、一方で赤痢患者の死亡率に注目すると、1912 年の 27.77％、1923 年の 25.42％を最高とし、昭和時代に入ると死亡率が減少する傾向にあった。1938 年の 282 名の患者の死亡率は、6.74％にまで減少した[32]。

　疫痢は、最初に赤痢の中に含めて計上されていたが、1911 年よりこれを単独で取り扱うこととなった。同年に発生した患者はわずか 1 名であった。1912 年には 19 名の患者が発見され、それ以降も逐年増加し、1925 年に至り、患者が 100 名を越えたという。昭和時代に入り、ますます増加する傾向がみられ、特に 1938 年に 316 名の患者が発見された。疫痢患者の死亡率が高く、最少でも 36.6％、最大時に 83.67％（1921 年）に達したという[33]。

同組合は、赤痢、疫痢予防のため、1933年より赤痢、疫痢内服予防薬を共同購入することにした。伝染病院製造の「赤痢・疫痢内服ワクチン」を指定薬とし、1人あたり1回分18銭で提供することにした。6月1日よりその取扱いが開始され、購入申込者数は1万669名に達した。翌34年にも、服用奨励が継続された。1935年、静岡市内に発生率が高い町を指定し、町内の児童に対し、無料で予防薬を交付した。同時に、静岡県警察部衛生課製造の「赤痢・疫痢内服予防薬」を共同購入し、5月21日より取扱いを開始した[34]。

(5) ヂフテリヤ予防注射

1908年、静岡市においてヂフテリヤが大流行し、それ以降も毎年に20、30名の患者が出た。1918年、患者数が74名に達し、その後減少するも、昭和時代に入ると、再び著しく増加することになった。同組合はヂフテリヤ予防事業として、毎回のヂフテリヤ注射に協力した。特に、1935年、静岡市においてヂフテリヤおよび腸チフスの発生地域に対し予防注射を実施した際、同組合は組合員を動員し、その事業に協力した。予防注射の施行区域は、ヂフテリヤ11ヶ町33回、腸チフス46ヶ町92回であった。翌36年にも、予防注射が行われ、同組合もこれに協力した。それ以降も、予防注射が行われるたび、同組合がこれに協力したという[35]。

(6) 流行性感冒

1919年末より翌1920年3月に、静岡県において、流行性感冒が大流行した。静岡市において、同組合は警察署と協力し、予防注射を励行し、沈静化を図ったが、それでも400余名の死者が出したという。1920年1月、同組合は「流行性感冒につきての注意」を配布した。それ以降、流行性感冒がはやるたび、同組合は静岡市と協力し、その予防に努めた[36]。

(7) トラホーム

トラホームは、人命にかかわることがなくとも、甚だしいときには失明をもたらす恐れがある。それに加え、感染が迅速であり、回復した後でも再発することもある。1897年頃には、静岡市において数千人の患者が発生し、蔓延す

る兆しがみられた。1898年、市内においてトラホームの検診が行われ、同組合は組合員を動員してその事業に参加した。トラホームは、児童が感染する確率が高く、とりわけ小学校児童の感染機会が一番多かった。そこで、1916年には小学校児童を対象にトラホームの無料治療が開始され、総計1591名の児童を治療した[37]。

(8) 伝染病撲滅運動優勝旗授与

同組合は、過去3年間組合部内に伝染病患者が少なく、伝染病撲滅運動の成績優良の部に対し、1939年より優勝旗を授与し、その功績を表彰した[38]。

5. 蠅駆除と捕鼠の奨励

(1) 蠅駆除

1918年8月、同組合は伝染病予防およびその他一般衛生上の注意を喚起するため、「蠅駆除法」を配布した。1920年8～9月、静岡市内の小学校に委嘱して、小学校児童に蠅を捕獲させ、同組合が買い取ることを試みた。買取価格は、1合につき10銭（500匹で1合に換算する）。結果的に捕獲数量は僅少であったが、一般住民の注意を喚起させたという。1923年、同組合は静岡市の協力を得て、蠅駆除を奨励すると同時に、蠅取り紙を廉価で販売した。その単価については不明であったが、同年に4万100余枚、翌24年に1万9400余枚を販売した。さらに、蠅駆除に関する活動会をも開催した。それ以降も、毎年、廉価の蠅取り紙の販売や活動写真会などを実施するようになった。1935年より、同組合は蠅取り紙の共同購入を開始した。合併により、静岡市内における農業地域が拡大したため、これらの地域において蠅取り紙および駆除剤の励行が容易ではなかった。そのため、従来の市街地区域に対し駆除剤の共同購入を開始したほか、農業地域で蠅取り紙の共同購入を取り扱うようになった。共同購入に申し込んだ町数は、92ヶ町であり、その数量は3万8600枚に達した。1936年5月6日～9月末日までの間、蠅取り紙の共同購入を申し込んだ町に対し、1枚あたり5毛の補助金を交付することにした。同時に、市内の隣接村に対しても、市内と同一価格で販売し、その売り上げ枚数は4万余枚を数えた。1937年は補助金を1枚あたり1厘に増額し、1938年

はさらに 3 枚あたり 5 厘 5 毛に上げた。補助金を交付することにより、蠅駆除を一層強化したいという狙いがある[39]。

また、同組合は蠅の駆除剤として、石油乳剤の使用を奨励した。1925 年、静岡市と共同で、各町ごとに石油乳剤の原料を購入して希薄した後、住民に配布することにした。購入した原料は、合計石油 4 石 9 斗 7 升 5 合、石鹸水 104 貫、クレゾール 5 斗であった。需要量の増加につれ、1928 年より同組合において共同で購入することにした。合計石油 8 石 1 斗 3 升、粉石鹸 147 貫を共同購入した。1930 年に、昭和天皇が静岡市に行幸(ぎょうこう)することとなり、同組合は静岡市と協力して蠅の徹底駆除に努めた。特製石油乳剤を調整し、1 戸あたり 2.3 勺の無料配布を行った。翌 31 年 4 月中、静岡市の特製石油乳剤原液 K 第 1 号を 1 戸あたり 2.5 勺を無料で配布した。1932 年、特製石油乳剤原液 K 第 1 号およびビクロゾールを指定薬とし、購入した町に対し原価の 1 割の補助金を交付することにした。7 月 4 日よりその取扱いが開始された。購入を申し込んだ町数は 65 ヶ町で、購入原料は K 第 1 号 11 石、ビクロゾール 4 斗を数えた。また、直接、販売元に購入を申し込んだ町数は 175 ヶ町で、20 石 9 斗を購入した。合計で 204 ヶ町で、31 石 4 斗を購入することになった。同時に、同組合は冊子(「蠅の駆除法」)を配布し、その駆除を励行した。1934 年、補助金の交付が継続されるほか、駆除剤の一部を変更した。1935 年、さらに 1 種の駆除剤(「不二乳剤」)を追加し、駆除剤が 4 種となった。その取扱いは 5 月 28 日より開始された。1935 年に石油乳剤原液の引火爆発事件が発生したため、5 月 27 日に区長、町総代、衛生委員あてに、石油乳剤使用者に対し、その取扱い注意を促した。1936 年、駆除剤 3 種を指定薬とし、5 月 6 日～9 月末日まで共同購入した。1939 年も、蠅駆除を励行するため、石油乳剤および蠅取り紙の共同購入が実施された[40]。

(2) 捕鼠買上

1923 年 5 月 1 日より、静岡市において防疫活動の一環として、捕鼠買上げが実施されるようになった。市が鼠 1 匹あたり 2 銭で買上げ、さらに年間 3 回抽選を行い当選者に懸賞金を交付した。また、静岡警察署の協力を得て、同組合の事務所のほか、静岡警察署および市内各巡査所を捕鼠買上げの取扱所

とした。懸賞金の給付により、一般住民の注意を喚起させることが目的であった。その結果、同年に買上げた鼠の総数は 1 万 844 匹であった。しかし、その後 1924 年、その買上げ総数は 5491 匹で、前年比の半分程度にまで減少し、さらに、1925 年には 1861 匹、1926 年には 1780 匹まで激少した。市は挽回策として、1927 年 6 月より、1 匹あたりの買上げ単価を 3 銭にし、さらに抽選懸賞金 7 割増しということを打ち出した。その結果、同年の買上げ総数が 7035 匹に達し、前年より著しく増加したという。1928 年より、鼠の買上げ総数が 2000 匹に達するごとに、抽選を行われるようになった。その影響で、買上げ総数が 1 万 9218 匹を記録した。1930 年 7 月より捕鼠買上げの取扱所をさらに 6 ヶ所増加したことにより、当年度の買上げ総数が 3 万 144 匹という最高記録を作り出した。1931 年 4 月 1 日より、1 匹あたりの買上げ単価を 1 銭に値下げし、抽選懸賞金を増額した。当年度の買上げ総数は 2 万 5591 匹であった。1932 年 4 月 1 日より、鼠の買上げ総数が 1000 匹に達するごとに、抽選を実施するようになり、同時に抽選懸賞金をも増額した結果、買上げ総数が 1 万数千匹であった。1933 年、鼠・蝿の害および駆除法などの印刷物を配布した[41]。

6. 各部一斉巡検、健康週間、衛生デー

(1) 各部一斉巡検

　1928、29 年、静岡市において、伝染病予防週間の事業として住民の健康状態調査が行われた。同組合はこの事業に参加し、協力したという。1930 年 3 月 10 日～26 日、事業の強化を図り、伝染病予防その他日常一般衛生状態調査の指導を目的として、一斉巡検が施行された。同組合は、一斉巡検の施行方法および部内巡検要綱を作成して、この活動に積極的に参加した[42]。

(2) 健康週間

　健康週間は、1930 年 11 月 1 日より、静岡県および静岡市主催のもとに行われた。施行された事業は、衛生展覧会、活動写真、衛生浪花節、ポスター・宣伝ビラ、講演会、訓話、衛生一善主義実行、運動競技会、衛生談話会、寄生虫・血液・咯痰検査、健康祭、接客業者臨検、寝具洗濯其他日光消毒等、消毒、理

第1部　衛生行政の形成と食品衛生問題

髪店清潔、鍼灸・按摩業清潔、一般励行、体力検査所設置、水質検査、飲食物良否鑑別宣伝、無料妊婦鑑定及相談所設置、看護婦巡回訪問、マーク宣伝、新聞宣伝、武道大会、工場講話、マーク貼布、健康週間マークという 28 項目であった。同組合も、静岡市と共同で市内 5 ヶ所に活動写真会を開催した。観覧者数は 6 万 7200 余名であった。同時に、2 夜（3、4 日）連続で「健康」をテーマとした帆船型山車(だし)をもって、官民共同の健康祭行列行進に参加した。翌 31 年 11 月 1 日よりの第二回近県聯合健康週間に際しても、同組合はそれに呼応して、組合内各部において一斉巡検を施行した。1932 年には、一斉巡検に際して、蝿駆除の状況を調査した。1934 年には、衛生状態調査のほか、患者の早期発見にも努めた。7 月 9 日〜30 日にかけて、市吏員、警察官、組合衛生委員各 1 名を単位として、静岡全市 2 万 8000 余戸を訪問し、約 14 万 8000 人の検病的調査を施行した。同時に、赤痢・疫痢内服予防薬の服用状況調査も行った。さらに、同年 11 月 25 日より 1 週間、県下一斉健康週間に際して、同組合は市役所、警察署の施行事業に協力した。1937 年 5 月 9 日、静岡県および静岡市共催のもとに、勤労者健康増進週間が施行された。同組合は助成金を交付してその事業に協力した。また、同年 11 月 26 日より 1 週間、前年と同じく県下一斉に健康週間が行われた。同組合は 3 万 9000 枚の宣伝ビラを配布し、静岡市と共同で市公会堂において健康増進講演を行うほか、市役所衛生課に協力して、軍隊宿営地域内における健康調査をも施行した。46 回にわたり、1 万 3333 世帯の 7 万 1066 名を調査した。1938 年 5 月 17 日より 1 週間、国民精神総動員健康週間が施行された。静岡市において、健康祈願祭、座談会、結核患者の慰問ならびに実況調査、夜間健康相談所の開設、夫婦共八十歳以上健康者表彰、保健思想涵養のため小学校児童の成績物展覧会、宣伝ビラの配布などの事業が行われ、同組合もこれらの事業に参加した。同年 6 月、静岡市内西部方面において、伝染病（赤痢・疫痢）が続発したため、同組合は部長会議の決議をもって、組合役員を派遣して各町委員とともに住民の健康調査を施行し、予防警戒にあたらせた。1939 年 5 月 1 日より、健康週間の施行に際して、静岡市の協力を得て、4 万枚の栄養ポスターを配布したほか、5 月 7 日に武運長久健康増進五社参拝のマラソン競走を催した[43]。

（3）衛生デー

　1921年10月15日の全国衛生組合聯合会の申し合わせに基づき、警察署、市役所、医師会の協力を得て、同組合が主催となり、衛生デーを施行した。その事業は、宣伝ビラの配布、街頭に衛生宣伝文句入りの万灯（まんどう）の配置、衛生宣伝都々逸（どどいつ）染抜の手拭き、手巾（手拭き1筋30銭、手巾1枚7銭）の販売、小学校児童への宣伝小旗の配布、活動写真会の映写（映写の幕内に同組合の役員、医師の講話なども実施）であった。1927年には第1回全国児童保護事業会議の決議に基づき、財団法人中央社会事業協会主催のもとに、5月1日より全国一斉に乳幼児愛護デーが施行された。静岡市においてもこの事業が施行され、同組合も参加した。後年（1936年10月6日）、同組合は1000部の「子供を上手に育てる注意の数々」という小冊子を市役所に提供し、初生児出産の届出を提出する者を対象に無料で交付した。1933年には、同組合は歯科医師会の協力を得て、6月3日〜5日に虫歯予防デーを実施した。その際、活動写真を用いたという。1937年には郡市歯科医師会と共催した際、同組合より若干の助成金が交付された。それ以降も、同組合は毎年この事業に協力した[44]。

7．下水道敷設と井水検査

（1）下水道敷設

　明治時代の静岡市では、下水溝渠が不完全であったため、豪雨が降ればたちまち雨水が氾濫し、街路の水没や家屋の浸水を引き起こし、伝染病の発生をもたらした。そこで、溝渠改良、下水道敷設に力をいれるなど、伝染病予防策を行った。1892年1月9日、静岡市内において711戸も焼失した大火災が発生した。その後の再建について、同組合長宛てに静岡市長および医師などより下水溝渠改良が要望されたことと相まって、同組合は29日に臨時会を開き、溝渠下水の掘削（くっさく）を市参事会に建議することにした。さらに、2月に静岡県知事宛てに溝渠下水改修の技師の派遣を請願した。それ以降、30余年が経過し、1925年1月には静岡市において、下水道敷設が着工され、溝渠の大改修が行われた。旧市内の下水道工事はほとんど完了し、併合町村の下水道工事の開始も予定された。静岡市内の下水道敷設事業について、同組合は直接に関与したわけではなかったが、いちはやく建議を上申し、当局の注意を喚起させた。また、

第 1 部　衛生行政の形成と食品衛生問題

1924年度の静岡県会において、静岡市水道敷設事業補助の審議が行われた際、同組合も各県会議員宛てに陳情書を提出するとともに、各議員の説得に奔走した[45]。

(2) 井水検査

　井水検査は同組合創設当初から毎年施行された事業であった。1903年の赤痢流行に際して、同組合は役員、職員ならびに委員を総動員し、静岡市内の4500余ヶ所の井戸を検査した。1914年に未曾有の大洪水が発生した際、同組合は罹災者に対し飲料水の提供および井水検査を行い、献身的に働いた。1918年に静岡県第1回衛生功労者表彰が行われた際、この功績が評価され、県下衛生組合中第一に表彰されたという[46]。1930年より静岡県および静岡市の主催のもとに、健康週間が実施された際、同組合もこの事業に参加した。1931年の健康週間の実施に際しても、同組合は一斉に各部巡検を行い、井戸およびその周囲の状況を検査した[47]。

　また、同組合は以前から便所ならびに下水溝渠などの消毒をも実施していた。1915年に赤痢、腸チフスが流行した際、同組合は9月20日〜10月23日まで、全市にわたり便所ならびに下水溝渠などの消毒を実施した。便所の消毒数は1万2576ヶ所、下水溝渠の消毒延長は18里15町余に及んだという。さらに、1924年度の全国都市衛生組合聯合大会において、浄化式水洗便所に関する議案を提出した。この議案が可決された後、その処分研究方法を政府へ建議した[48]。

8. 静岡衛生時報の刊行

　1932年10月に同組合の機関誌である「静岡市衛生組合時報」が刊行された。その内容は同組合の機構、事業、経費などをはじめ、一般衛生上の事項も合わせて掲載した。同組合職員および各町総代その他を対象に無料で配布した。ただし、同組合の諸事情により、毎月発行するという形式ではなかった[49]。

第 2 章　衛生組合の活動

第二節　衛生組合の活動と食品衛生

一、東京府衛生組合（南多摩郡）の活動

　南多摩郡衛生組合について、具体的にその活動を示した記述ではなかった。発行している会誌（「南多摩郡私立衛生会雑誌」）[50]　において、管区内あるいは管区外の情報組合員に広知させることが目的であり、組合員の間で衛生に関わる情報を共有した経歴がある。組合員に情報を公開することにより、安心を与えることが狙いであった。

二、大阪府衛生組合（鷺洲(さぎしま)・城北）の活動

1．鷺洲衛生組合

　鷺洲衛生組合は 1914 年 9 月 13 日の認可に基づき、鷺洲町衛生組合規約が制定されたことにより、創設された組織であった。規約の中から飲食物関連条項を抜き出してみると、主に伝染病予防が念頭に置かれていたことがわかる。1924 年 3 月に組合規約の改正が行われたが、飲食物取締に関連した項目の追加がなかった。1929 年、一部の規約改正が存在した[51]。

鷺洲町衛生組合規約（抜粋）（1914 年）

一、本組合に於て實行すべき事業の概要左の如し。
　（ロ）飲料水質の良否に注意し、不良なるものに對しては適當なる方法を講ずること。
二、本組合員の各戸に於て左の事項を實行すること。
　（ホ）平素不良の井水を飲料とせざるは勿論、傳染病流行の時は、總て食物は一旦煮沸したるものを用ふること。
　（ヘ）傳染病流行時に際し、各戸相互間に飲食物の贈与を為さざると共に、腐敗に傾きたるもの、または未熟の果物等、傳染病の誘引になるべき食

物を用ひざること。

鷺洲町衛生組合規約（抜粋）（1924年）

目的及び事業

第二条　本組合に於て實行すべき事業の概要左の如し。
　一、平時
　　ニ、飲料水質の良否に注意し、不良なるものに對しては適當なる方法を講ずること。

組合の權利義務
　第十八条　本組合員は、各戸に於て左の事項を實行すること。
　二、傳染病發生時
　　イ、飲料は勿論、總て食物は成る可く煮沸したるものを用ゆること。
　　ロ、腐敗に傾きたるもの、または未熟の果物、其他傳染病發生の誘引になるべき飲食物を用ひざること。
　　ハ、各戸間、相互に飲食物の贈与を癈すること。

鷺洲衛生組合規約改正案（抜粋）（1929年）

第三章　組合の權利義務

第十条　本組合に於て實行すべき事業の概要左の如し。
　一、平時
　　（ハ）不斷鼠族及蠅類の驅除を勵行し飲食物は必ず相當なる容器に収蔵すると共に鼠族、蠅類の餌料となるべきものを散逸せしめざる事。
　二、傳染病發生時
　　（イ）飲食物はなるべく煮沸したるものを用ふる事。
　　（ロ）腐敗に傾きたるものまたは未熟の果物其他傳染病發生の誘引となるべき飲食物を用ひざること。
　　（ハ）各戸間、相互に飲食物の贈与を癈すること。

出所：鷺洲衛生組合二十年史編輯委員会編「鷺洲衛生組合二十年」鷺洲衛生組合、1933年。

第 2 章　衛生組合の活動

2．城北衛生組合

　1898 年、村長磯野宇兵衛が規約を制定し、郡長の認可を得て設立されたものである[52]。組合規約は創立当初から変わらず、改正が行われることがなかった。

城北衛生組合規約（抜粋）（1898 年）

第一章　區域目的及事業
第二条　本組合ニ於テ實行スベキ事業ノ梗概左ノ如シ
　一、平時
　　ニ、飲料水質ノ良否ニ注意シ不良ナルモノニ適當ナル方法ヲ講ズルコト
第四章　組合ノ権利義務
第十七条　組合區域内ニ現住シ獨立ノ生計ヲ営ムモノハ組合員トス
　二、傳染病發生時
　　イ、飲料水ハ勿論總テ食物ハ可成煮沸シタルモノヲ用ユルコト
　　ロ、腐敗ニ傾キタルモノ又ハ未熟ノ果物其ノ他傳染病發生ノ誘引トナルベキ飲食物ヲ用ヒザルコト
　　ハ、各戸間相互ニ飲食物ノ贈答ヲ癈スルコト

出所：城北衛生組合事務所編「城北衛生組合史」城北衛生組合事務所、1942 年。

三、静岡市衛生組合の活動

　静岡市衛生組合は、1891 年 9 月 3 日に静岡市衛生組合の創設に関する委員会の決議により、創設された組織であった[53]。規約の中から飲食物関連条項を抜き出してみると、主に伝染病予防が念頭に置かれていたことがわかる。1907 年に組合規約の改正が行われたが、飲食物取締に関連した項目の追加がなかった。1917 年に規約改正が行われた際、飲食物取締に関連した項目をより具体的に記したが、新たな追加が見られなかった。

87

静岡市衛生組合規約（抜粋）（1891年）

第七條　組合員ノ履行スベキ項目概略左ノ如シ
　第一項　衣服身體ヲ清潔ニシ不良又ハ過度ノ飲食ヲ為ヾル事
　第四項　井邊ヲ清潔ニシ邸内ニ汚水ノ瀦滞ナカラシムル事
　　　　　　　　　　　　　　（ちょたい）
　第五項　飲料水ノ性質不良ナルモノハ細砂石ヲ以テ濾過スルカ又ハ煮沸スルカ其性質ニ依リ之ガ改良ヲ加フルニ非ザレバ飲料ニ供セザル事
　第八項　不熟ノ果實及有害ノ飲食物ヲ販賣スベカラザル事
　第九項　露店又ハ店頭ニ列スル食物ハ硝子等ノ蓋ヲナシ蠅又ハ塵埃ヲ防グベキ事
附則
ト、有害及腐敗ノ傾キアル飲食物又ハ未熟ノ果物ヲ販賣シ若クハ之ヲ飲食セザルコト
チ、總テ飲食物ニハ蚊蠅塵埃等ヲ除去スル為メ必ズ相當ノ覆蓋ヲ設クル事、殊ニ販賣スルモノハ一層留意スル事

静岡市衛生組合規約（抜粋）（1907年）

第四条　本組合ハ傳染病防豫防及平素一般衛生ノ周到ヲ圖ルヲ目的トス
　一、本組合員ノ實行スベキ項目ハ左ノ如シ
　　イ、飲料水ノ水質不良ノモノハ相當改良方法ヲ講ズル事
　　ハ、土地ノ情況ニ依リ良水ヲ求ムル途ナキ場所ハ相當ノ濾過器ヲ用ユルカ若クハ煮沸ノ上使用スルコト
　　　傳染病流行時ニ在リテハ一般ニ煮沸水ヲ用ユル事

静岡市衛生組合規約（抜粋）（1917年）

第四条　本組合ハ傳染病防豫防及平素一般衛生ノ普及ヲ圖ルヲ目的トス
　二、本組合員ノ實行スベキ項目ハ概ネ左ノ如シ
　　イ、不良飲料水ナリト注意ヲ受ケタル時ハ速カニ改善ヲ行フ事
　　ハ、飲料ノ良水ヲ得ル途ナキ場所ハ濾過器ヲ用ユルカ又ハ煮沸して使用スルコト、傳染病流行時ニ於テハ一般ニ煮沸シタル水ヲ用ユル事

第 2 章　衛生組合の活動

　ホ、有害及腐敗ノ傾キアル飲食物又ハ未熟ノ果物ヲ販賣シ若クハ之ヲ飲食セザルコト
　ヘ、總テ飲食物ニハ蚊、蠅、塵埃等ヲ避クル為メ必ズ相當ノ覆蓋ヲ設クベシ、殊ニ販賣ニ属スルモノハ一層留意スル事

出所：静岡市衛生組合編『静岡市衛生組合五十年史』静岡市衛生組合、1940年。

　以上のように、大阪府（鷺洲・城北）、静岡市の衛生組合規則から、平時より住民に飲食物衛生への注意を促すのではなく、あくまでも疫病が発生した際、病原菌の媒介になる恐れがある飲食物とりわけ飲料水の衛生への注意を促す傾向が強くみられる。

第三節　新聞記事からみた衛生組合の活動とその問題点

　本節では、朝日新聞・読売新聞[54]の衛生組合関連記事を主な対象とし、その内容を検討し、衛生組合の変化をみた。朝日新聞の場合は、「聞蔵Ⅱビジュアル for Libraries」というデータベースを用いた。読売新聞の場合は、「ヨミダス歴史館（読売新聞）」というデータベースを利用した。朝日新聞の記事を 1883 ～ 1948 年に限定し、「衛生組合」というキーワードで検索したところ、243 件の衛生組合関連記事がヒットした。東京（東日本）の 235 件に対し、大阪（西日本）は 8 件に過ぎなかった。件数のみでみると、東京（東日本）が衛生の先進地域であり、大阪（西日本）が衛生組合の後進地域であるという直感的な考えが浮かぶが、衛生組合の先行研究からみても、にわかに信じがたいため、この判断は保留することとしたい。また、読売新聞の記事を 1890 ～ 1948 年に限定し、同じく「衛生組合」というキーワードで検索したところ、97 件の衛生組合関連記事が見つかった。

　上記の衛生組合関連記事を年代別に集計し（図 2-1 参照）、比較してみたところ、明らかに報道件数が集中している 2 つの時期があることがわかった。1 つ目は、1898 ～ 1905 年であり、2 つ目は 1930 ～ 1935 年である。そのほか、朝日新聞に限り、1911 年、1924 年においても、衛生組合を取り上げた記事が例年に比べ、多くなった傾向が見られた。前者は、コレラやペストなどといっ

図2-1　衛生組合関連記事の報道件数（1883～1948年）

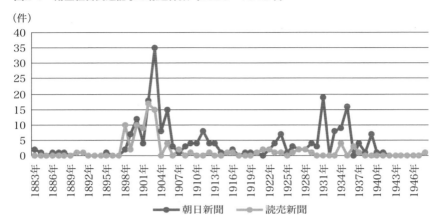

出所：「聞蔵Ⅱビジュアル for Libraries」、「ヨミダス歴史館（読売新聞）」参照、筆者作成。

た疫病の流行がきっかけとなったが、後者は、とりわけ朝日新聞に「衛生組合法」の審議に関わる記事が多く見られたと考えられる。

　以下に、いくつかの記事を取り上げ、戦前期における衛生組合に関わる諸事情を分析してみることにしよう。

　馬場義弘は、朝日新聞の明治初期の衛生組合関連記事を分析し、「衛生組合は、布告・布達類の周知を確実にするための末端組織であり、また衛生知識普及の受け皿として機能した。さらに、公的機関が行う救療業務に実効性を与える役割を担っている。」とその性格を定義した[55]。杉山章子は、「（衛生）組合は、警察の監督の下で、地域の清掃、廃棄物やごみの収集と処分そして昆虫と鼠族駆除を行うチームを作ることを義務づけられた。また、集団予防接種計画の実施、これらの計画に参加を促す公衆衛生教育、区役所への伝染病の報告、そして公衆衛生と公的業務に関するその他の職務も担当した。」とその役割をより細かく定義した[56]。

一、1898～1905年の記事

　まず、衛生組合の解散、分割や廃止などに関わる報道に注目することとしよ

う。1900年7月20日付朝日新聞の「衛生組合に就ての紛紜」において、地域聯合組合を設立せんとして、地域内の地主・家主の協力を得られたものの、一般住民からの完全なる賛同を得ることができず、紛擾にまで発展したことが報じられた。その後の成り行きについては、同年10月20日付の「衛生組合の大紛擾」、10月22日付の「衛生組合の紛擾余聞」、10月30日付の「向島衛生組合解散に決す」という3つの記事をもって、向島衛生組合に関わる一部始終を追った。東京都本所区向島地域（小梅丸町、小梅町、中の町、須崎町、諸地町という5つの町によって構成、約1250余戸）において、地域聯合衛生組合を組織することにあたり、各町の地主・家主等を招集し、協議した結果、5ヶ町をもって、1区として「向島衛生組合」を組織することに決めた。1900年8月18日に、向島牛島学校において、5ヶ町の総代人を招集して、組織委員を選定した上で組織委員会を開き、選挙をへて、男谷忠友が組合長に、小林猶右衛門が副組合長に任命された。同月28日に、同校において委員会を開き、衛生組合の規約や区内の各戸住民から徴収する組合費の金額などが決議された。この決議（書）を各町内に配布し、各戸住民に捺印を求めたところ、前記の地主・家主以外の住民は、協議の内容について事前に告知されていないという苦情を唱え、捺印を拒んだ者がいれば、苦情を唱えつつも捺印をした者もいた。しかし、10月10日に本所区長宛てに同組合の組織の認可の届け出を提出したことにより、事態が一変した。反対派は、区役所に出頭し、このたび向島衛生組合の設立は町内の地主・家主の協議によるものであって、地域内の一般住民から賛同を得たものではなかったことを訴え、東京府令の精神に基づくものではないと主張した上申書を提出した。そのため、本所区長は、正副組合長（男谷、小林両氏）を呼び出し、反対派からの上申書の撤回なくしては組合を組織することが難しいという決定を言い渡した。その後、向島衛生組合関係者は協議を重ね、地域住民の意向を反映できるように、組合規則を改正しようとした努力もむなしく、各町でそれぞれ衛生組合を設置したほうが便利という意見が圧倒的に多かった。10月28日に、同校において、同組合関係者は委員会を開き、反対派の説得を試みたものの、地域住民の意向をまとめることが難しく、争いにまで発展したため、ついに同組合を解散することを決議した。翌29日に、同区区長に同組合を解散する旨を伝え、認可届け出を取り下げた。

また 10 月 28 日に至るまでの衛生組合に関わる諸費用は正副組合長、および 20 余名の組合委員で負担することにした。これにより、向島衛生組合の組織紛擾は決着したという[57]。以上のように、向島衛生組合という地域聯合組合が解散にまで追い込まれた理由の一つとして、地域内における利益の対立が存在したと言えよう。聯合組合の設立当初において、地域内の地主・家主の同意を得られたものの、それ以外の地域住民があらかじめ排除されたというような形であった。これは、いわゆる「たて」の対立である。その利益の対立を解消しようとして、関係者を招集し、委員会を開いたものの、その利益対立が激化する一方であった。各町でそれぞれ衛生組合を設置したほうが便利という意見が噴出し、「よこ」の対立にまで発展した。このような複合的な利益対立（「たて」「よこ」）を解消することがたいへん難しく、その結果、地域連合衛生組合が解散に追い込まれることとなった。

　1902 年 4 月 13 日付朝日新聞の「衛生組合の分離運動」に、東京府麹町区においても、衛生組合の分離運動が見られたという記述がある。麹町区においては、町内の衛生組合の運営を有力者に一任することをせず、区役所に監督権を託したという。それにもかかわらず、区民を満足させる衛生事務を提供することはできなかった。一般区民にしてみれば、毎月、組合費を収めたものの、別段に満足できるほどの衛生事務を提供してもらえなかった。この苦情は、やがて町内において騒ぎとなり、互いに協力し合い民衆に満足されるような衛生事務を努める者がいれば、麹町区衛生組合の細分化を目指してそれぞれに規則書を作成して区役所に提出する者もいたという[58]。

　少し遡るが、1900 年 11 月 9 日付読売新聞の「東京市内衛生組合廃止論、府会市部会で論議」に、実行困難な衛生組合を廃止することが提起された。1900 年東京府令第 16 号に基づき、東京市内の各町において、衛生組合を組織することが許された。しかし、その実行にあたり、「貧民街」における組合費の徴取が一つ大きな問題となった。「貧民街」の住民は、低所得かつ転居する際、時期を選ばないことが多いため、組合費の徴取に支障をきたすことになる。また、組合内の事務を協議する際、3 分の 2 以上の組合員が出席することが義務づけられていた。出席者はその所定の人数に達しなかった場合は、その協議が成り立たないという。上記の理由により、衛生組合の実行が難しい場合

第 2 章　衛生組合の活動

は、その組合を廃止するという議論であった。なお、8 日に開いた東京府会市部会に、これらの事項は 13 日に決議するという方向性を示した[59]。11 月 14 日付読売新聞の「市内衛生組合廃止を東京府会市部会で決議」に、13 日の東京府会市部会に、斎藤孝治が提出した実行困難な衛生組合を廃止する議案が可決されたと報じられた。上記の衛生組合廃止論は、すべての衛生組合を廃止するのではなく、あくまでも実行困難な衛生組合を廃止することに止まった[60]。

　それに対し、すべての衛生組合を廃止すべきという議論も見られた。1905 年 4 月 29 日付読売新聞の「［漫ろ語］衛生組合を廃せ」という社説が掲載されていた。その論調は、有菌鼠発生地である深川区では、多少の衛生組合事業たる活動を為すと言えるが、ほかの一般衛生組合は、おもに塵芥の掃除、便所の石灰撒布等に止まり、衛生組合事業だと言える事業が極めて少なかった。むしろ、衛生組合という組織を全廃して、その事業をすべて役所（公的機関）で行うべきというものであった[61]。すなわち、衛生組合は、地域住民が納めた組合費に見合った仕事をしたと言い難く、無駄な組織とも言える地域衛生組合の撤廃を主張した。以上のように、一般民衆にしてみれば、衛生業務は公共的な業務であると位置づけられており、衛生組合も民衆による自発的な衛生組織というよりも行政の末端組織であると認識されていた。また、組合費についても、行政の立場からすれば組合費が税金ではないが、一般民衆からすれば税金と同様の負担であると捉えられたのである。

　次は、戦前期において、衛生組合が携わっていた衛生事務の関連記事をみることにしよう。1903 年 7 月 3 日付朝日新聞の「生石灰に偽物あり」において、東京市内の大掃除に際して、各戸に購入したまたは衛生組合より配布された生石灰のなかに偽物があることが判明したため、注意が呼び掛けられたと記されている。その生石灰は、すでに殺菌力を失い、虫類が繁殖している場合もあったという[62]。この事件は、すべて衛生組合の責任だと言えないが、少なくとも衛生組合において、配布する前に、ちゃんとチェックしていれば、多少ながら防げた可能性があると考えられる。

　1903 年 12 月 8 日付朝日新聞の「衛生組合巡視」に、内務省衛生局局員による衛生組合巡視一環として、（衛生）組合費未納者の模様を探ることも念頭に置かれていたことがわかった。2 日に、内務省衛生局より局員 10 名が東京

府下の700余りの衛生組合に派遣された。衛生組合における組合費の支出状況、利用効果や組合費未納者の模様などを調査することが主な目的であった。その調査結果を踏まえて、現行の衛生事務を刷新することが期待されているという[63]。上記のように、組合費未納者の人数の多少までは言及しなかったが、少なくとも極少数だと思えない。なぜなら、税金と別に、組合費も強制的に徴取されるということになっていた。組合費を未納する者の状況を把握することにより、その打開策を練り、組合費の徴取をより確実なものとし、民衆により一層満足できる衛生事務を提供することで、現行の衛生事務の刷新に繋がると考えられる。

1911年3月18日付朝日新聞の「衛生組合の不都合」において、仙台市における衛生組合の所行を批判した記述がみられた。仙台市における衛生組合の所行が目に余り、その評判が酷いものであった。このたびも、井水検査と称し、各戸に15銭ずつの検査料を強制的に徴収した。本来ならば、井水検査料は区民よりすでに収めた組合費より支弁すべきであるはず。これは、二重の料金を徴収したことを意味することにほかならない。また、第二区の衛生組合は、発送した組合費通知書の形式を市役所の戸別割徴収通知書に擬したため、多くの区民は（衛生）組合費を戸別割と勘違いしたまま納付してしまった。これで、市役所の戸別割徴収に支障を来すことになったため、組合長が市役所まで呼び出され、注意を受けた。さらに、ある衛生組合に会計検査がないことをいいことに、区民より取り立てた組合費を選挙運動費に流用したことさえあった[64]。以上のように、仙台市における衛生組合の不都合は、衛生組合を監督すべき立場にある区役所・警察の職務怠慢、および地域住民が衛生事務への関心が低いことも含めて考える必要がある。以上のように、行政と地域の境界線に作られている衛生組合の問題点が説明されている。衛生事務は、名目上、衛生組合のような自発的な民間組織の業務であるが、実質上、行政が担ってきたが、その役割分担の境界線が明瞭でなかったことが民衆の不満を強める原因となったのである。

最後に、衛生組合の監督という立場にあるとされている警察[65]の役割についての関連記事をみることにしよう。1901年6月2日付朝日新聞の「ペスト予防彙聞　捕鼠及斃鼠　本郷の捕鼠器貸与　郡長会議の結果」から、警視庁に

おける捕鼠斃鼠がペスト菌有無の検出試験、警察署における捕鼠器の貸し与え（貧民を対象）に勤め、ペストの予防に取り掛かっていたことがわかった[66]。また、1901 年 6 月 13 日付朝日新聞の「鼠の買上に就」の一文から、ペスト予防の一環として行われている捕鼠斃鼠の買上げにも、警察署、派出所が捕鼠斃鼠の収集場所の一つとして指定されていた。捕鼠斃鼠と引き換えに、切符を渡すという形である。切符は、特定場所で現金に換金することができる。また、切符と一緒についている懸賞券をもって、懸賞抽選に応募することで、賞金を獲得するチャンスが与えられたという[67]。上記のように、ペスト予防にあたっては、警察官は捕鼠器の貸し与え、捕鼠斃鼠の収集、引き換え切符の手渡しなどの業務も任せていた。1902 年 6 月 29 日付朝日新聞の「府下の虎列剌彙報　神田の類似コレラ　船舶検疫　木挽町の衛生組合」の一文から、ペストなどの疫病が発生した際、警察官は患者を病院へ運搬してから、交通を一時的に遮断して患者の家屋消毒に勤めたことがわかった。上記の記事を見る限り、警察と衛生組合の間に、ペスト予防にあたっては、直接に連携しているような記述が見られなかったが、衛生組合においても、同様に捕鼠斃鼠の買上げが行われていた[68]ことから、警察と衛生組合の間にペスト予防に関する連携があることが明白である。すなわち、衛生組合は防疫の末端組織として機能していたことを意味する。

　以上のように、1898 〜 1905 年の衛生組合に関わる記事をみてきた。まず、衛生組合に対する認識の違いと負担のあり方に議論が集中している傾向が見られた。行政からしてみれば、衛生組合は自発的な民間組織であるが、一般民衆にしてみると、衛生組合が行政の強制により設立された公的団体の一種という認識であった。したがって、衛生組合が担当している衛生事務についても、その境界について、行政と一般民衆との間に認識の違いが存在した。また、衛生組合からの組合費の徴収に関しては、法的根拠づけがなく、支払を拒否した者に対し、罰することができなかったし、民衆からすれば組合費が実質的な税負担の増加と受け止められ、紛糾の原因となった。

二、1930 〜 1935 年の記事

　衛生組合に関する記事が多く報じられた第二の時期は、1930 〜 1935 年と

いう時期ではあったが、これは後述するように、衛生組合法案をめぐる議論が中心になっている。最初に衛生組合法案を取り上げた記事は1927年であった。以下に、衛生組合法案の関連記事をみていくことにしよう。

1927年8月25日付読売新聞の「衛生組合に法人格　内務省立案の新法制要綱」において、衛生組合に法人格を与えようとして、その法制化を目指す動きがみられた。その目的は、法律による衛生組合の保護、および助成を図ろうとするものである。新たに衛生組合法要綱がまとめられていた。その内容は、「一、地方長官は衛生の改良發達を圖る目的を以つて衛生組合を設立せしむることを得。一、衛生組合は法人とす。一、組合は同一市町村區内の住民を以つて組合員とし組員(ママ)は強制加入主義をとる。一、組合は其の事業を行ふ爲め金品、其の他組合費を組合員に賦課することが出来る。」であった[69]。すなわち、地方長官の衛生組合設立権限、衛生組合の法人化、および地域住民の衛生組合への強制加入、組合費の徴収が衛生組合法案の骨子となっていた。とりわけ、衛生組合の法人化、地域住民の衛生組合への強制加入、および組合費の徴収の法的根拠づけが後々も論争の焦点となっている。

時期を前後するが、朝日新聞においても、同じく衛生組合法の立案に関する記事が見られた。1927年9月9日付朝日新聞の「衛生組合法の立案に着手　組合を法人とする事等　議会へ提出の予定」に、衛生組合に法人格を与えることにより権利義務の主体となることができ、さらに組合員を強制加入させることにより、従来に比べてより積極的に活動することが期待されている。その要項は、「一、組合を法人とすること。一、組合の事業は衛生思想の普及保健衛生上必要となる施設。一、傳染病等の豫防救治その他衛生の改善を計るに必要なる事業。一、組合員は地域内の戸主又は世帯主とすること。一、組合員の強制加入を認むること。一、組合費等の滞納に對しては強制徴収を認めること。一、その他組合の設置手續組合の監督等に必要なる規定を置くこと。」であった[70]。上記の2つの記事から、衛生組合の法人化、地域住民の衛生組合への強制加入、および組合費の徴収の法的根拠づけが議会に提案された最初の衛生組合法案の骨子となっていることがわかった。しかしながら、議会に提出された衛生組合法は不成立に終わった。

第 2 章　衛生組合の活動

　翌年に、議会に提出された法案のなかに、再び衛生組合法があった。1928年 10 月 1 日付朝日新聞において、「来議会に提出すべき衛生組合法案　衛生局案の主要点」の一文に、衛生組合法案の衛生局案の主要点のほか、その問題点も指摘されていた。衛生組合に、世帯主の強制加入、および組合費の強制徴収権限を与えることは、実質上行政（市町村）と同様の形態となることを意味し、地方行政の体制に法人を介在させることにより、市町村と法人の対立が深まることが懸念されていた[71]。

　1929 年に、議会に衛生組合法が提出されたという記事はなかったが、民間からの衛生組合法案の立法化を促す動きがみられた。1928 年 12 月 27 日付朝日新聞の「衛生組合法の制定を陳情」、1929 年 11 月 14 日付同新聞の「衛生組合法案の制定促進の陳情」のように、民間から衛生組合法案の法制化に関する要請があった[72]。その運動の結果が実ったという形で、翌年の 30 年から、内務省衛生局から衛生組合法案を議会に提出する動きが見られた。

　1930 〜 34 年、年度ごとに内務省衛生局から衛生組合法案が議会に提出され続けたが、いずれも法案は不成立に終わった。以下に、1930 年以降年ごとの衛生組合法案関連記事を参照しながら、衛生組合法案の論争となる焦点をみていくことにしよう。

　1930 年 8 月 2 日付朝日新聞の「来議会に提出の衛生組合法　内務省で立案を了す」に、衛生局が立案中の衛生組合法案の要旨が掲載されていた[73]。1930 年 12 月 19 日付朝日新聞の「来議会提出の衛生組合法案　衛生会諮問の要綱／諮問案可決　中央衛生総会」に、18 日に中央衛生会の諮問を経て政府が議会に提案しようとした衛生組合法案の要綱が公表されていた[74]。上記のいずれの衛生組合法案の骨子も、地方長官の衛生組合設立権限、衛生組合の法人化、および地域住民の衛生組合への強制加入、組合費徴収の法的根拠づけとなっている。また、「来議会提出の衛生組合法案　衛生会諮問の要綱／諮問案可決　中央衛生総会」一文では、組合費を滞納する者に対する処分方法が記されていた。組合長の請求により、市長は、市税を滞納した例を参照して、組合費を滞納した者を処分することができる。ただし、この場合において衛生組合はその徴収金額の 4％を市に納付する必要がある[75]。すなわち、組合費はほぼ市税と同様の扱いとなり、組合費支払を拒否した者は、市税の滞納と同じよ

97

第 1 部　衛生行政の形成と食品衛生問題

うに罰せられる。

　1931 年 2 月 4 日付朝日新聞の「衛生組合法、何故必要か　貴院委員会」に、貴族院委員会の審議において、衛生組合法を必要とする理由の参考資料が求められたことがわかった。一、衛生組合を法律化させる意義があるのか。衛生組合の法律化により、組合長および組合役員の権力乱用、公金の不正流用の恐れがあると指摘された。一、一般民衆から組合費を徴収するほど、現在の市の衛生事業はそこまで不十分なのか。この 2 つの質問に対し、以下のような返答がなされた。一、伝染病予防法により、衛生組合は強制的なものであるが、組合費の徴収に関しては、法規が十分ではなかった。一、一般民衆から組合費を徴収することよりも、法律をもって、組合費の支払いを拒否する者から組合費を徴収することが目的である[76]。すなわち、衛生組合を法律化させる意味は、法律を依拠とした組合費の強制徴収が目的であったともいえよう。組合費の強制徴収は、自然住民の負担を増加させることに直結する。以前の記事に記されたように、組合費を支払えるのに、支払わない者に対しての強制徴収ではあるが、元々困窮しており組合費が支払えない者に対しても組合費の請求が行われないとは限らない。衛生組合の法律化により、実質的に住民の組合費の支払能力の有無について、衛生組合の長である組合長の判断に一任されるような形となった。そのため、組合費の支払能力を有しない住民に対する強制徴収という組合長および組合役員の権力乱用が発生する恐れがあった。

　1931 年 2 月 6 日付朝日新聞の「衛生組合法案の検討」の一文に、衛生組合法案について論じられていた。東京市が例としてあげられ、従来の衛生組合の衰退により、本来衛生組合が行うべき衛生事務が町会によって担われてきた。京都市において、同じような状況であったという。新たに制定される法案は、町会から衛生事務を分離し、その事務担当を衛生組合に戻すということを意味する。また、法案により、衛生組合に法人格が付与されるため、衛生組合が市政に変革をもたらすことも指摘されていた。さらに、都市部に比し、農村部の死亡率が高かったのに、なぜもっと衛生状況を優先すべき農村部を法案の対象から除外され、市に限定したのかという疑問が投げかけられた[77]。都市部において、衛生事務を再び衛生組合に戻すことは、大義名分が立つ。しかしながら、長い間に都市部の衛生組合はその衛生事務をほとんど担当してこなかった

ため、事務経験が少なく、住民にも悪影響を及ぼす恐れがある。また、衛生組合法案を都市部に限定した理由として、3つの可能性が考えられる。その1、農村部に比べ、都市部のほうが人口密集しており、伝染病予防の目的により、都市部が優先的に実施された可能性が高い。その2、農村部において、衛生組合の機能を果たせる部落会のような法人組織が存在しているため、農村部の衛生組合の法人化が後回しにされた可能性が高い。その3、農村部における衛生組合の法人化は、農民の負担増加に直結する。「昭和農業恐慌」(1930～31年)で、大きな打撃を受けた農村部において、負担を増加させることは、農民の反発を招く恐れがあり、それを回避しようとした可能性が高い。

その後も、内務省衛生局から議会に衛生組合法案が提案され続けたが、いずれも不成立に終わった。1933年9月13日付朝日新聞の「強制加入を規定せる衛生組合法案　来議会へ内務省が提案方針」において、内務省衛生局から議会に衛生組合法案を提案する予定が報じられた[78]。また、1934年2月3日付朝日新聞の「衛生組合法案、練り直し　内務首脳会議」から、議会に提出する予定で、潮次官、大島衛生局長、安井地方局長などの間で衛生組合法案の練り直しが協議されたことがわかった[79]。1935年6月9日付朝日新聞の「衛生地区法案　内務省で起草　農漁山村の医療普及」に、今年度においても、内務省衛生局から議会に衛生組合法案を提出したが、不成立に終わったという[80]。それ以降の衛生組合法案の成り行きに関しては、朝日新聞・読売新聞で確認することができなかった。

1940年9月に至って、内務省訓令第17号によって、全国的に町内会・部落会を公的組織として整備強化された。それに伴い、衛生組合が町内会・部落会に統合されることとなり、衛生組合法案がその後提起されることはなかった[81]。

以上のように、1930～1935年の衛生組合に関わる記事をみてきた。この時期は、都市部において、衛生組合の衰退により、その衛生事務が町会によって担われるようになった。その原因の一つは、衛生組合の法的根拠と拘束力の弱さにあると考えられる。その結果、農村部において、1927～34年に衛生組合に法人格を付与すべきかどうかという論争が行われた。また、組合費の強制徴取規定を盛り込むことを加えて、1927～34年にほぼ毎年、内務省衛生

局から議会に衛生組合法案が提案されたが、ことごとく不成立に終わった。その原因のすべてを明らかにすることができなかったが、報道された記事内容を見る限り、組合費の強制徴収規定に関する議会の反発が想像以上に強かったことがうかがえる。衛生に対する負担を行政と民衆がどのように分担するかについて、共通合意を形成することが困難であった時代背景と見ることができる。

本節において、朝日新聞・読売新聞の衛生組合関連記事をみてきた。まず、コレラやペストなどの疫病を予防することが目的であり、地域の清掃、鼠族駆除が衛生組合の主な衛生事務であることがわかった。また、食品衛生を意識した疫病予防という記述が少なく、腸チフス・パラチフスの発生源とされていた井戸水の検査[82]が行われていた事実だけ確認できた。

衛生組合の設立当初から、行政と一般民衆の間に、衛生組合に対する認識の違いがあり、組合費負担のあり方と絡めて、紛争までに発展した事例があった。衛生組合は自発的な民間組織であるという行政側の認識と対照に、一般民衆の認識は衛生組合が行政の強制により設立された公的団体の一種に過ぎなかったという。また、衛生組合の組合費の徴収に関しては、法的根拠づけがなく、民衆からすれば組合費が実質的な税負担の増加と受け止められたため、組合費の支払を拒否したものがいた。行政側は、組合費の未納問題を解決するため、採用した方法の一つは衛生組合法案であった。法案を成立させることにより、衛生組合に法人格を付与し、組合費はほぼ市税と同様の扱いとなり、組合費の支払いを拒否した者は、市税の滞納と同じように罰せられるという目的であった。しかしながら、1927〜1934年に、年度ごとに内務省衛生局から衛生組合法案が議会に提出され続けたが、いずれも法案が不成立に終わった。これは、1920年代以降、都市部における衛生組合の拘束力の弱さを法的根拠づけがないことを原因として捉えられた行政側の認識の片鱗をうかがわせた。

おわりに

戦前期日本における市町村衛生組合は政府太政官・内務省の指示のもとに設置されたものであり、必ずしも地方住民の自主性に基づいて設立されたもので

第 2 章　衛生組合の活動

はなかった。それを裏づける点として規約は指導方針の多くの文面が共通しており、地域の個性的取り組みは必ずしも多くはなかったことがあげられる。戦前期の衛生組合にとって主要な関心事は、一言で言って防疫であり、赤痢やコレラ、腸チフスといった流行病の蔓延を食い止める点に関心が集中していたと言ってよい。飲食物の安全性に関する関心も、防疫との関連で意識されており、今日で言うところの食品衛生というより、公衆衛生とその部分領域である環境衛生問題の一領域として水や食品の問題が意識されていたと考えるべきであろう。井戸を中心とする水回りへの関心、蠅や鼠の防除に対する関心の高さはこうした文脈から理解することができる。本来食品衛生の概念が公衆衛生問題の防疫問題から分離して生成した経緯を考えれば当然のことと言えるだろう。ただし部分的とはいえ、食中毒をはじめとする伝染病とは区分される食品被害に対する関心も見ることができ、こうした問題に対する地域社会の取り組みが戦後日本の食の安全への意識につながったと推定することも可能であるが、戦前を分析対象とする本書においては今後の課題としたい。

注

1) 尾崎耕司「昭和恐慌期の地域団体について――衛生組合と屎尿汲取料問題」（神戸市企画調整局『神戸の歴史』第 19 号、1988 年所収）。
2) 尾崎耕司「衛生組合に関する考察：神戸市の場合を事例として」（大手前大学・大手前短期大学『大手前大学人文科学部論集』6、大手前大学・大手前短期大学、2005 年所収）。
3) 尾崎耕司「衛生組合に関する考察：神戸市の場合を事例として」（大手前大学・大手前短期大学『大手前大学人文科学部論集』6、大手前大学・大手前短期大学、2005 年所収）。56 頁。
4) 静岡市衛生組合編『静岡市衛生組合五十年史』静岡市衛生組合、1940 年、1 頁。
5) 静岡市衛生組合編、前掲書、2 頁。
6) 静岡市衛生組合編、前掲書、3-4 頁。
7) 静岡市衛生組合編、前掲書、25-26 頁。
8) 静岡市衛生組合編、前掲書、26 頁。
9) 資料のこの箇所は、「区」という表現が用いられるが、資料の他の箇所は、すべて「部」という表現が用いられている。
10) 静岡市衛生組合編、前掲書、26 頁。
11) 静岡市衛生組合編、前掲書、27 頁。
12) 静岡市衛生組合編、前掲書、27 頁。
13) 静岡市衛生組合編、前掲書、27 頁。

第 1 部　衛生行政の形成と食品衛生問題

14) 静岡市衛生組合編、前掲書、27 頁。
15) 静岡市衛生組合編、前掲書、27-28 頁。
16) 静岡市衛生組合編、前掲書、28 頁。
17) 静岡市衛生組合編、前掲書、251 頁。
18) 静岡医会：後「静岡医師会」と改名されるが、ここでは「静岡医会」と表記する。
19) 静岡市衛生組合編、前掲書、252-256 頁。
20) 静岡市衛生組合編、前掲書、257 頁。
21) 静岡市衛生組合編、前掲書、257-260 頁。
22) 静岡市衛生組合編、前掲書、260-262 頁。
23) 静岡市衛生組合編、前掲書、262-264 頁。
24) 静岡市衛生組合編、前掲書、264-266 頁。
25) 県令の詳細について、筆者が確認できなかった。今後の課題としたい。
26) 静岡市衛生組合編、前掲書、268-269 頁。
27) 静岡市衛生組合編、前掲書、269-273 頁。
28) 静岡市衛生組合編、前掲書、273-279 頁。
29) 静岡市衛生組合編、前掲書、279-281 頁。
30) 静岡市衛生組合編、前掲書、282-284 頁。
31) 静岡市衛生組合編、前掲書、284-286 頁。
32) 静岡市衛生組合編、前掲書、286-287 頁。
33) 資料の原文において、統計地域が示されていなかったが、統計の数字から推測すると、おそらく静岡市における統計である可能性が高い。静岡市衛生組合編、前掲書、287 頁。
34) 静岡市衛生組合編、前掲書、287-288 頁。
35) 静岡市衛生組合編、前掲書、288-289 頁。
36) 静岡市衛生組合編、前掲書、289 頁。
37) 静岡市衛生組合編、前掲書、291 頁。
38) 静岡市衛生組合編、前掲書、291 頁。
39) 静岡市衛生組合編、前掲書、292-293 頁。
40) 静岡市衛生組合編、前掲書、293-298 頁。
41) 静岡市衛生組合編、前掲書、298-303 頁。
42) 静岡市衛生組合編、前掲書、303-304 頁。
43) 静岡市衛生組合編、前掲書、306-310 頁。
44) 静岡市衛生組合編、前掲書、310-312 頁。
45) 静岡市衛生組合編、前掲書、312-315 頁。
46) 静岡市衛生組合編、前掲書、315 頁。
47) 静岡市衛生組合編、前掲書、317 頁。
48) 静岡市衛生組合編、前掲書、317 頁。
49) 静岡市衛生組合編、前掲書、318-319 頁。

50）南多摩郡私立衛生会事務所「南多摩郡私立衛生会雑誌」第三号、1899 年（近現代資料刊行会企画編『近代都市環境衛生叢書 2　近代都市の衛生環境（東京編）　25 衛生・保健④』近現代資料刊行会、2009 年所収）。
51）鷺洲衛生組合二十年史編輯委員会編「鷺洲衛生組合二十年」鷺洲衛生組合、1933 年（近現代資料刊行会企画編『近代都市環境衛生叢書 1　近代都市の衛生環境（大阪編）　29 衛生・保健⑩』近現代資料刊行会、2007 年所収）
52）城北衛生組合事務所「城北衛生組合史」山本弘栄社、1942 年（近現代資料刊行会企画編『近代都市環境衛生叢書 1　近代都市の衛生環境（大阪編）　31 衛生・保健⑫』近現代資料刊行会、2007 年所収）179-181 頁。
53）静岡市衛生組合編、前掲書、3-4 頁。
54）朝日新聞は、1884〜1886 年『自由燈』という題字で、1886〜1887 年『燈新聞』という題字で、1887〜1888 年『めさまし新聞』という題字で、1888〜1940『東京朝日新聞』という題字で、1940 年に『朝日新聞／東京』という題字で今日まで続いている。
　　読売新聞は、1874〜1942 年『読売新聞』という題字で、1942〜1946 年『報知新聞』との合併により『読売報知』に改題し、1946 年から『読売新聞』に帰題して、今日まで続いている。
55）馬場義弘「明治十年代の大阪における衛生行政の成立と展開」（近現代資料刊行会企画編『近代都市環境衛生叢書 1　近代都市の衛生環境（大阪編）　別冊［解説編］』近現代資料刊行会、年所収）、67 頁。
56）竹前栄治・中村隆英監修、杉山章子解説・訳『GHQ 日本占領史　第 22 巻　公衆衛生』日本図書センター、63 頁。
57）「衛生組合に就ての紛紜」『東京朝日新聞』1900 年 7 月 20 日；「衛生組合の大紛擾」『東京朝日新聞』1900 年 10 月 20 日；「衛生組合の紛擾余聞」『東京朝日新聞』1900 年 10 月 22 日；「向島衛生組合解散に決す」『東京朝日新聞』1900 年 10 月 30 日。
58）「衛生組合の分離運動」『東京朝日新聞』1902 年 4 月 13 日。
59）「東京市内衛生組合廃止論、府会市部会で論議」『読売新聞』1900 年 11 月 9 日。
60）「市内衛生組合廃止を東京府会市部会で決議」『読売新聞』1900 年 11 月 14 日。
61）「［漫ろ語］衛生組合を廃せ」『読売新聞』1905 年 4 月 29 日。
62）「生石灰に偽物あり」『東京朝日新聞』1903 年 7 月 3 日。
63）「衛生組合巡視」『東京朝日新聞』1903 年 12 月 8 日。
64）「衛生組合の不都合（仙台）」『東京朝日新聞』1911 年 3 月 18 日。
65）杉山章子解説・訳、前掲書、63 頁。
66）「ペスト予防彙聞　捕鼠及斃鼠　本郷の捕鼠器貸与　郡長会議の結果」『東京朝日新聞』1901 年 6 月 2 日。
67）「鼠の買上に就」『東京朝日新聞』1901 年 6 月 13 日。
68）「猿若町衛生組合の懸賞券」『東京朝日新聞』1903 年 1 月 11 日。
69）1927 年 8 月 25 日「衛生組合に法人格　内務省立案の新法制要綱」『読売新聞 1927 年

第 1 部　衛生行政の形成と食品衛生問題

8 月 25 日。
70)「衛生組合法の立案に着手　組合を法人とする事等　議会へ提出の予定」『東京朝日新聞』1927 年 9 月 9 日。
71)「来議会に提出すべき衛生組合法案　衛生局案の主要点」『東京朝日新聞』1928 年 10 月 1 日。
72)「衛生組合法の制定を陳情」『東京朝日新聞』1928 年 12 月 27 日；「衛生組合法案の制定促進の陳情」『東京朝日新聞』1929 年 11 月 14 日。
73)「来議会に提出の衛生組合法　内務省で立案を了す」『東京朝日新聞』1930 年 8 月 2 日。
74)「来議会提出の衛生組合法案　衛生会諮問の要綱／諮問案可決　中央衛生総会」『東京朝日新聞』1930 年 12 月 19 日。
75) 前掲記事、『東京朝日新聞』1930 年 12 月 19 日。
76)「衛生組合法、何故必要か　貴院委員会」『東京朝日新聞』1931 年 2 月 4 日。
77)「衛生組合法案の検討」『東京朝日新聞』1931 年 2 月 6 日。
78)「強制加入を規定せる衛生組合法案　来議会へ内務省が提案方針」『東京朝日新聞』1933 年 9 月 13 日。
79)「衛生組合法案、練り直し　内務首脳会議」『東京朝日新聞』1934 年 2 月 3 日。
80)「衛生地区法案　内務省で起草　農漁山村の医療普及」『東京朝日新聞』1935 年 6 月 9 日。
81) 大霞会編『内務省史　第 3 巻』原書房、1981 年、241 頁。
82)「警視庁衛生部の無能ぶりに非難の声　悪疫の踊るにまかせる帝都」『読売新聞』1926 年 2 月 28 日。

第 2 部

個別産業における食品衛生・品質問題

第3章　明治期製茶

はじめに

　幕末開港から明治時代にかけて、お茶（以下、製茶）が日本の重要な輸出品目であった事実はあまり知られていない。米とならんで明治期主要な輸出品であった製茶は、飲料であるとはいえ、口に入る食品でもあることから、食の安全性を巡る国際問題に最初に遭遇した商品であった。本章では日本の海外領事等の報告書である「領事報告」を分析することで、日本茶輸出の「壁」となったアメリカにおける粗悪茶輸入禁止の動向と、これに対応した日本側の動向について検討する。

　従来、茶業史研究は、貿易史的、地方経済史的、農業経済史的など多様な切り口から研究が進められてきた。また、隣接分野として、地理学や民俗学、文化史などの分野に対する研究史のフォローも必要である。これらの課題に関わる先行研究では，大別して次の２つの領域において成果が提示されてきた。角山栄は、「領事報告」史料を利用し、文化史的な観点を取り入れ、明治期の日本茶のアメリカ市場での動向およびその評価について分析している[1]。また角山の共同研究[2]のメンバーであった高嶋雅明が執筆した「明治後期における農商務省の貿易拡張政策と領事報告」という論稿が存在するが、同稿において高嶋は、海外市場の情報収集とその取りまとめにおける外務省系列と農商務省系列の情報収集網の関連性を検討し、農商務省が日清戦争後になって、外務省に依頼して在外領事館から積極的に情報を収集するようになった経緯を明らかにしている。それは、単なるジャポニズム的商品が海外市場を獲得する段階

ではなく、「雑貨品」といえども、それらが購入・消費される市場の要求に照応しなければ販路拡張は困難であったことが指摘されている[3]。

　山口和雄は、開港から明治期にかけての日本製茶貿易の発展を、明治政府の茶業政策、技術や経営の変化も踏まえながら分析した。明治後期の製茶貿易の停滞原因について、海外の需要の飽和、セイロン・インド・ジャワ産製茶との競合、さらに、米国における茶の課税、粗悪茶輸入禁止の強化などに彼は原因を求めている[4]。寺本益英は、数量分析を駆使して、主産地として成長する静岡・南九州の発展を検討し、輸出市場の動向を広い視野から追究した。その関心は、戦前期の日本茶業が、内外の経済環境や貿易構造の変化にいかに対応し、発展してきたかという点に置かれていた。寺本は、明治後半期以降、日本茶が輸出商品としての重要性を低下した直接的原因をアメリカ市場における強力な競合品（インド・セイロン茶）の進出に求め、さらに日本国内における急速な軽工業（繊維工業）の発展が輸出構造の変化を引き起こし、一次産品である茶の重要性を必然的に低下させていったと結論づけた[5]。すなわち、山口の「セイロン・インド・ジャワ等の製茶輸出国の進出が、日本茶の市場を侵しつつあったこと」について明らかにしている。しかしながら、近代日本茶貿易が停滞的となったのは、「米国における茶の課税、粗悪茶輸入禁止の強化などによるもの」という山口の論点について、寺本はかならずしも言及していない。日本茶の輸出産品としての衰退原因を品質問題で説明できるかどうか現時点では明らかではないが、日本茶貿易に影響を及ぼしていることは完全に否定することはできない。

　石井寛治は、幕末維新期における山城茶業の生産・流通を現地史料を用いて考察している。その問題意識は、「世界市場的観点を維持しながら、様々な在来産業の生産・流通構造をできるだけ具体的に分析し、近代産業の移植との関連を探り、そうした分析を積み重ねて幕末維新期の経済構造全体の再編成のあり方を把握すること」である。清水港が開港されるまで、日本茶の集荷港として機能したのは横浜と神戸港である。静岡茶を中心とした東日本地方各地の製茶は横浜に、山城茶を中心とした西日本地方各地の製茶は神戸に集荷されてから輸出されるルートを提示した。金融的側面からも、横浜の生糸売込問屋による生糸の出荷前の前貸金融と対照的に、横浜・神戸の製茶売込問屋による製茶

の出荷前の前貸金融から出荷後の前貸金融へ後退したことは、製茶貿易の発展に大きな制約をもたらしたのである[6]。原康記は、開港直後から明治中期に至る間の長崎港における製茶貿易の盛衰、生産・流通構造を論じている。長崎港において、一時的に欧米向けの製茶輸出が発展したものの、横浜・神戸のように製茶貿易港として発展しなかった理由は、長崎港の生産面・流通面における限界が典型的に現れたためであった[7]。

　以上の研究史のなかで、筆者が特に注目するのは角山、山口の研究である。山口の指摘した、日本茶輸出の停滞・衰退要因をアメリカ側の課税や日本側の品質問題に求める議論をより詳細に検討することを本章の目的とし、また角山が指摘した食品を巡る貿易摩擦問題は貿易当事者国同士の文化摩擦的要因によっても発生するという視覚を意識しつつ、角山が用いた「領事報告」史料を再検討しつつ分析することとしたい。なお、本章で史料として用いた「領事報告」の限界について述べておこう。「領事報告」の限界については、「領事報告に關し世間種〻の非難あり、或は云く領事報告は多くは時機を失すと、或は云く領事報告は多くは新聞雑誌等諸刊行物の抜粋に係りて時事に緊切にならずと、其他猶ほ此類の非難多し」と、早く明治期中頃に通商報告に対する批判があったことを原敬が指摘している[8]。つまり必ずしも専門家でない領事達が新聞や雑誌といった資料を個別に集めて報告したものであり、専門性に乏しく、また必ずしも最新の情報が提供されないことが多いという批判である。本章中でも同史料のこうした問題点については意識しつつ論を進めてゆくことにする。

第一節　近代日本茶業の沿革

一、偽茶・粗悪茶、粗製不正茶、着色茶の定義

　明治期の日本茶輸出の品質問題の経緯について述べる前に、偽茶・粗悪茶、粗製不正茶、着色茶の定義を定めておきたい。まず、アメリカ側の定める偽茶・粗悪茶というのは、「贋茶或ハ枯葉ヲ混ジタル茶類ノ物品、又ハ多クノ化学薬品其他ノ有害品ノ混入物を含有シ飲用ニ堪ヘザル茶類物品」のことである[9]。粗製不正茶というのは、「單に茶精、珈琲精又ハ其他ノ化學的製品ヲ製ルガ為

其原形及性質ノ全ク減却セラレ若クハ其變化セラル、モノニ對スル」劣等茶のことである[10]。着色茶というのは、「人工的著色若シクハ粉色ヲ施シタル」茶のことである[11]。それに対して、日本側の資料である『静岡県茶業史』所載の1883年の静岡県令諭告によると、「柳・桑・柏杞等の嫩葉を茶葉中に混合すると、薬品を以て緑色を付着することある」とされている。粗悪茶というのは、日乾製をはじめ原料の粗悪・製造過程の不適によって生まれるあらゆる良質ならざる茶のことである[12]。着色茶というのは、茶の再製の際に着色料（洋藍、紺青、群青、滑石、石膏、炭酸カルシウム及び硅酸、アルミニウムなど）を調合したものを加え、加熱、撹拌、摩擦し、茶葉に光沢と濃い緑色を付与した茶のことを指す。それに対し、着色しない茶は、本色茶と呼ばれる[13]。粗製（粗悪）不正茶というのは、不正茶・着色茶・悪品に分類され、主に「良茶ニ擬製シ又ハ混淆セシモノ」製茶のことである[14]。

明治初期から明治40年代までは、日本茶の品質問題は、主に偽茶・粗悪茶・粗製不正製茶問題を指し、混ぜものされた製茶や低品質製茶の輸入を禁じている。それ以降の製茶問題については、主に着色茶問題を指し、人体に悪影響を及ぼす着色料使用の製茶の輸入禁止へと方向転換がみられた。

二、明治初期の製茶貿易

日本の製茶輸出は居留地貿易から始まった。横浜居留地から始まる製茶貿易は、外国商館が中国人買弁を雇い仲介人として、言語や文化の理解不足を克服し、日本茶業者との貿易を開始したのであった。それに応じ、日本の売込商人も多く居留地に集まり、店舗を構えたのである。居留地貿易制度が外国人の商業目的の日本国内旅行を禁じるため、欧米外商は日本商人に前貸しを行って、製茶の産地買付けを試みる動きもみせたものの、ほとんど成功しなかったという。輸出される茶はひとまず売込商のもとに集荷された上で外商に売り込まれ、輸出された茶は外商から取引商の手を経てアメリカ国内へと流通されるルートが成立していた。この売込商体制は関税自主権（1911年）の確立するまで製茶輸出貿易の主流として機能していた[15]。

輸出製茶の種類は、緑茶、番茶、粉茶、玉茶（1883年より）、磚茶（1883年より）、紅茶（1885年より）と多種を数えたが、もとよりその中核をなす

ものは緑茶であって、本章においても、輸出製茶の品質問題は緑茶の品質問題を指すこととする。最初の日本茶は、茶の生葉を蒸し、揉み乾かしたままという荒茶と呼ばれる状態で流通していたため、着色の必要はなかったという。しかし、日本茶がすべて手揉みをもって、製造されたゆえに、仕上がった製茶の品質が千差万別であり、その色合や形状製などにもバラツキが存在していた。そこで、外国茶商は集めた各種の茶葉を混同して着色を施し、大量の同一品質の茶を製造する試みをした[16]。かつ海外に輸出する場合、長い海路の旅や長期間の保存を考えると、改めて火入れをして十分に乾燥させることが重要であり、乾燥が不十分であったり新しい茶箱（よく乾燥していない）が原因で腐敗したりカビが発生したりするため、輸出先に受け取りを拒否されることもあった。炭火の上に釜もしくは籠を置き、茶葉を焙乾して、「再製」[17]を行うことで、カビが生えにくくする中国緑茶の再製技術が日本に持ち込まれると、日本茶もこれにならって茶葉に光沢と濃い緑色を付与し（着色し）、輸出するようになった。これは、明治期の日本製茶業が、大量に同一品質の製茶を製造することが困難であったことを意味している。たとえ同じ製茶場においても、4、5日前の製品と比較する際、必ず優劣が生じてしまうため、着色料を用いて製茶品質の均一化を図る誘因が存在していた[18]。そして長い海路の旅や長時間の保存を考えて、輸出茶にカビが生えないように、釜もしくは籠の中に焙乾して、着色料をもって着色するという「再製」を行ってから輸出するような形をとるようになった。つまり後年着色茶問題として問題化する「再製」は、本来茶葉の長距離輸送にともなう品質悪化を防ぐために導入された技術であったのである。そのため、1862年に、輸出茶を再製するための製茶場が、横浜の外国人居留地に初めて建設された。これは日本国内で買い入れた茶葉を一旦横浜へ送って再製してから外国へ輸出する必要性があることを意味する。その後、神戸（1870年）、清水（1906年）も、外国商館の移転に伴い、製茶場が相次ぎ建設されたことにより、従来のように横浜へ転送する必要性がなくなった。ちなみに、明治期を通して、日本茶（緑茶）が輸出される際、そのほとんどに「再製」が行われた[19]。

　開港当初から、日本茶の主要輸出国はイギリス、アメリカであったが、1871年以降にイギリスへの輸出量が漸次減少するとともに、アメリカへの輸

出量が増大して主要な輸出先となった[20]。さらに1871年7月よりアメリカにおいて製茶輸入税が廃止されたことで、1874〜75年に日本茶の輸出量が急増した。アメリカ向け製茶貿易の主要な貿易の担い手は、横浜の「米一番館」とよばれていたウォルシュ・ホール商会であった。同時に、この両年は製茶輸出が、幕末開港以来輸出品の王座を占めてきた生糸輸出を抜いて第1位になった異例の年でもあった[21]。明治初期のアメリカ向けの日本茶・中国茶（中国からの輸出）の輸入高を比較してみると、1860年に中国茶の3000万ポンドに対し日本茶は3万5000ポンドにすぎなかったものが、1868年には中国茶2900万ポンド、日本茶760万ポンドとなった。1876年には中国茶の2700万ポンドを追い抜いて、日本茶は3100万ポンドを記録した[22]。

　以上のように、開港以降から明治前半までは、順調に輸出が増大していった日本茶業ではあるが、それと軌を一にして輸出製茶に関する品質問題が早くも発生していた。1872年頃から製茶貿易での利益を追求するあまり、偽茶・粗悪茶を輸出する茶商の増加が注目されるようになったのである。こうした茶商らによる場当たり式の粗製濫造がはじまり、果ては柳・桑・柏杞(クコ)等の若葉を茶葉中に混合し、着色料を以て緑色を付与することで茶に似せた偽茶までが輸出されるようになった。紅茶にしても「緑茶に比べ紅茶が有利である」という声につられて、まったくの素人が粗製濫造し、粗悪品を混入するなどして大いに信用を失墜させたのである[23]。表3-1に示されているように、1874年の製茶価格28.43円をピークに、日本製茶価格は下落をはじめ、1876年に20.22円に減少し、1877年に15.84円へとピーク時の約半分までに低下したのである。

三、明治中期の製茶貿易

　日本製輸出茶の品質問題が解決されないまま、明治20年代に入ることになった。明治20年頃より、製茶品質問題を抱えながら、約10年間で横浜製茶貿易の全盛時代を迎えた。『大谷嘉兵衛翁傳』では、「明治二十年頃より約十年間の横濱は製茶貿易の全盛時代とみるべく、毎年製茶の季節になると、各地の荷主陸續入り込み、三十有餘の賣込商、二十有餘の輸出商等は目の廻るやうな繁昌ぶりで、季節半年にして三十萬から入荷し、馬車、荷車間斷なく市内を往来して賣込商から輸出商へ、輸出商から再製工場へとエスカレーター式に廻轉し

第 3 章　明治期製茶

表 3-1　1868〜1886 年日本茶輸出推移

和暦	西暦	輸出量（千ポンド）	輸出額（千円）	100 ポンドあたり価格（円）
明治元年	1868 年	13,487	3,582	26.56
明治 2 年	1869 年	11,461	2,102	18.35
明治 3 年	1870 年	16,419	4,512	27.48
明治 4 年	1871 年	18,756	4,672	24.91
明治 5 年	1872 年	19,646	4,226	21.51
明治 6 年	1873 年	17,787	4,659	26.13
明治 7 年	1874 年	25,505	7,253	28.43
明治 8 年	1875 年	28,372	6,863	24.19
明治 9 年	1876 年	26,969	5,454	20.22
明治 10 年	1877 年	27,624	4,375	15.84
明治 11 年	1878 年	29,010	4,284	14.76
明治 12 年	1879 年	38,136	7,446	19.52
明治 13 年	1880 年	40,437	7,499	18.54
明治 14 年	1881 年	38,484	7,022	18.25
明治 15 年	1882 年	37,735	7,030	18.63
明治 16 年	1883 年	37,147	6,106	16.44
明治 17 年	1884 年	35,805	5,820	16.25
明治 18 年	1885 年	41,246	6,854	16.62
明治 19 年	1886 年	47,596	7,723	16.23

出所：加藤徳三郎編『日本茶貿易概観』茶業組合中央会議所、1935 年、94-96 頁。

て船積となる。この入荷から積出しまでには幾十萬とも知れぬ勞務者の手を通過し、殊に再製には多くの女工を要するので、是等周旋のための支那人等は早朝群れ來る女工等を途に擁して爭奪するなど、何時か横濱名物の一つとなつた程で、製茶貿易の盛衰は直に横濱全市の景氣に影響を及ぼすといふ勢ひであった」と、横浜製茶貿易の全盛時代を回顧している[24]。

またこの当時、前田正名は外国の主要産茶産地と日本の茶業を比較し、日本茶業の問題点を指摘している。輸出動向と価格面について、インド・セイロン茶の輸出額が増加しつつも単価を落としていないのに対して、日本の製茶業は

第 2 部　個別産業における食品衛生・品質問題

輸出額が伸びているが、単価が下がっていることを問題にしている。とりわけ、慶応年間には平均相場が 100 斤あたり 40 ～ 42 円であったものが、明治 20 年代に入ると 16 円余にまで落ち込んでいたのである[25]。さらに明治 30 年代に入ると、日本茶業にとっての新たな試練が加わった。1897 年 3 月 2 日、アメリカにおいて、「粗製不正茶輸入禁止条例」[26]が発布され、標準を設けて検査輸入を行い、粗製不正茶の輸入を規制しようとしたのである。同条例に基づきアメリカは、年ごとに輸入茶の標準見本を選定し、その標準茶以下の輸入茶を粗製品とみなし、輸入を拒絶することとしたのである。

「粗悪不正茶輸入禁止条例」と製茶輸入課税法案の発布が、日本の製茶貿易にいかなる影響を与えたかを検討するために、明治 20 ～ 30 年代の輸出量と輸出製茶価格をみることにしよう。表 3-2 を見る限り、輸出量は大幅な増加こそみられないものの、大きく上下することがなく、輸出量が一定水準を維持することができたといえよう。また、輸出製茶の単価については、比較的変動が大きく明治 20 年代を通して、製茶価格が 15 円前後に上下していた。特に「粗製不正茶輸入禁止条例」が成立した前年である 1896 年の価格下落は激しく、条例による日本茶排除の動きが価格下落につながったと推測することも可能である。

四、明治後期の製茶貿易

明治 30 年代に入ると、アメリカ国内における食品衛生に対する要望がさらに高まり、アメリカ食品衛生史上もっとも重要な立法である「純良食品薬品条例」[27]が 1906 年 6 月に発布された。同条令では食品に用いている人工粉色又は人工着色の使用を明記すべき規定を設けた。製茶にも適用しようとしたのであるが、即時適用されるわけではなかった。これは米国国内で慎重論があったからである。英米その他需要国の消費者は着色された中国緑茶を飲み慣れていたこともあって、着色茶への批判は必ずしも強くはなかった。また比較的に着色する程度が低く着色を伴う再製過程が製茶品質の維持に貢献しているのではないかという指摘も存在していた[28]。

しかしながら、製茶のみにこの条例を適用しないことは、取締りの統一に欠けるとの意見が強まった結果、1910 年に、ニューヨーク製茶鑑定委員所に

第 3 章　明治期製茶

表 3-2　1887〜1906 年日本茶輸出推移

和暦	西暦	輸出量 (千ポンド)	輸出額 (千円)	100 ポンド あたり価格（円）
明治 20 年	1887 年	47,482	7,603	16.01
明治 21 年	1888 年	44,225	6,125	13.85
明治 22 年	1889 年	43,115	6,157	14.28
明治 23 年	1890 年	49,668	6,327	12.74
明治 24 年	1891 年	53,232	7,033	13.22
明治 25 年	1892 年	50,024	7,525	15.05
明治 26 年	1893 年	48,591	7,702	15.85
明治 27 年	1894 年	50,058	7,930	15.84
明治 28 年	1895 年	51,769	8,879	17.15
明治 29 年	1896 年	44,322	6,372	14.38
明治 30 年	1897 年	43,510	7,860	18.07
明治 31 年	1898 年	41,102	8,216	19.99
明治 32 年	1899 年	46,309	8,499	18.35
明治 33 年	1900 年	42,987	9,036	21.02
明治 34 年	1901 年	44,331	8,854	19.97
明治 35 年	1902 年	43,679	10,484	24.00
明治 36 年	1903 年	48,239	13,935	28.89
明治 37 年	1904 年	47,484	12,834	27.03
明治 38 年	1905 年	38,874	10,584	27.23
明治 39 年	1906 年	40,028	10,767	26.90

出所：加藤徳三郎編『日本茶貿易概観』茶業組合中央会議所、1935 年、94-96 頁。

おいて非公式会議が開かれ、その結果として、着色茶の絶対禁止の意向が極めて濃厚となった。1911 年 2 月に、製茶鑑定委員の会合で、着色茶の絶対禁止という事項が決議された。さらに 3 月 10 日付財務省令第 31367 号をもって、12 日に「粗悪不正茶輸入ニ関スル増補細則」[29] が発布された。また同年 5 月 1 日以降、外国より着色茶の輸入を禁止することとなった[30]。この追加条例の発布が「純良食品薬品条例」による影響が大きいことは言うまでもない。従来から粗悪不正茶に分類されてきた混ぜ茶・偽茶に加え、着色茶もその範疇に

入れられ、規制され始めたのである。また、1911年5月1日以前に、外国より出荷された製茶から過度の着色物質が発見される場合は、税関の管理の下に費用を輸入者負担で除去するという規定が設けられた。この規定を励行するために、アメリカ合衆国大蔵省より1911年3月1日付で各税関などの関係当局宛てに「米国粗悪不正茶及着色茶輸入禁止に関する大蔵卿訓令」が出され、着色茶禁止を全く絶対的なものにすることがアピールされた[31]。この規定の実施に伴い、輸入茶検査は従来の化学試験法（1911年10月16日～1912年4月30日）に代わり、「リード式試験法」（1912月5月1日～）をもって行われることとなった。

　アメリカ政府が着色茶輸入禁止を断行した理由は「明治初年頃迄の製茶は品質優良なりしを以て耳掻一杯位の著色粉を充分其効果があつた。然るに品質漸次粗悪となるにつれ、著色の程度甚だしく、終には其の品質を害し、触るれば手に著色する程度のものさへ現はるに至つた」という[32]。従来は品質の良好さゆえ、少量の着色で済んでいた日本製茶が、品質の悪化にともない、多くの着色料を用いる傾向になったことを問題視していたのである。

　もうひとつ、明治末期から大正初期に製茶品質が問題となったのは、製茶機械が普及し始めたこととも関係があった。「器械製茶欠点につき横浜売込商の注意」がその事情を伝えている。生産費を減少させる方法として機械製造が導入されるようになったが、当初の製茶機械はまだ改良を要する部分が多く、火の入り方が良くなかったため結果として粗製茶ができあがったのである。特に火入れが不十分なため時間がたつと製茶が変質してしまうという代物であった[33]。機械導入による品質の悪化が着色料使用量増大を招くという悪循環が存在していたのである。

「器械製茶欠点につき横浜売込商の注意」『静岡民友新聞』1905・4・2
〔前略〕昨年度の輸出茶荷物中器械製混淆のものは米国市場到る処苦情百出、甚しきに至ては斯の如き製茶を輸送するに於ては将来取引を拒絶せんと云ふものあるに至り、外商間に於ても大に恐慌を惹起しつゝあるが故に、万一昨年輸出したるが如き不完全極る器械製の濫造を為すことは一般茶価を墜落せしめ、海外市場の信用を失ひ、遂に販路を外国競争品に奪はるゝに至るや必然の勢に

して、誠に寒心に堪へざるなり。〔中略〕恐らく器械製造が絶対に劣悪なるに非らずして、器械の使用悪しく且つは濫造に流るゝの弊害に非ざるか、当業者は大に研究を重ぬべき也。

出所：静岡県史史料刊行会編『静岡県史』（資料編18 近現代三）静岡県立中央図書館葵文庫、1969年、427頁。

　一方で、日本においてこれらのアメリカの諸法令が日本側にどの程度影響していたのかについては、判然としない点が多い。条例が改訂される際の明治40年代・大正期の輸出高と輸出製茶価格をみることにしよう（表3-3）。明治40年代・大正期の輸出高については、1908年を除けば、輸出高が4000万ポンド台を維持している。アメリカにおいて「粗悪不正茶輸入ニ関スル増補細則」が発布された後、1913年に輸出高が3500万ポンド台なかばまでに低落するものの、輸出製茶単価には大きな価格下落がみられず、ほぼ一貫して30円台を維持していることから、少なくとも販売された日本製茶の市場評価には大きな影響はなかったように思われる。ただし、市場開拓に努めたにもかかわらず輸出量でみると停滞を余儀なくされており、日本茶の販路拡大には大きな影響を与えたとも言うことができる。その後、第一次世界大戦景気に支えられ、日本茶の輸出高は再び増加する傾向に転じることになったが、1920年以降は反動恐慌に加え、アメリカにおいて日本製茶の木茎混入問題が発生し、翌年の輸出高が1600万ポンド弱まで激減した。1922年に輸出高が2900万ポンドまで回復したものの、大正10年代〜昭和10年代にかけて、日本製茶の輸出高はほぼ2500万ポンドなかばで停滞することとなった。その後戦時体制にかけては日本茶業の貿易が衰退の一途を辿ることになり、現在に至っては、もはや日本茶の貿易依存という面影がすっかり消え去り、人々に国内産業としての一面しか示さなくなったのである。

第2部　個別産業における食品衛生・品質問題

表 3-3　1907～1933 年日本茶輸出推移

和暦	西暦	輸出高（千ポンド）	輸出額（千円）	100 ポンドあたり価格（円）
明治 40 年	1907 年	40,913	12,618	30.83
明治 41 年	1908 年	35,551	11,153	31.37
明治 42 年	1909 年	40,989	13,156	32.10
明治 43 年	1910 年	43,929	14,542	33.11
明治 44 年	1911 年	42,917	14,376	33.50
大正元年	1912 年	39,851	13,464	33.53
大正 2 年	1913 年	34,030	10,076	29.61
大正 3 年	1914 年	39,475	12,710	36.02
大正 4 年	1915 年	45,317	15,402	34.00
大正 5 年	1916 年	51,124	16,082	31.46
大正 6 年	1917 年	66,893	21,756	32.53
大正 7 年	1918 年	51,428	23,056	44.83
大正 8 年	1919 年	30,934	18,402	59.49
大正 9 年	1920 年	26,438	17,113	64.73
大正 10 年	1921 年	15,863	7,719	48.65
大正 11 年	1922 年	29,148	17,829	61.17
大正 12 年	1923 年	27,360	16,024	58.57
大正 13 年	1924 年	24,036	12,783	53.18
大正 14 年	1925 年	28,041	14,763	52.65
昭和元年	1926 年	23,965	12,112	50.54
昭和 2 年	1927 年	23,487	10,897	46.09
昭和 3 年	1928 年	24,004	11,848	49.36
昭和 4 年	1929 年	23,848	12,028	50.44
昭和 5 年	1930 年	20,478	8,387	40.89
昭和 6 年	1931 年	25,612	8,233	32.22
昭和 7 年	1932 年	29,770	8,173	27.45
昭和 8 年	1933 年	30,518	8,450	27.69

出所：加藤徳三郎編『日本茶貿易概観』茶業組合中央会議所、1935 年、94-96 頁。

第3章　明治期製茶

第二節　「領事報告」からみた明治期製茶品質問題

一、「領事報告」の性格

　日本の「領事報告」史料は、近代日本貿易史の研究はもちろん、その時期の世界各地の経済事情を知るにはきわめて貴重な資料である。政府機関及び関係機関が、著作・監修・発行のいずれかに関与した政府刊行物は信頼性が高く、重要な情報を多く含んでいる。

　「領事報告」とは、海外各地に駐在する領事が、本国政府に定期的に送付した現地の通商経済情報や貿易報告であり、19世紀国際経済史上きわめて重要な役割を果たした。それは日本の通商戦略と合致したものであり、商品情報を中心として拡大していった。報告書の項目をみても、商業・工業・水産・農業・鉱業・交通・貨幣及び金融・関税・電報・時事・雑報等多岐にわたりかつ膨大である。日本資本主義の生成・発展段階及び、各国経済活動を克明に記録した第一級資料である。まず、明治期の「領事報告」は、1881年から1886年まで『通商彙編』として刊行され、1886年から『通商報告』と改称されて1893年に及んでいる（1890～1893年分は欠除しているので官報の「通商報告」抜粋で補充した）。そして1894年からは『通産彙纂』となって1913年3月まで続刊された[34]。次に、大正期の「領事報告」は、『通商彙纂』の後継誌として、1913年4月から1924年12月まで『通商公報』として刊行され、通巻号数1228号まで刊行された海外領事報告集である[35]。最後に、『日刊海外商報』は、『通商公報』の後継誌として、1925年1月から1928年3月まで刊行された通商貿易情報誌で、100を超える在外公館から寄せられた通商貿易、外国法規、移民、各国事情など広範囲にわたる情報を網羅している。大正末から昭和初期の世界各地の経済事情や通商貿易状況と日本のかかわりを掌握できる第一級の資料である[36]。

　これらの内容は、主に世界各地に設置されている日本領事館からもたらされた通商情報であった。外務省は、領事館を通じて、在外軍人・留学生らから送られてきた報告をまとめて、民間業界に情報を提供した。領事館の設置状況を

第 2 部　個別産業における食品衛生・品質問題

表 3-4　明治期在米日本領事館設置年

設置年	都市名
1870.8	サンフランシスコ
1873.2	ニューヨーク
1884.7	ホノルル
1895.1	タコマ
1897.6	フィラデルフィア
1897.6	ニューオーリンズ
1897.1	シカゴ
1898.9	ガルベストン
1900.12	シアトル
1902.3	モービル
1903.9	ボストン
1905.4	セントルイス
1908.7	ポートランド
1909.1	デンバー

出所：角山栄編『日本領事報告の研究』同文社、1983 年、483-506 頁。

　アメリカに則してみれば、1870 年にサンフランシスコに最初に設置され、以後、明治期においては、ニューヨーク、ホノルル、タコマ（1897 年にシアトルに移転）、シカゴ、フィラデルフィア、ニューオーリンズ、ガルベストン、モービル、ボストン、セントルイス、ポートランド、デンバーに設置された。明治期において、以上のような領事館網がアメリカ国内に構築された[37]。

　そこで、本節では日本の「領事報告」史料に基づき、日本茶に関するアメリカ駐在領事による明治期日本茶輸出の品質問題の認識を解明したい。

二、1883 年「贋製茶輸入制禁条例」をめぐる領事報告

　本節では、主に明治 10 年代に米国に駐在していた領事たちによる製茶貿易の景況に対する分析に着目し、報告者たちの製茶貿易への関心を明らかにしたい。

第 3 章　明治期製茶

1. アメリカにおける製茶の流通

　アメリカにおける品質問題についての検討が始まる前に『領事報告』からみたアメリカにおける製茶の流通を概観しておこう。1882 年 10 月 4 日付在ニューヨーク領事報告公信 85 號「日本及支那ヨリ當國ヘ輸入ノ綠茶紅茶比較及景況報告書」に、アメリカにおける製茶流通経路について次のように述べられている。

　「支那印度紅茶ハ進路ヲ歐羅巴ニ取リ紐育費府『ボストン』等ニ輸入シ來リ是ヨリ當國ノ東部ニ向ヒ漸進セントス而シテ日本及支那綠茶ハ（支那及台灣ノ紅茶此進路ヨリ輸入スルモ未タ綠茶ノ多額ニ及ハス故ニ除之）桑港ニ輸入シ『チカゴ』府ヨリ漸次西進シテ紅茶ノ需用ヲ減セントト競フノ有樣」[38]

　1860 年代からアメリカ製茶市場をめぐる紅綠茶が貿易競争を展開しはじめたのである。当該期のアメリカでは地域ごとに製茶市場に特色があり、日本茶はアメリカ西部において中国、台湾茶と競合しつつ、各地域の製茶市場に製茶を供給していたというのが実態であった。さらに、アメリカ西海岸に輸入された製茶が、船や鉄道を通じて、アメリカ東海岸まで運搬されたのである。この流通経路について、1886 年 2 月 9 日付在サンフランシスコ領事報告「明治十七八二年間桑港ヘ輸入セル日本製茶ノ比較」に、次のように見られる。

　「桑港ヨリ大平洋沿岸ノ諸市場ヘ配附セル高ヲ云ヘルモノナリ盖シ當地輸入者ハ東方輸入者ト競争シテ製茶『ロツキー』山以東ノ諸府ヘ輸送スル能ハズ何ントレハ東方輸入商ハ瀛舩及鉄道會社ト特別ノ約束ヲ為シ我國横濱ヨリ紐育『シカゴ』聖路易等東方諸府ヘ製茶ヲ輸入スルニ當リ單ニ桑港ヨリ前諸府ニ至ル鉄道運賃ニ少シク超過セル低廉ナル運賃ニテ輸送スルヲ得ルカ故ナリ」[39]

　その製茶輸入総額の約半分はニューヨークより、12～13％はシカゴより、同じく 12～13％はサンフランシスコより、そのほかピューセフト湾（シヤトル港、タコマ港）、ボストンなどより輸入される[40]。ニューヨーク及び東部諸州では多く紅茶及び烏龍茶が消費される。日本緑茶の仕向けをみる際、年によって相違があるものの、大体 5、6 割はシカゴ及び中部西部諸州に、3、4 割はニューヨーク及び東部地方に、2 割以内をサンフランシスコ及び太平洋沿岸地方に仕向けられる状況にあった[41]。なお、1882 年、在ニューヨーク領事

121

第 2 部　個別産業における食品衛生・品質問題

報告「明治十五年七月中茶商況」によれば、明治初期のアメリカ製茶市場において、競売所で卸売される際、日本茶は主に新茶・旧茶に分けられ、それぞれ第一等〜第七等に格づけられていた[42]。

2. アメリカにおける製茶消費増大の理由とその問題点

　明治初期のアメリカにおいて、製茶が消費増大した理由について、1881年付在ニューヨーク領事報告「合衆國ニ於テ茶ノ需用増加スルノ原因」は、次のように分析した。

　「十四年中茶ノ需用高ノ前年ニ増加セシ原因ヲ稽査スルニ第一ニハ内地各州ノ茶商等ハ充分ノ舊茶ヲ所有セザリシヲ以テ新茶到着前後トモ各州ヨリノ需用殊ニ多カリキ即チ十三年ノ如ク舊茶各州ニ充満シ其售路ヲ得ルニ苦ムノ憂ヲ免レタル所以ナリ第二ニハ當國人民ノ増加ト數百萬ノ移住民合衆國ヘ渡米スルニヨリ茶モ亦タ食物需用ノ増加スルニ随ヒ年々其需用ノ増加スルハ自然ノ理ナリ加國中彌々平安ヲ保チ製造ハ年ヲ遂テ其盛大ヲ極メ随テ雇人ノ増加セシコト其幾何ナルヲ知ラス亦東方諸州ニ於テ農業ノ新歩モ前年比ニ非ラサルナリ此等ノ点ヨリシテモ茶需要ノ増加スルコト亦其疑ヲ容易レサナリ」[43]とあり、その年にアメリカ茶商が製茶の在庫を売り尽くしたことや、アメリカの人口自然増に加え、潜在的に製茶消費者になりうる移住民の増加などが、アメリカにおける製茶消費量の増大をもたらしたと分析されている。

　ただし、明治初期の日本茶は順調に輸出増大しているとはいえ、貿易体制に全く問題が存在しなかったというわけではなかった。その日本茶貿易の一進一退をもたらした貿易上の問題点は、1884年8月12日付在ニューヨーク総領事報告公信62号「日本製茶輸入増加ノ義報告」では次のように述べている。「第一需用國市場ノ實況ヲ度外視シ其如何ヲ見ルコトヲ為サズ第二米人嗜好ノ點ヲ詳ニセズ又需用ノ度ヲ量フズ妄ニ粗茶ヲ輸入ス第三常ニ商業ハ外人ニ依頼シ更ニ商權ヲ放抛スルモノ、如シ是従来我製茶商等ノ常ニ失敗ヲ免カレザル所以ニシテ」[44]。つまりアメリカ製茶市場調査の不足、アメリカ人の嗜好に適さない低品質の粗悪茶の製造、輸出自主権の放棄などが日本製茶輸出の問題点として指摘されている。

　同領事報告もまた日本茶貿易体制の問題点の解決手法について、「此三要件

ヲ棄却スルニ因ル故ニ當府ニ一ノ茶商店ヲ設ケ外ハ市場ノ景況ヲ探知シ内ハ全業者ト氣脈ヲ通スルニアリ是クノ如クンバ終ニ其利ヲ得決シテ不時ノ損害ヲ蒙ルガ如キ惨状ヲ免ルベシ」[45]（1884年8月12日　紐育）と、早急にニューヨークにおいて、茶商店を開き、対外的にアメリカ製茶市場の景況調査に従事すると同時に、対内的に日本茶業者たちの情報交換場所として機能させることが問題点解決の重要手段であると提案している。

3.「贋製茶輸入制禁条例」をめぐる製茶品質問題

　1883年5月10日付在ニューヨーク総領事報告である公信39号「輸出不正茶禁制ノ儀ニ付報告」には、1883年「贋製茶輸入制禁条例」が発布された後、アメリカに輸入された約一部（20万ポンド）の中国緑茶が、「人身ニ有害ノ不正茶」として認定されたため、発売することが禁じられたことが下記のように報じられている。なお、この20万ポンドの中国緑茶は、アメリカにおいて、最初に取り締まられた事例だと考えられる。この処分が行われたのは、「贋製茶輸入制禁条例」で明記されている製茶輸入港の税関ではなく、市場であることに着目する必要がある。「三月二日別紙横文ノ如キ禁令ヲ布告シ四月一日ヨリ実施相成候然ルニ四月十四日龍動ヨリ輸入ノ支那製緑茶二拾万磅ヲ本月四日当紐育ニ於テ"ポスドン、アンデ、ウイギン"ナル茶商カ競市場ニ持出セシヲ當府衛生局ニテ人身ニ有害ノ不正茶ト認メ悉皆右ノ茶ヲ發賣スルヲ禁シタリ」[46]。

　この報告のなかで言及されている「人身ニ有害ノ不正茶」とは、偽茶・粗悪茶（贋製茶）を指している。なぜなら、1883年4月24日付在サンフランシスコ領事報告「日支両國ヨリ米國ヘ輸入スル紅緑茶二種ノ茶葉偽製ノ件ニ付キ改良相成度旨上申」には、以下のように記されているためである。「近來日支両國ヨリ米國ヘ輸入スル紅緑茶二種之茶葉中ニハ偽製ノモノ多ク外貌ハ恰モ精製之光澤ヲ帶ヒ需用ニ適應スヘキ品位ヲ顯スモ其質ハ粗悪ナル古葉ヲ以テ新茶ニ贋製シ或廢物ニ属セシ古茶ヲ上茶之煎汁ニ浸シ香氣ヲ着ケ製煉薬ヲ以テ粉粧セシシテ恰モ新茶様之光澤ヲ帶シシテ輸入スルモノ往々十ノ七八ハ此偽製ニシテ就中緑茶ニ贋製最モ多カリシ斯ル贋製茶ヲ嗜飲スルハ健康上最モ大害アリコトヲ近頃化學家ノ鑑査スル所トナリ」[47]。すなわち明治初期のアメリカにおい

て偽茶・粗悪茶（贋製茶）に用いられた香料や製錬薬、おそらくは着色料が「人身ニ有害ノ不正茶」として認識されていたのである。

また、「輸出不正茶禁制ノ儀ニ付報告」（1883年5月10日　紐育）に話を戻すことにしよう。当時ニューヨーク駐在総領事高橋新吉は、外務大輔吉田清成に「輸出不正茶禁制ノ儀ニ付報告」を送り、アメリカにおいて発布された「贋製茶輸入制禁条例」の方針が着色や混ぜ物された茶の輸入禁止であることを以下のように伝えている。「此ノ有害物ヲ混合含有スルノ字句ニ因ルトキハ総テ當國ニ輸入スル緑茶ハ多少ベシンス等以テ色附ケシ滑石等ヲ混シテ其濕リ気ヲ除キタルモノニ非サルハナシ而して此混合物多少ノ經界ヲ區分シ其分量何程以上ヲ禁ズルナドノ定メハ実ニ難キ所ニシテ飲用ニ害ナキ限リハ通關セシムベシ因テ試驗鑑定ノ際茶葉ニ非ザル他ノ不正贋茶無論禁スベキモ色附ケノ分ハ其濃キハ有害ト見做シ薄キ分ハ差許シ不苦ル旨ニ内規ヲ決セシ由ニ御坐候就テハ以來我製茶人ハ十分ノ注意ヲ以テ不正茶ヲ輸出セザル様ナスベキハ不言及政府其筋ニ於テモ物産保護ノ為メ是等ニハ厳重ノ御取締相成候様冀望ノ至ニ堪ヘズ候」[48]（1883年5月10日　紐育）。高橋はアメリカ市場における日本茶の評価維持および向上のため、日本国内において製茶品質の取締を厳重にすべきと建言した。さらに高橋が報告の中で提示したのが、ふたりアメリカ茶商の日本茶の品質改良に関する下記の意見であった。「茶商ベービー曰……日本茶ハ此ノ際ヲ好機會ニ純粋ナル固有ノ緑茶ヲ精製シ輸出スルニ至ラハ以來ハ當國人モ色附ケヨリハ其方ヲ好ムニ至ルハ當然ニシテ大ニ人身ノ為メニモ善良ナル事ト信ス加フル……又茶商ゼンニング……一時ニ之ヲ改良セント欲スルハ實ニ難キノミナラス又一時ニ日本純粋ナル緑茶ヲ當國ニ輸送スルモ一般ノ需要一時ニ變スルモノニ非ラサルヲ以テ或ハ恐ル甚キ損失ヲ醸スニ至ラン事ヲ故ニ漸次需要ノ有様ニ従ヒ輸送スル方万全ノ策トス云々」[49]（1883年5月10日　紐育）つまり、ベービーの意見としては、日本が今後無着色緑茶を製造・輸出すべきであり、ゼンニングの意見としては、急激な脱着色茶を目指すのではなく、市場の動向を見ながら、需要に応じて品質の変化を目指すべきであるとされている[50]。

また明治初期のアメリカにおいて、低品質の輸入製茶である粉茶[51]と偽茶・粗悪茶の認識違いによる論争もみられた。1884年4月5日付在ニューヨーク

第3章　明治期製茶

総領事報告公信34号「粉茶輸入禁制ノ儀ニ付報告」では、低品質の輸入製茶である粉茶に対し、その輸入を規制しようとした法案が提出されたという下記の報告が記載されている。「此頃國會議員『ヒユヴキット』氏カ粉茶輸入禁制議案ヲ提出セシニ一般ノ製茶輸入商ニ於テ著シキ議論ヲ惹起セリ其畧ヲ聞クニ客歳不正茶輸入禁制ノ議ヲ決スルノ時ニ當リ頗ル禁制ノ議案ヲ維持スルコトニ熱心盡力セシ彼ノ當府製茶取引相場所ノ一員ナル『ヴキルリアム、マツグレゴール』氏ヲ始メントシ其他ノ重要ナル役員ハ何レモ此ノ粉茶輸入禁制案ニ向テハ全ク反對ノ意見ヲ執リ若シ此議案ヲシテ實行セシムルニ至ラハ輸入茶商ニハ大害ヲ興ヘ無用ノ損失ヲ蒙ラシムルモノナリト主張スル……。『マツグレゴール』曰ク粉茶ハ真正ナル茶ノ一部分ニシテ茶葉ヲ火取リ後仕上ケニカヽル際他ニ漏洩セシ所ノ粉葉ナリ然リ而シテ此粉葉ハ生葉ノ買主ニ屬スルモノナルカ故ニ若シ其輸入ヲ禁制スルトキハ買主ニ於テハ餘儀ナク其本地即チ日本若クハ支那ニ於テ僅々一磅ニ付三割三四仙ニ賣却セ去ルヲ得サルナリ若シ之レニ反シテ當國ニ輸入スルトキハ一磅ニ付十一仙内外即チ完全ナル茶ノ凡ソ三割三分ニ賣却スルヲ得ヘシ。人アリ或ハ問ハン粉茶アリトセンカ是レカ真贋良否ヲ鑑定スルハ他ノ贋製茶ニ比較スレハ最モ容易ナリトス故ニ若シ是等不正粉茶ヲ使用セシメサル様保護セント欲セハ別ニ新法律ヲ設ケサルモ彼ノ不正禁制ノ既定法律ニテ充分ナリトス是該案ヲ以テ無用有害ノモノトスル所以ナリ」[52]（1884年4月5日　紐育）。

　粉茶について製茶として認めるべきかどうか、アメリカ議会で議論が展開されていたのである。明治初期において、粗悪茶と粉茶の違いについての認識が、統一されていなかった。下等品に属する粉茶は、粗悪茶として認識され、輸入拒絶されることもあった。その認識の違いをめぐり、訴訟にまで発展したケースがあったのである。1885年の在サンフランシスコ領事報告公報第41号「桑港税關不正茶取押訴訟一件」に、輸入製茶の品質認識問題をめぐる訴訟という下記の記述がみられた。「近日當港合衆國巡廻裁判所ニ於テ判決セル訴訟事件ハ實ニ製茶輸入者ニ重大ノ關係ヲ有スル者ナリ右訴訟事件ハ『ユス、ユエ、ヂヨーンス』會社ヨリ當港税關長『ダブルユー、エッチ、シャース』氏ヲ相手取リ法庭ニ訴タル者ニシテ其要求ノ趣旨ハ即チ同會社ニ於テ客年八月二日清國ヨリ入港ノ風帆船『フランク、カービル』號ニ搭シ輸入セル製茶二百梱ノ代價ヲ

125

第 2 部　個別産業における食品衛生・品質問題

恢復センガ為メナリキ盖シ同會社ノ主張ニ據ルニ右製茶ハ烏龍茶ノ下等品シテ其荷造ハ一ニ同會社ノ差圖ニ従ヒタル者ナレバ決シテ千百八十三年三月二日布達ノ條例ニ違背シ抑留若クハ没収ノ處分ヲ受ク可キ者ニ非ズトノ考案ナリシ當港ノ製茶検査官ハ審査ノ末其通關ヲ拒ミタリ『ヂヨーンス』會社ハ之レニ服セズ控訴シタルニ遂中裁委員ノ判決ニ附スルコトトナリ『チフ、エル、カツスル、プロフエツソル、トーマス、プライス』及『エバンス』ノ三氏其撰ニ當レリ此等ノ委員ハ精細検査ノ後右製茶ハ所謂ル純正茶ノ下等品ニシテ茶枝及茶芽ヲ混交シ居レト全ク不正製ノ跡ナシ然シナガラ化學的ノ検査ヲ為シタルニ右製茶ノ煎出シ得ベキ物質ノ三割ヲ含蓄セザルコト明瞭ナリ云々ト裁決セリ…然ルニ税關長『シヤース』氏ハ尚ホ製茶ノ通關ヲ許サズ依テ『ヂヨーンス』會社ハ商品ノ通關ヲ拒マレシ以降ニ六ケ月ヲ經過シタルヲ以テ條例ノ明文ニ據リ毀壊サレシ者ト看做シ製茶代價要求ノ義ヲ出訴セリ即チ税關長ノ請求ニヨリ配審裁判ニ附セシ處ニ『ヂヨーンス』會社ヨリ要求セル金額九百三十六弗ヲ償還シ及ビ中裁委員ヨリ差出セル裁斷書ノ日附即チ千八百八十五年一月十七日以來本額ニ年六分ノ利子ヲ附スル云々ト審裁サレ原告ノ勝トハ成レリ」[53)]（1885 年　桑港）

　ヂヨーンス会社による輸入される予定の中国茶荷がサンフランシスコ税関長シヤースの判断で輸入拒絶されていた。その茶荷には、すでに「贋製茶輸入制禁條例」に基づき、3 人の中裁委員により「純正茶ノ下等品」として認定されたというものであった。まさに、アメリカにおいて製茶業者側と税関側の粗悪茶についての認識違いを反映したものと言えよう。この裁判の結果は、茶商側の認識を支持するものであり、サンフランシスコ税関長シヤースにヂヨーンス會社の茶荷代価および利子を支払うように命じるものであった。

　また、着色する手法を用いて、製造された偽茶・粗悪茶（贋製）を見分ける方法についても議論が展開された。1883 年 9 月 20 日付在ニューヨーク総領事報告公信 74 号「日本着色茶ノ義報告」の別紙「偽製茶」に着色する手法を用いて、製造された偽茶・粗悪茶（贋製茶）を見分ける方法について下記のように記されている。「『ドクトルダヴキス』[54)] 氏ハ茶ノ著色ニ用ユル物質ノ性ヲ發見セント欲シ先達テ紐育ニ於テ日本茶輸入ノ大會社ヨリ該料ノ見本タルヘキモノ数品ヲ求メ而シテ單純ナル粉末三包並ニ既ニ著色ニ用ヒタル混合粉二包ヲ舎密家ニ託シテ分拆ヲサシシテニ彼ノ單純ナル粉末ハ第一石膏ニシテ第二

滑石ナル事ヲ證明シタリ又第三深藍色ナル末粉是即チ有害物ナル群青ナリシ然ルニ分拆前ニ於テハ輸入者ハ之ヲ或ル一種ノ藍染物トシ其調整ハ日本人カ密カニナスモノナレハ得テ知ル可カラストモ雖トモ決シテ群青ニテハアラサルヘシト要言シタリシモ實際分拆上ノ試驗ヲ經ルニ至テハ此斯ノ虛構ハ忽チ消滅シタリ然リ而シテ該混合物ノ一ハ此有害物ナル群青百分ノ五ヲ有シ又他ノ一種ハ百分ノ十ヲ含ミタリト云是等ノ染粉ハ單ニ茶ニ淡綠色ヲ附與セル爲メニ用ユル所ノ物質ニシテ若シ是ヲ用ユルナクンハ決シテ此綠色ヲ得ハサルナル然ルニ買客多クハ該色ヲ以テ良茶ノ記號ト誤認セリ又爰ニ不問ニ措ク能ハサル肝要ノ件アリ以上記載シタル物質ヲ用ヒ再ヒ紐育ニ於テ輸入茶着色ノ製造所五軒アリテ不案内ナル買客等カ間々淡綠茶ヲ求メント欲シ常ニ僞造茶ヲ購買スルモノ多キカ爲此ノ着色ヲシテ茶ノ價格ヲ増進スルニ至ラシム亦惡茶ヲ上茶トナシ賣買スル一法アリ此ノ製法ニ於テハ一旦煎用シタル茶滓ヲ調製シ更ニ着色ヲ施シ充分乾燥セシ後市場ヘ輸送スルモノニシテ勿論茶葉ノ強味ハ消失セシト雖トモ充分ノ調製ヲ經タル後該茶ノ多量ヲ一目スルトキハ誠ニ愛スキ皮相ノ美ヲ表出セリ而シテ其僞造タルヤ化學上ノ分拆ヲ要スル非ラサレハ決シテ發見シ能ハサルモノナリ故ニ是等僞造茶ノ輸入アリテ分拆ノ後ニ退却セラシモノ尠カラス然ルニ亦尚巧ミナル狡黠手段アリ是レハ支那茶及日本ニ於テ實行スルモノニシテ單ニ製茶ノ比量ヲ増サン事ヲ目的トシ正葉ニ枯葉ヲ混合シ且ツ葉中ニハ沙石ヲ巻込ムモノアリ曾テ化學試驗塲ニ於テ半『セスト』（一『セスト』ハ凡五十六『ポント』ナリ）ノ茶ヲ試驗セシニ半『セスト』ノ量目ニ壹『ポント』半ノ比量ヲ増加スヘキ割合ニ葉中ニ巻加ヘタル沙礫ノ多量ヲ發見シタリ然シ此ノ手段ハ屢施スニアラス單ニ製茶ノ上等品ニ限レリトス該茶製造ニ用ユル枯葉或ハ煎返茶ノ割合ハ僞造茶百分ノ八十ヲ含有セリ亦是等ノ外ニ茶ニアラサル異種ノ葉ヲ用ヒテ僞造スルハ稀ニシテ尚銅或ハ『コロメート』鉛ヲ用ユルハ最モ稀有ノ事ナリ此斯僞製茶ノ手段ハ殆ント跡ヲ絶タントセリ」[55]（1883年5月10日　紐育）。

　前述のように、当時偽茶・粗悪茶（贋製茶）を製造する際には、発色を良く見せるために着色する手法が用いられていた。着色させることは、製茶の単価を上昇させることができなくても、粗悪茶を良茶と装い、販売することができる。たとえ、一度に飲用した茶滓でも、着色を施し、乾燥させた後、良茶として販売することができる。こうした着色手法で製造された偽茶・粗悪茶を見分

けるには、化学分析法を採用する必要性があると強調された。また、上等茶に枯葉や砂石などを茶葉に混入させ、製茶の重量を増すという偽茶・粗悪茶の製造手法も紹介されていた。上等茶以外の製茶を製造する際、枯葉、砂石のほか、ほかの植物の葉、銅、鉛なども用いられる場合がある。こうした異物を混入させる偽茶・粗悪茶の製造手法は、最も多く用いられるものであったという。

　しかしながら、偽茶・粗悪茶を見分ける際、逐一化学分析法が用いられたかというと、必ずしもそうではなかった。時代を下るが、1894年4月19日付在サンフランシスコ領事報告「合衆國内贋造茶輸入禁止後ニ關スル現況」に次のような記述がみられる。「當港ニ於テ製茶ノ純雜ヲ檢定スル試驗法ニ關シ檢査員ノ言ヲ聽クニ該試驗ハ之通常試檢及化學的試檢ノ二種ニ區別シ通常試檢トハ輸入茶ノ標品ヲ溫湯ニ浸漬シテ汁液ノ良否及茶葉中他物ノ混入ヲ檢視スルモノニシテ此試驗ヲ以テ滿足ノ結果ヲ呈スル製茶ハ更ニ之ヲ再檢スルヲ要セズ雖モ成績不良ナルトキハ更ニ化學的試檢ヲ施サヾルヲ得ズ其方法ハ茶葉ヲ乾燥シ之ヲ燒燼シテ灰質ノ多寡ヲ檢スルニ在リ燒燼後若シ七分半以上灰質ヲ留ムルトキハ之ヲ贋雜飲用ニ適セザルモノト視做シ條例ノ規定ヲ施行スルヲ以テ準則トナスト云フ」[56]（1894年4月19日　桑港）。つまりサンフランシスコにおいては、通常試験法と称し、主に監察官の経験を頼りに、茶の外観や茶の浸出液などで製茶の着色程度、混合物の多少などを判断し、輸入の可否を下していたという。そして上記検査によって、偽茶・粗悪茶の可能性があると判断された場合のみ、化学試験法が用いられる。その化学試験は、茶葉を乾燥してから焼却させ、残った灰質分量の多少を検査することである。もし、焼却した灰質が7分半残っていれば、その製茶が偽茶・粗悪茶だと認定されたのである。

　一方で、1883年8月16日付在サンフランシスコ領事報告公報10号「不正茶取押ノ件」に、茶輸入規則を無視する製茶輸入商が多かったという記述がみられる。「米國茶輸入規則實施以還桑港輸入商ハ上等品位ノ茶輸入スルコトニ注意ヲ爲セリ是ヲ以日本ヨリ輸入ノ茶ノ如キ其附色ノ多量ニモ關セス米國監察官之ヲ通關セシメタリ然レトモ輸入商中桑港税關ノ茶輸入規則ヲ殆ント胯骨視ニ至ルモノ往々アルニ傾行セリ」[57]（1883年8月16日　桑港）。つまり経験を頼りに行われる試験法の実効性には限界があり、不正を試みに茶商に対する抑止力として十分に機能していない部分も存在したというのであった。

4.「贋製茶輸入制禁条例」の日本茶にもたらした影響

　では、「贋製茶輸入制禁条例」の発布は、一体日本茶業にどういう影響を与えたのか。やや時代を下るが、1886年2月9日付在サンフランシスコ領事報告「明治十七八二年間桑港ヘ輸入セル日本製茶ノ比較」に次のような記述がみられる。「先年東洋地方ヨリ輸入ノ製茶ニ不正茶ノ多キカ故米政府之レカ輸入ヲ禁止スルノ法ヲ設ケ其為メ我國ヨリ輸入ノ分モ頓ニ其高ヲ減縮セリ其後我國ニ於テ茶業組合ヲ組織スル等専ラ正品改良ニ従事セシヨリ其効果空シカラズ我製茶ニ於テハ爾來輸入ノ製茶大ニ其品位ヲ進メ支那茶ノ如キハ客年中既ニ報道セシ如ク當港ニ於テ取押ノ處分ヲ受ケシ者モ之レアリシカ我製茶ニ於テハ曾テ斯ノ如キ事ナキノミナラズ日本茶ハ品質純良ナリ健康ニ可ナリトノ評ヲ受ケ即チ信ヲ當國人民ニ得ルニ至レリ隨テ之ヲ嗜好スルモノ日ヲ遂テ益多キヲ致シ」[58]（1886年2月9日　桑港）。少なくとも領事レベルの認識では、日本国内において茶業組合が組織されることをはじめ、茶業者たちの努力により、「贋製茶輸入制禁条例」の発布後、日本茶の品質が向上したと考えられているようである。なお、これに日本国内における外国人茶業者（外国茶商）の製茶品質改良努力も含まれているか否かについて、不明である。

　以上のように、明治初期の品質問題としては偽茶・粗悪茶（混ぜ物された茶）問題が中心的な課題であった。この問題が表面化したきっかけは「贋製茶輸入制禁条例」であった。アメリカ政府はこの法令を制定し、輸入製茶の品質を向上させようとしていたことが示される。しかしながら、1883年に発布された「贋製茶輸入制禁条例」自体は、問題を抱えていた。とりわけ、輸入される製茶の検査法について、その限界面が指摘されている。また偽茶・粗悪茶の販売は使用される化学物質による健康被害の問題と、商業上の不正の問題にわけられたが、いずれにせよ、着色の問題が中心となっていたことは、その後の経緯との関係で重要である。

三、1897年「粗悪不正茶輸入禁止条例」をめぐる領事報告

　本節では、主に明治30年代に米国に駐在していた報告者たちによる製茶貿易の景況に対する分析に着目し、報告者たちの製茶貿易への関心を明らかにす

る。

1. アメリカにおける製茶の流通

　1897年8月26日付在ニューヨーク総領事報告「米國製茶商業ニ関スル調査」に、アメリカにおいて製茶流通量を把握することが難しい理由が下記のように記されている。「製茶輸入商人ハ荷物ヲ輸入シタル後多クハ内地ノ得意先ニ直接ノ取引ヲナシ其注文ニ応シ之ヲ分配スル者ニシテ其分配地及輸送高ノ如キハ各商人ノ機密ニ属スルコト多キカ故ニ他ヨリ其数量価格等ヲ一々調査スルコトハ甚困難ナルノミナラス一度或地方ニ輸送シタル者ニシテ商況ノ都合ニヨリ他ノ地方ニ伝送セラルヽモノアリ従ヒテ精確ナル統計ヲ得ルコト能ハサレト」[59]。アメリカにおいて州境を超える製茶流通を取り締まることは難しく、流通量統計の集計さえままならなかった現状を物語っている。その当時のアメリカは、多くの州に州別の取締制度が存在するものの、連邦政府による統一的な食品衛生取締法が存在しなかった。そのため州境を超える食品流通を把握・取り締まることは困難であった。なお、1897年8月22日付在ニューヨーク総領事報告「紐育製茶商況」によると、日本製茶はアメリカ製茶市場の競売所で卸売される際、主に第一等「チョッイスト」第二等「チョイス」、第三等「ファイネスト」、第四等「ファイン」、第五等「グード・ミヂアム」、第六等「ミヂアム」に格付けられていた[60]。明治初期に第一等〜第七等に分けるような格付け方法と同様のものである。ただし、従来の第七等については、粗悪茶として認定されたため輸入が拒絶された。

2. アメリカにおける製茶消費減少の理由とその解決策

　1896年6月2日付タコマ領事報告「北米合衆國ニ製茶輸入ノ商況」は、アメリカにおける製茶の消費が減少した理由を次のように報告した。「二十四年間當合衆國ニ輸入シタル外國製茶ハ遂年其價格ノ下落ト共ニ品質モ亦卑劣ニ歸シタルノ傾キアレドモ小賣相場ハ毫モ其影響ヲ感ゼズ依然舊位ヲ保持セリ又合衆國人口ニ比例シ各人ノ消費高ハ減少示スニモ拘ラズ輸入總額ニ於テハ多額ノ増加ヲ見ルコト是レ全ク品質下落シテ最初ト同様ノ茶ヲ喫セントスルニ同一ノ分量ニテハ充分ナラザルヲ以テ一時ニ多量ヲ使用スルニ因ル。英國ニテハ従

第 3 章　明治期製茶

來粗製茶輸入拒絶ノ方針ヲ執リ劣等茶ニハ重税ヲ課シタルヲ以テ能ク不正及粗製ノ茶ヲ市場ヨリ駆逐セリ其結果トシテ各人ノ消費高殆ンド倍数ニ増進シ目下各人ノ消費高平均凡ソ六封度ニ上レリ故ニ粗製茶ノ當合衆國ニ輸入スルコトヲ杜絶セントスルニハ重税ヲ附加スルノ外良策ナカルベシト云フ」[61]（1896 年 6 月 2 日　タコマ）。上記報告はアメリカにおける、輸入製茶の価格が漸次に低落する一方で、品質も漸次に悪化していった傾向が指摘されている。たとえ、製茶の小売相場に影響を与えておらずとも、結果的にアメリカにおける一人当たりの製茶消費量は減少しており、アメリカで輸入製茶品質を向上させる（あるいは粗悪茶の輸入を杜絶する）には、イギリスに習い、輸入低品質製茶に対し、重税を課すことほか良策がなしという意見が紹介されている。

3．「粗悪不正茶輸入禁止条例」をめぐる製茶品質問題

　次に、アメリカにおける製茶の輸入基準である 16 種製茶各自の「標準茶」制定やそれぞれの判断基準に関わる議論が展開されている。1897 年 4 月 14 日付在タコマ領事報告「米國ヘ輸入スル外國茶ノ有害品標本議定委員会ノ議事」に、16 種製茶各自の「標準茶」制定やそれぞれの判断基準について、次のような記述がみられる。「本年三月二日合衆國議會ノ制定シタル不精有害茶輸入禁止條例ノ注意ニ基キ本年外國茶輸入時期ニ先チ豫メ輸入茶検査官ニ依テ以テ模本トナスヘキ標準茶ヲ確定シ併テ其検査ノ方法ヲ一定センカタメ合衆國大蔵卿ハ本業要區ノ各州ニ亘リ茶業ニ精通シタル者七名ヲ指名シテ其標準茶議定委員トナシ爾後續ク本件ニ付協議ヲ遂クル趣ナリ本件ハ我帝國茶業家ニ取リテ緊急須知ノ件ナル……本委員會ハ従來外國ヨリ輸入ニ掛ル各種ノ茶ヲ精査シ其輸入飲用ニ適シタルモノト認ムヘキ外國茶拾六種ヲ採リ之ヲ左ノ如ク列記シ又其内最下等茶ト認ムヘキモノ一二品ニ對シテ各々輸入拒絶ヲ斷行シ併セテ其輸入ノ際検査ノ方法ヲ視シテ曰ク」[62]（1897 年 4 月 14 日　タコマ）。上記報告はアメリカ議会が制定した「粗悪茶輸入禁止条例」に基づき、予め見本となる「標準茶」基準とその検査方法が確定されたことを報告している。その方法は、大蔵卿の指名により 7 人の茶業者[63]を標準茶議定委員として選定し、外国より輸入した 16 種類の外国製茶の内から、各種別最下等茶を 1 ～ 2 品を輸入拒絶の対象として選定した。この評価方法は、ある程度相対評価であり、贋製茶の

基準を明らかにして、排除するよりも、相対的に等級の低い製茶を排除することが結果として、贋製茶を排除することに繋がるというものであった。なお、1897年「粗悪不正茶輸入禁止条例」の発布は、1883年「贋製茶輸入制禁条例」と同じく、あくまでも偽茶・粗悪茶（混ぜ茶）の禁止が目的であり、着色茶を本格的に取り締まる条例は1911年「粗悪不正茶輸入ニ関スル増補細則」の発布（1897年「粗悪不正茶輸入禁止条例」の追加条例）を待たなければならなかった。

同報告のなかで、16種類別の検査方法も言及されていた。本書の目的に沿い、品質問題が生じたとされる日本茶・中国茶の検査方法をみてみよう。

「No.8　Pingsuey green tea.（引用者注：平水緑茶）

外看優美ナル事他茶ノ比ニ非ス故ニ之ヲ検査スルニハ特別ノ方法ヲ設ケ其汁液及茶糟ヲ検査スル事ヲ要スル

一見シテ塵埃少ク其製造方稍精巧ナルヲ以テ啻外形ヲ一験シタルノミニテハ実際茶ノ鈍分ノ善悪ヲ知ル事能ハズ故ニ検査ノ際ハ茶壺ニ投シ一飲シテ純分ヲ験シ併セテ茶壺中ニ溶解セル茶糟ヲモ詮シ以テ優劣適否を定ムベシト云フ事ナルヘシ

No.11　Japan tea, Pan fired.（引用者注：日本釜焙茶）・No.12　Japan tea sun dried.（引用者注：日本無着色茶、本色茶）・No.13　Japan tea, busked fired.（引用者注：日本籠焙茶）

第十一、十二、十三号ノ参種ニ付キテハ塵埃及糟ノ混合物ニ最注意シ一定ノ分量ニ超過スルヲ事許サズ尤モ其分量ハ追テ之ヲ定ム

No.14　Japan tea, dust or fannings.（引用者注：日本粉茶）・No.15　Scented orange Pekoe.（引用者注：センテッド・オレンヂ＝白毫）・No.16　Capers.（引用者注：ケーバース＝薫香珠茶）

上文三種の茶ニ付キテハ其製茶ノ形容及乾葉ノ色合如何ニ依テ注意ノ検査ヲ要スルハ勿論ナレトモ其汁液及茶糟ヲ検スル事更ニ必要ナリ

幹曰ク是モ亦茶壺ニ投シ一飲シテ其茶味ヲ験シ然ル後チ茶壺ニ残遣スル茶糟ノ状體如何ヲ験スル事ヲ云フ」[64]（1897年4月14日　タコマ）

以上、日本茶と中国茶の取締基準に絞ってみると、製茶の品質を判断する際、外観による判断だけではなく、試飲して、茶糟の状態をあわせて判断する必要

性が強調されている。

　また、ニューヨーク総領事館から、「粗悪不正茶輸入禁止条例」が発布された理由とその影響について、日本国内に報告が送られている。1897年9月14日付在ニューヨーク総領事報告「米國粗製茶輸入禁止法實施後ノ状況」に、トマス・エー・フエラン標準見本設定委員長の発言が次のように紹介されている。「當國ニ輸入スル製茶ハ近年益粗製品ヲ増加スルノ傾向アリシ為メ漸次飲用者ヲ減少シ…其粗悪ナルコト殆ト雑草ト異ナラス其内最モ多キハ平水緑茶及廈門紅茶ニシテ日本茶、工夫茶ニモ亦極メテ粗悪ナルモノアリタリ然ルニ如此粗悪品ハ過般ノ禁止法ニヨリ一切輸入ヲ禁セラレタルカ茲ニ著シキ事實ハ此禁止ノ一般製茶ノ価格ニ騰貴ヲ見サリシコトナリ……」[65]（1897年9月14日紐育）。アメリカにおいて、「粗悪不正茶輸入禁止条例」が発布された理由の一つは、輸入される製茶の品質が粗悪であることとされている。特に、中国の平水緑茶・廈門紅茶・工夫茶、日本茶の品質低下が著しく、雑草と変わらないとまで酷評されていた。1897年8月26日付在ニューヨーク総領事報告「米國製茶商業ニ関スル調査」に、アメリカにおける粗製茶輸入禁止法の影響について、次のように記されている。「茶ノ消費高ノ少量ナルハ種々ノ理由アルヘトシ雖モ從來輸入セル製茶ノ中テハ品質ノ粗悪ナル者頗ル多ク甚シキニ至リテハ健康上有害ナルモノアルカ為メ消費者ノ嫌悪ヲ招キタルコト亦其一源因ナリト云ハサルヘカラス。本法ニシテ着々實行セラレ不良茶ノ輸入跡ヲ絶ツニ至ラハ独リ消費額ヲ減セサルノミナラス却テ之ヲ増加スルニ至ルヘシトハ當業者一般ノ信シテ疑ハサル所ナリ」[66]（1897年8月26日　紐育）。製茶品質の劣悪が、人体に害を及ぼす恐れがある水準まで達し、消費者の製茶離れをもたらしたことを指摘されている。そのため、同法より、製茶の品質を向上させることによって、アメリカにおける製茶消費高を増加させる効果が期待されている。

　しかし、同法令において、製茶の「粉末」と「細葉」の認識まで明記したわけではなかった。1897年9月14日付在ニューヨーク総領事報告「粗悪茶輸入禁止條例實施ノ結果」によると、「印度錫蘭茶モ亦過分ノ粉末ヲ含有シ居ル為メ輸入ヲ拒絶セラレシ向モアリタルカ其輸入商ニ於テハ細葉ヲ以テ粉末ト同一視スヘキモノニ非ストシ其筋ニ上訴セリ然ルニ鑑定委員會ハ檢査官ト標準見本撰定委員ヲシテ協議會ヲ開キ之ヲ議セシシテタルニ結局細葉ハ必スシモ粉末

ト認ムヘキモノニ非ストシ公平ニ落着ヲ告ケタリ」[67]（1897年9月14日　紐育）とあり、印度錫蘭茶の輸入商の上訴を受け、検査官と標準見本撰定委員が協議会を開き、「粉末」と「細葉」を同一視すべきではないという結論に至ったのである。

　さらに、新たに日本領事館が置かれたタコマからも、製茶輸入検査に関する報告が日本国内に送られている。1897年5月19日付在タコマ領事報告である「タコマ港ニ輸入茶驗査役設置ノ件」に、タコマに輸入製茶検査官が置かれたという報告がみられた。「シカコニ於テ受クヘキ驗査ヲ海港場タルタコマニ於テ受クルコトトセハ大平洋沿岸ニ配分スヘキ茶ハ幾分カ迅速ニ各地買主ノ手ニ達スルノ利アルカ如シ又日本製茶家ニ於テハ該驗査役ノ有無ニ拘ラス曾テ報告シタルカ如キ標準茶ノ規則ニ基キ成ルヘク善良ノ茶ヲ製出スルコトヲ勤シテハ此驗査一條ニハ左マテ利害ヲ感セサルヘシ只茲ニ迷惑スヘキ一事ハ今後合衆國上院ヨリ提出シタル新關税法案中當分ノ内輸入外國茶ニ對シ毎封度ノ量ニ拾仙ノ輸入税ヲ課スル一條ナリ慄思セサルヘカラス」[68]（1897年5月19日　タコマ）。これはタコマ港に輸入製茶検査官が置かれたことで、従来からシカゴで行われていた輸入製茶検査が、タコマで行われるようになった。これによって、太平洋沿岸から輸入される製茶は、より早く買主の手元に届けられることになる。なお、日本茶業者にとって、タコマ港に輸入製茶検査官が置かれたことに対し、過剰に懸念する必要はなく、むしろ「標準茶」基準をクリアした良茶を製造輸出することで対応すればよい。むしろ、アメリカ上院で提出された輸入製茶課税案が日本茶業に与える影響を心配すべきであると指摘している。

　しかしながら、「粗悪不正茶輸入禁止条例」には、問題点が存在していた。1897年10月7日付在タコマ領事報告「タコマ港輸入茶拒絶ニ關スル報告」に、その問題点の一つとみなせる下記の記述が存在する。「從來タコマ桑港紐育及シカゴ駐剳スル輸入茶検査役ハ一定ノ標準茶ヲ目安トシテ輸入茶ノ適否ヲ設定スル筈ナルニ兎角其意見劃一ナラス一檢査役ノ拒絶シタル製茶モ之ヲ他ノ一港ニ移セハ故障ナク入國スルヲ得ルカ……近來當港駐在ノ輸入茶檢査役ノ如キハ兎角其檢査ノ結果ヲ秘密ニスルノ傾アリ本年九月十四日當タコマ港ニ來着シタル北太平洋汽船會社『タコマ』號輸入茶如キ日本及清國ヨリ輸入シタル者ノ内拒絶茶一千七百四十二箱ノ多キニ及ヘリ内清國上海ヨリ輸送シタルモノ一千〇

第 3 章　明治期製茶

四十二箱日本横濱送リ五十箱神戸送リ六百四十二箱シテ……」[69]（1897 年 10月 7 日　タコマ）。つまりタコマ、サンフランシスコ、ニューヨーク及シカゴに駐在する輸入茶検査役は、統一した標準茶の目安を設定していないため、たとえいずれの港で輸入拒絶されても、ほかの港で問題なく輸入許可される可能性があった。ただし、当時のタコマ港において、製茶検査官は、輸入製茶の検査結果を公示しないという傾向がみられている。それゆえ、当年（1897 年）9 月 14 日に、タコマに入港した「タコマ」号の 1742 箱茶荷が輸入拒絶された。その内訳を見てみると、そのおよそ 6 割が中国茶（上海より）であり、残り 4割が日本茶（横浜、神戸より）であった。ただし、上記の 1742 箱茶荷は、タコマ港において輸入拒絶されたとしても、ほかの製茶輸入港に移し、輸入許可される可能性が残されているのである。

　さらに、輸入拒絶された製茶のその後の処置も、「粗悪不正茶輸入禁止条例」の問題点として、数えられる。1899 年 4 月 3 日付在サンフランシスコ領事報告「桑港製茶輸入禁止」によれば、「當國ニ於テ不正及劣等茶輸入禁止ノ法律ヲ發布施行セシヲ以來紐育、シカゴ、桑港等ノ諸港市ニ於テハ特ニ輸入茶検査官ニアリテ該品ノ鑑定識別ニ従事セルコトナルカ今當港ニ於ケル茶検査官ツーヘーノ語ル所ニ據レハ昨年明治三十一年中當港ニ於テ検査シタル製茶の数量ハ九百七十二万八千七百七十一封度ニシテ其内法規ニ適合セスシテ禁止セラレタル分十七万三千三百八十四封度アリ而シテ是等ハ殆ント皆清國茶ニシテ當港ニテ禁止セラレタル後多クハ墨西哥及中部亞米利加諸邦ニ向ケ再輸出セラレ其輸入後六ヶ月以内ニ再輸出セラレスシテ法規ニ由リ焼棄セラレタルモノハ僅カニ金額ノ約五分ニ過キスト云フ」[70]（1899 年 4 月 3 日　桑港）と、1899 年にサンフランシスコ港において、輸入拒絶された製茶の大部分がメキシコ及中部アメリカ諸邦に再輸出され、売りさばかれたと記されている。最終的に、実際に法律に基づき焼却された粗悪茶はわずか金額の五分（5％）にすぎなかった。おそらく、アメリカにおいて、ほかの製茶輸入港も輸入拒絶された製茶の大半を諸外国に再輸出することで、「粗悪不正茶輸入禁止条例」の取締りから通り抜けようと推測できよう。

第 2 部　個別産業における食品衛生・品質問題

4.「粗悪不正茶輸入禁止条例」の日本茶にもたらした影響

　しかしながら、上記のような問題点があったとはいえ、「粗悪不正茶輸入禁止条例」の取締効果がほとんどなかったと性急に結論づけるべきではない。1897年9月14日付在ニューヨーク総領事報告「米國粗製茶輸入禁止法実施後ノ状況」に、ニューヨーク、シカゴ、サンフランシスコ、タコマに輸入製茶検査官が置かれたことが下記のように報道された。「該法律ハ五月一日ヲ以テ實施セラレ紐育市高俄桑港タコマノ四港ニハ検査官ヲ置キ以テ之ヲ勵行セシカ」[71]（1897年9月14日　紐育）。

　ニューヨーク、シカゴ、サンフランシスコ、タコマに輸入製茶検査官が置かれ、輸入製茶検査が行われるようになったことは、アメリカにおける、輸入製茶品質の取締範囲の拡大を意味することにほかならなかった。1883年時点で、ニューヨークのみ輸入製茶検査官が置かれていた。主にアメリカの東部を中心に、偽茶・粗悪茶の輸入を取り締まっていたことを意味する。1897年の「粗悪不正茶輸入禁止条例」の発布を機に、従来のニューヨークに加え、シカゴ、サンフランシスコ、タコマにも輸入製茶検査官が置かれるようになった。アメリカにおける輸入製茶品質の取締範囲は、従来の東部中心から、次第に西部まで広がり、アメリカ全土にその影響を及ぼしたのである。

　以上のように、アメリカからの報告の取り上げ報告が多様化する一方で、「領事報告」における製茶関連報告には他にも指摘すべき特徴が現れはじめていた。それは製茶に関する報告の絶対数が減少する傾向を見せていたことである。これは、明治期日本の重要輸出品目から製茶の順位が低下したことに由来する。茶業地位の低下につれ、政府（農商務省・外務省）の調査活動とその対応は消極的になりがちとなった。報告においても、明治初期に比べ、製茶を取り上げる報告の数が減少傾向にあり、報告者たちの製茶貿易に対する関心も低下する傾向がみられたのである。

第 3 章　明治期製茶

四、1911 年「粗悪不正茶輸入ニ関スル増補細則」をめぐる領事報告・組合報告

　ここでは、主に明治 40 年代に米国に駐在していた報告者たちが製茶貿易の景況に対する分析に着目し、報告者たちの製茶貿易への関心を明らかにしたい。

1. アメリカにおけるカナダ経由の下等茶輸入の増加

　1909 年付第 28 号時事「製茶ニ關スル紐育『ジャーナル、オブ、コムマース』記事摘譯（千九百九年四月一日所載）」には下記のような記事がみられる。「『バッファロー』、『ラウズポイント』、『シャーロット』等加奈陀ニ面スル米國輸入港ヨリ多クノ製茶見本當地仲買店ニ到着セリ之レ多量ノ製茶カ加奈陀ヨリ米國ヘ轉輸セラレツヽアルヲ確證スルモノナリ然レトモ輸入茶ハ見本檢査ノ上其茶味及純精ノ度ニ於テ特設製茶檢査官規定ノ標準ニ適合スルモノト認メラルヽニ非サレハ通關ヲ許サレサルモノトス。製茶檢査官ハ紐育、『シカゴ』、桑港、『シアトル』其他ノ税關所在地ニ駐在スルモ彼ノ豫算委員會ニ於テ製茶課税案ヲ可決セル旨ヲ公示シタル以來製茶檢査官ハ加奈陀方面ヨリ輸送セラレタル見本ノ檢査ニ多忙ヲ極メタリ今日迄知リ得タル所ニテハ標準茶以下ト認メラレ通關ヲ拒絶セラレタル分ハ多量ニナラスト雖モ檢査官ヲ厳重ニナシ標準製茶規則ヲ勵行シツヽアリ加奈陀茶輸入者カ其持荷ヲ米國ニ轉輸スルニ當リ損益ニ關シ充分ナル考慮ヲ費シツヽアリヤ否ヤ茶商界ノ一疑問ナリ然ルニ一茶商ハ曰ク加奈陀ヨリ輸入シ來ル製茶ニシテ其上等タルト下等タルトヲ論セス米國市場ニ溢ルヽ危險ナシ如何トナレハ加奈陀ニ於ケル茶ノ有高ハ當地ニ於ケル有高ニ比シ敢テ多量ニ非サレハナリ製茶課税案ニシテ通過スル曉ニハ加奈陀ニ於ケル通常ノ價格ヲ以テ購入セラレタル茶ハ當地ニ於テハ頗ル利益ヲ博スルニ至ルヘシ」[72]（1909 年時事）。上記事の主旨はアメリカにおけるカナダ経由の下等茶輸入の増加がみられた点にある。その原因は、1909 年に、上院議員ティールマンが提出した 10 セント茶税案にあった。もしも、同案が通過されれば、カナダ経由で下等茶を輸入しても、アメリカ茶商は十分に利益を得ることができる。幸いに、1909 年 6 月 29 日に採決が行われ、55 票対 18 票で製茶課税案は否決された。さらに、7 月 3 日に上院全院委員会は製茶とコーヒーを輸入課税

137

対象から除外し、非課税品目に編入した。以後製茶に対する課税問題の再燃という懸念はなくなった[73]。

2. アメリカにおける着色茶輸入禁止をめぐる意見対立

アメリカにおける着色茶輸入禁止の原因について、1911年10月6日付在ニューヨーク総領事報告「紐育ニ於ケル着色茶輸入禁止ノ実際問題」は、以下のように述べている。「着色茶輸入禁止問題ハ當國ニ於テ先年醇良薬品及食糧品法制定以來ノ宿題ナリシカ殊ニ昨年本問ニ對スル是否ノ論争一層緊切ヲ加ヘ營業者間ニアリテモ其意見區々ニシテ久シク歸一スル處ナカシリト本年着色料ヲ包含スルコト少ナキ籠焙茶ヲ多量ニ取扱ヒ來リタル當國西部（シカゴヲ含ム）ノ茶業者ハ概シテ輸入禁止ノ説ニ左袒シ本春二月千八百九十七年ノ不純不健康茶輸入禁止ニ據リ大蔵大臣カ茶業精通家七名ヲ選任 Board of Tea Experts ヲ召集シ本年度輸入茶ノ標準ヲ定ムルニ方リ該委員中紐育委員ハ之レニ對シ異論ヲ呈シタリシニ拘ハラス該委員會ノ意見トシテ本色茶ヲ以テ輸入茶検査標準ノ一トシ該方針ノ下ニ見本茶ヲ設定シ大蔵大臣ニ提供シ大蔵大臣ハ之レヲ採用スシ本年三月一日ヲ以テ制定發布シタル本年度輸入茶検査規則中ニ明白ニ當國ヘ輸入ヲ許容スヘキ製茶ハ全然着色料若クハ其他ノ外物ヲ包含セサルモノナラサル可カラサルコトヲ規定シ該命令ノ精神カ本色茶以外ノモノ、輸入ヲ厳禁スルニアル……」[74]（1911年10月6日　紐育）。

アメリカ市場では着色茶輸入禁止問題が1906年に製定された「優良食料品条例」[75]以来の懸案であり、製茶を同条例の対象として、従来の「粗製不正茶輸入禁止条例」（1897年）とともに併用することで、より一層粗悪茶の輸入取締りを図ろうとする考えが存在した。着色茶に対する認識をめぐり、アメリカ茶商の間においては、意見対立が存在した。取締りによる品質向上を期待する意見と、着色茶禁止による売上減少を懸念する意見の間の対立であった。ただし、当時すでに、従来から多少着色を施されている籠焙茶を扱ってきた西部地区茶商たちは、着色茶輸入禁止という傾向に傾いていた。

3.「粗悪不正茶輸入ニ関スル増補細則」をめぐる製茶品質問題

1911年2月13日付シカゴ領事報告「北米合衆國茶業委員会の輸入標準ニ

関スル決定」では、1911年5月1日より「粗悪不正茶輸入ニ関スル増補細則」が施行される前に、次のような動向が確認できる。「製茶着色問題ニ就テハ昨年十一月中紐育ニ於テ大蔵、農商務兩省所屬ノ専門家トボード、オブ、チー、エキスパーツ及チー、エキザミナーノ代表者トノ間ニ非公式會合ヲ開催シ着色茶ニ對シテハ生産地輸出ノ際領事証明ノ送状ニ人工着色茶ト明記シ尚其容器ニモ同様ニ表記スヘキ規定ヲ設クヘキ旨ヲ決議シタル」[76]（1911年2月13日シカコ）。これは前年（1910年）11月に、ニューヨークにおける大蔵、農商務省両省所属の専門家の間で非公式会議が開催され、着色茶に対し、生産地輸出の際に領事証明の送状に人工着色茶と明記し、なおかつ容器にも表記すべきという規定が決議されたものである。

また同報告には、着色茶輸入禁止に関する世論が下記のようにまとめられている。「着色茶輸入禁止ノ為メ最モ多ク打撃ヲ蒙ルモノハ東部地方ナルヘク中西部並西部地方ニ於テハ前述ノ如ク從来既ニ殆ド無色ニ等シキモノヲ飲用シ來リシヲ以テ今俄ニ着色ヲ廃止スルトモ當地方ニ取リテハ差シタル影響ヲ來スカ如キコトナカルヘシ而シテ右着色茶輸入ノ禁止カ當國ニ於ケル本邦茶一般ノ上ニ關シ當業者ノ語ル所ヲ聞クニ人々ニヨリ而モ其意見ヲ異ニセリト雖大要左ノ三説ニ歸スルモノ、如シ

一　日本茶ハ支那茶、錫蘭茶ニ對シ比較的高値ナルカ為近年賣行捗々シカラサルニ今後着色廃止セサルヘカラサルコト、ナリ而カモ從来輸入セルモノト同一ノ外観及形状ヲ備フルモノヲ輸入セントセハ自然上等品ヲ輸入セサルヘカラサルヲ以テ勢ヒ相場ノ高値ヲ免カレサルヘク従テ其賣行益、困難ナルヘシ

二　從来顧客ノ慣用セル日本茶ニ急激ナル改良ヲ加フルトキハ顧客中ニハ或ハ着色茶ヲ以テ日本茶ト信シ無色ノモノハ日本茶ニアラストナスモノモアルヘク又着色茶ハ同一品質ノ無色茶ニ比スルニ其外観、形状等著シク劣悪ナルヲ以テ從来ノモノヨリモ下等品ノ如クニ思惟セラル、等ノ為メ日本茶ノ販路ニ尠ナカラサル打撃ヲ來スヘシ

三　前記第二ノ理由ニヨリ一時多少ノ減少ヲ免カレサルヘキモ日本茶近年ノ不振ハ主トシテ品質ノ下降ニ因ルモノナレハ當國輸入茶ヲ絶對無色トナストキハ自然上等品ノ輸入ヲ促シ顧客モ遂ニハ其真價ヲ認メ之レヲ歡迎スルニ至ルヘキヲ以テ着色ノ廃止ハ日本茶販路擴張ノ為メ却テ好結果ヲ來スヘシト」[77]

第2部　個別産業における食品衛生・品質問題

(1911年2月13日　シカゴ)。つまり着色茶輸入禁止により、アメリカの東部地方がもっとも影響を蒙ることになることが指摘され、また着色茶輸入禁止に関しては、①製茶価格の上昇、②日本茶販路への打撃および、③無色茶[78)]販路拡張可能性という3つの論点が存在することが示されている。

またシカゴ領事館から着色茶輸入禁止に関する報告がまとめられていた。1911年3月20日付在シカゴ領事報告「市俄古地方ニ於ケル日本茶ノ取引近況」には以下のような記載がある。「當地方ニ於ケル製茶小賣商等ハ五月一日即チ新規則ノ實施後ニ輸入セラルヘキ無色茶ト從來使用セル製茶トハ其形體若シクハ水色ニ於テ必スヤ多少相異アルヘキヲ豫想シ若シ其相異著シキトキハ舊茶ハ一見其舊タルコトヲ識別シ得ルコトヽナリ自然其販路ヲ失フヘキコト明ナルヲ以テ現ニ手持品ヲ有スルモノハ新茶ノ入荷迄ニ之レヲ賣盡サント努メ居リ又仕入ヲ要スルモノニアリテモ成ルヘキ新荷ノ到着迄ニ賣捌キ得ル丈ノ數量ニ止メ居ル等何レモ新規則實施以前ニ輸入セラレタル製茶ト以後ニ輸入セラルヘキ無色茶トノ相異ヲ氣遣ヒ買控ヘノ氣味アリ又註文品ニ有リテハ當地輸入商ハ例年二三月ノ頃ハ各地方卸商ヨリ續々註文ヲ引受クル時節ナルニ本年ハ是亦小賣商等ニ於テ前記新茶ト舊茶トノ品質ノ相異ヲ恐レ若シ其相異甚シキトキハ新茶ハ從來日本茶ヲ慣用セル顧客ノ趣向ニ適セサルヨリ自然其販路ニ影響ヲ來スヘキヲ慮リ初荷ノ到着ヲ俟チ其形體、外觀、水色等ヲ實地吟味シタル上ニテ註文ヲ發シ若クハ當地ニテ見越輸入品ヲ購入スルノ安全ナルニ若カストナシ卸商ニ對シ註文ヲ見合セ居ルモノ少ナカラス從テ卸商モ輸入商ニ對シ自然其註文ヲ差控ヘ居ル等之レヲ要スルニ目下當地方ニ於ケル茶況ハ例年ニ比シ著沈静ヲ呈シ現物並ニ註文トモ捗々シキ商談ヲ見サル模様ナリ。思フニ着色茶輸入ノ禁止ハ當地方ノ如キ從來ニ於テモ殆ト無色ニ近キ所謂無色釜製茶ヲ好愛セル地方ニアリテハ差シタル影響ヲ來スカ如キコトナカルヘシ尤モ五月一日以後ニ輸入セラルヘキ絶體無色茶ノ外觀又ハ水色カ從來使用セル無色釜製茶ニ比シ幾分ノ相異ヲ呈スルカ如キコトアラハ當地方ノ顧客カ絶體無色茶ノ趣味ニ慣ルヽ迄一二年間ハ蓋シ多少ノ影響ヲ免レサルヘシ」[79)]（1911年3月20日　シカゴ）。

上記報告が示すところによれば、アメリカ中西部地方において、製茶小売商は新規則の施行により、新たな「絶體無色茶」と従来の「無色釜製茶」の製茶品質の相違（形状、水色）を憂い、製茶の買入を控える傾向がみられた。同時に、

新茶が入荷されるまでは、在庫の旧茶を売り尽くすことに専念している。また、製茶卸商も製茶品質の相違（形状、水色）を憂い、輸入商への製茶買入注文を控えていた模様である。総じて、同年のアメリカ中西部地方における製茶取引が一時的に不活発化したことが示されている。山崎馨一領事は、アメリカ中西部地方の人々が無色茶を飲み慣れるまでは、多少とも影響を受けるだろうという予見を示している。同様に、1911年5月18日付在ニューヨーク総領事電報「紐育新茶商況」にも、次のようにある。「本日茶新茶初見本ニ對スル當業者ノ評ヲ総合スレハ無着色ノ為形状ハ例年ニ劣ルニ相違ナキモ豫想ノ如クニハ惡シカラス而シテ水色香味共ニ大ニ宜シト云フニ歸ス但シ相場未タ一定セス氣迷ノ姿ニテ買註文鈍シ」。ニューヨークにおいて、シカゴと同じ理由で茶商が買入注文を控えたため、製茶相場が低迷に陥る状況が日本国内に伝えられている。

さらに、1911年10月6日付在ニューヨーク総領事報告「紐育ニ於ケル着色茶輸入禁止ノ実際問題」において、アメリカ向け中国緑茶を取り扱う茶業者たちの、「粗悪不正茶輸入ニ関スル増補細則」への対応についても、報じられている。「在清國外商ノ米國向製茶輸出ニ從事スルモノモ亦大ニ當惑ヲ感シタルヲ以テ是等利害關係者ハ相合同シテ本年度製茶檢査規則着色物料ニ關スル分ノ厲行ヲ一ケ年間延期センコトヲ書策シ當國政府ニ向ツテ運動スル處アリシト雖之レト利害ヲ異ニスル者ハ自然該運動ニ反對シ之レニ對抗シテ均シク政府ニ警告ヲ與ヘ互ニ相鬪爭シツヽアリシカ……」[80)]。以上のようにアメリカ向け中国緑茶を取り扱う茶業者たちは、1年期限つきの法令施行の先送りをするように、請願運動を画策していたようである。

またここでもアメリカ固有の制度上の問題が発生している。「……各地税關ニ於ケル檢査ノ模樣區々ニ亘リ混亂甚シク營業者ハ其趨向スル所ヲ失ヒ更ニ一段ノ紛糾ヲ加ヘ本問ハ一支那製茶問題タルニ止マラス終ニ茶業界全部ノ利害ニ關スル一大問題ト推移リ其解決ニ一層ノ困難ヲ加ヘタリ茲ニ於テ米國當局ハ採用スヘキ着色料檢査法ヲ大ニ寛大ニシテ現ニ各港ニ抑留セラルヽ凡テノ茶ノ通過ニ便ナラシムヘシト唱フルモノナキニ非ラサリシカ……」[81)]（1911年10月6日　紐育）。つまりアメリカ各製茶輸入港において、検査方法が統一されていなかったため、茶業者たちに混乱を与えているというのである。これは、中

国茶に限った問題ではなく、茶業界全体の利益に関わる問題であり、そのため、着色茶輸入検査法を寛大にし、各製茶輸入港で抑留されている製茶を輸入許可する以外解決方法がなかろうと唱えられている。

　しかし、この画策は、効果がみられることがなかった。1911年付第55号附録「着色茶輸入禁止法令改正ノ希望ニ對スル反對意見」に、マックヴェー財務長官は、1年期限つきの法令施行の先送りの請願を退け、着色茶の輸入取締を厳重すべきという意向を表明した。「米國大蔵大臣マツクヴェー氏ハ着色茶ノ輸入ヲ許容スヘキ様法令ヲ改正スヘシトノ要求断然退ケタリト云フ右ノ如キ要求ヲナシタルハ米國西部地方ノ製茶取引者ニシテ彼等ハ着色茶輸入禁止問題起リタル以前ニ於テハ熱心ナル禁止賛成論者ニシテ近キ将来ニ於テ無色茶ヲ供給スヘシト揚言シタルニモ拘ハラス製茶ヲ得意先ニ供給スルヲ得スシテ苦心ツヽアルモノ、如シ是レ全ク支那製茶業者カ米國ノ新法令ニ遵ヒテ無着茶ヲ製造セサリシニ因ラスンハアラス目下ノ情況ニヨリ察スルトキハ支那ハ容易ニ無色茶ヲ製造スルニ至ラサルヘシ」[82]（1911年付第55号附録）。

　上記マックヴェー財務長官の陳述によると、アメリカの西部茶業者は、着色茶輸入禁止問題が提起される以前に、着色茶の輸入を禁止すべきという態度を示していた。将来的に無色茶を供給すると公言したにもかかわらず、彼らは、アメリカ国内の取引先に無色茶を供給することを行わなかった。中国製茶業者がアメリカの新法令の影響を楽観視し、無色茶を製造しようとしなかったからである。現況を判断すると、中国茶業者は無色茶製造にシフトさせることがないだろうと述べられていた。つまり、1911年以前に、アメリカの西部茶業者から中国茶業者に対して、無色茶を製造・輸出するよう要望が提示されていたにもかかわらず、中国茶業者は無色茶を製造・輸出しようとしなかったのである。たとえ、この法令施行を先送りしたところで、中国茶業者が無色茶製造にシフトすることがないと判断されたのであろう。

　しかしながら、輸入製茶検査法をめぐり、アメリカ財務省とその所轄である鑑定局の間で、その検査法についての意見対立も見られた。1913年3月5日発行された「米國ニ於ケルリード式檢茶法施行ノ經過」[83]においては、以下のように、アメリカ各製茶輸入港で、輸入製茶検査法の統一をめぐって、アメリ

カ財務省とその所轄である鑑定局の間で、その検査法についての意見対立がしめされている。以下少し長いが史料を引用する。

　北米合衆國大蔵大臣カリード式輸入茶検査法施行令ヲ發セシ為メ鑑定局ト該大臣トノ間ニ見解ヲ異ニシ確執ヲ生セシカ今回解決セリ其經路ノ概署
　「本報告ニ記述セル所ハ既ニ本誌時事欄又ハ電報欄ニ記載シタレトモ其顛末ヲ綜括シテ通覧ニ便ナルヲ以テ茲ニ之レヲ掲ク　編者識
　米國ニ輸入スル製茶ニ關シテハ千八百九十七年三月二日制定ノ米國有害茶輸入禁止法第十條[84]ニ依リ其施行權限ヲ大蔵大臣ニ賦與セラレ居ルモノナルカ去ル千九百十二年三月二十八日ヲ以テ製茶輸入検査規則ヲ改正シ（第二十二條）輸入茶着色ノ有無ヲ検査スルニリード試験法ヲ用フヘキコトヲ訓令シタリ（本誌明治四十五年第四十一號電報欄）同年秋ニ於テカターマシー商會ノ輸入ニ係ル支那緑茶ハリード法ニ依リ検査ノ結果輸入ヲ拒絶セラレタリ茲ニ同商會ハ鑑定局ニ抗議ヲ提出シテリード検査法ハ前記有害茶輸入禁止法第七條[85]ノ規定ニ違反スルモノニシテ之レニ從フコトヲ要セサルモノナリ主張セリ鑑定局ハ原告及政府側ノ申請ニヨリ輸入茶業ニ最モ經驗アルモノ八名ヲ召喚シテ取調ヘシカ右有害茶輸入禁止法第七條ニ輸入茶ノ検査ヲ行フニハ從來ノ商習慣ニ從テ之レヲ行フヘク必要ノ場合ニハ化學的検査ヲ行フヘシト規定シアリ其以外ニ大蔵大臣ニ對シテ検査上特別ノ權限ヲ與ヘ居ラサルヲ發見スルト同時ニ問題ノリード法ハリード博士ノ考案ニ係リ從來ノ検査法ニ一新機軸ヲ開キタルモノニシテ決シテ製茶業ノ商習慣ニ準據スルモノニアラサルコトヲ明カニシタルニ依リ鑑定局ハ遂ニ同年十一月十九日ヲ以テリード検査法施行ノ訓令ニ從フノ要ナキヲ決定セリ（本誌大正元年第二十五號電報欄）
　大蔵省ニ於テハ右鑑定局ノ決定ニ對シ同月二十二日華府ニ於テ反對ノ意見ヲ公表シ鑑定局ハ元來大蔵省所管ノ官廳ナルカ故ニ大蔵大臣カ製茶法第十條ニ依リ付與セラレタル權限ノ下ニ為シタル訓令ノ適法ナリヤ否ヤヲ決定スルノ權限ヲ有セサルモノナリ若シ鑑定局ニ於テ飽迄自局ノ決定ヲ主張シリード試験法以外ノ検査方法ヲ採用シ各地ニ駐在スル製茶検査官ノ判定ヲ覆ス場合ニハ製茶ノ検査ヲ農商務省ノ管轄ニ移シテ千九百六年制定ノ純良食料及薬品條例ノ規定ニ準據セシメ依然リード法ヲ採用スヘシト述ヘ且ツリード検査法ハ簡易ナヲル方[ママ]

法ニヨリ正確ナル結果ヲ來スモノニシテ製茶業者一般ニ満足シ尚将來モ此方法ヲ採用スヘキコトヲ熱心ニ希望シ居ル次第ナレハ此等多數ノ正直ナル輸入者ヲ保護セン為ニ、三ノ不平ハ自然之レヲ無視セサルヘカラスト附言セリ（本誌大正元年第二十七號電報欄）

　茲ニ於テ製茶輸入業者ハ将來如何ナル方法ヲ以テ輸入茶ノ檢査ヲ施行セラルヽモノナルヤ疑ヲ生シ殆ト五里霧中ニ彷徨スルシタルカ政府側ヲ代表スル檢事總長 Wm.L.Wemple ノ請求ニ依リ鑑定局ハ再審ヲ開キリード法カ茶業ノ商習慣ニ依ルモノニアラサルコト明カナルモ果シテ製茶法ニ所謂化學的檢査ト思料スルコトヲ得サルヤ否ヤ取調ヘヲ行ヘリ而シテ十月十三日其判決スル所ニ依レハリード檢査法ハ機械的檢査（Mechanical Analysis）ニシテ製茶法ニ所謂化學的檢査ト解釋スルヲ得サルモノナリトシ若シリード法ヲ用ユルトキニハ化學的檢査ヲ行フ豫備檢査ト見做スニ過キス從ツテリード法ニ依リ色素ノ發見セラレタル場合ニハ從來ノ如ク之レヲ以テ最終ノ判決トナサス更ニ化學的檢査ヲ施行スヘキモノニアリト云フニアリ（本誌大正二年第四號電報欄）

　（本文ニ鑑定局ト稱スルハ Board of General Appraisers ヲ指スモノナリ）」[86]（1913年3月5日　シカゴ）

　遡って、1897年3月2日に発布された「粗悪不正茶輸入禁止条例」の第十条においては、アメリカ財務長官に施行権限が付与されている。さらに、1911年3月28日には「粗悪不正茶輸入禁止条例」が改正され、第二十二条に輸入製茶の着色の有無を検査するにあたって、リード試験法を用いるべきとの財務長官訓令が発せられた。同年秋に、カターマシー商会宛ての輸入中国緑茶は、リード法を用いて検査された結果、着色茶だと認定されたため、輸入拒絶されることとなった。同商会は、リード試験法を用いた輸入製茶の検査自体は「粗悪不正茶輸入禁止条例」の第七条に違反したもので、財務長官訓令に従う必要がないと主張した。

　さらに、鑑定局は原告および政府側の申請に基づいて、同年11月19日より財務長官が発した輸入製茶の検査にリード試験法を用いるべきとの訓令には従う必要はないと決定したのである。その理由として、「粗悪不正茶輸入禁止条例」の第七条について、財務長官が輸入製茶検査法を規定する権限を有していないという解釈がなされたからである。同時に、リード博士により考案され

た新たなリード式製茶検査法については、製茶業の商業取引慣習に依拠していなかったことが明らかにされた。

　鑑定局の決定に対し、財務省は11月22日にワシントンにおいて反対意見を公表した。鑑定局は元来から財務省所属の官庁であるがゆえに、財務長官の訓令に対して、法の正当性をもつか否かを決定する権限を有していないということを強調した。さらに、鑑定局があくまでも自局の決定に執着し、リード試験法以外の検査方法を用いて、各製茶輸入港に駐在する製茶検査官の決定を否定するのであれば、輸入製茶検査の権限を農務省に移すことを強調した。したがって、それ以前、1906年に発布された「純良食品薬品条例」の規定に基づき、輸入製茶を検査する際、リード試験法を用いるべきと述べた。そして、リード試験法の簡易性・正確性を強調し、多数の正当なる製茶業者の利益を保護するためには、少数の不公平があっても仕方がないと付け加えた。

　これを受け、鑑定局は再審を開き、リード試験法を製茶業の商業取引慣習に依拠した製茶検査法ではないことを改めて強調した。というのも、10月13日の判決で、リード試験法は、化学的な検査法ではなくて、機械的検査法であることが明らかにされていたからである。すなわち、リード試験法は、化学的検査を行う前の予備的な検査と見なされていたのである。したがって、リード試験法を用いて、着色茶を発見しても、化学的検査を続けて行わなければならないことを意味していた。

　ここで、注意したいことは、1906年の「純良食品薬品条例」が輸入製茶に適用されなかった理由である。「米國ニ於ケルリード式檢茶法施行ノ經過」のなかで、「若シ鑑定局ニ於テ飽迄自局ノ決定ヲ主張シリード試験法以外ノ検査方法ヲ採用シ各地ニ駐在スル製茶検査官ノ判定ヲ覆ス場合ニハ製茶ノ検査ヲ農商務省ノ管轄ニ移シテ千九百六年制定ノ純良食料及薬品條例ノ規定ニ準據セシメ」と述べられているように、輸入製茶を取り締まるのは財務省の権限である。すなわち、輸入製茶を取り締まる権限は、1897年の「粗悪不正茶輸入禁止条例」によって、財務省に付与されている。1906年「純良食品薬品条例」は、農務省に輸入製茶を取り締まる権限が付与されなかったのである。

　以上のようにアメリカにおける製茶安全対策の運用を巡っては州別の対応の差異とともに、官庁別の対応にも差異と対立が発生し、問題を複雑化させたの

である。

4.「粗悪不正茶輸入ニ関スル増補細則」の日本茶にもたらした影響

　1911年9月13日付在シカゴ領事報告「米國着色茶輸入禁止ノ印度錫蘭茶、支那茶、及日本茶ニ及ホス影響ニ就テ」に次のような記述がある。「米國ニ於ケル着色茶輸入禁止勵行カ印度錫蘭茶、支那茶、日本茶等各種輸入茶ニ如何ナル影響ヲ及ホスヘキキャヲ考究スルハ頗ル興味アリコトナリ　支那茶ハ生産ヨリ輸入ニ至ル迄ノ經濟組織ハ整備セス且ツ其生産者ハ全ク海外ノ事情ニ暗ク最モ保守的ナルカ故ニ生産者ニ對シ如何ニ着色禁止ノ必要ヲ説クモ舊習ハ容易ニ改ムヘクモアラス且ツ着色廢止スルニ於テハ製造法ヲ根底ヨリ改メサルヘカラスシテ斯ノ如キハ薄資生産家ノ堪ヘ得ヘキ所ニアラストナシ頑トシテ舊慣ヲ襲踏シタリ之シカ為メニ清國ニ於ケル支那茶買入商ハ米國着色茶輸入禁止ニ對應スル商策ヲ講スルコト頗ル困難ニシテ其結果萬一ノ通過ヲ僥倖セントシ試驗的ニ支那茶ヲ米國ニ輸入シ遂ニ通關拒絶ノ悲運ヲ見タルモノ八月十一日桑港着ノモンゴリア號及八月十七日桑港着ノ亞米利丸積桑港フォルジャー商會（Consigee: J.A. Folger & Co. Consignor: Reid Evans & Co. Shanghai）宛テ支那茶六萬封度ヲ初メトシテ其後モ幾多ノ拒絶アリタリトノコトナリ

　是レヨリ先支那茶業者ハ内地製茶細民ノ窮状ヲ訴ヘ本年限リ着色茶輸入禁止ノ勵行ヲ延期セラレンコト米國政府ニ哀願シツ、アリシカ今又米國標準支那茶カ着色茶ナリシトノ理由ヲ以テ右ノ通關拒絶ニ對シ反抗運動ヲ試ミツ、アレトモ孰レモ奏効ノ見込ナキハ明カナリ尚或筋ニ達シタル情報ニ據ルニ上海貯蔵セラレツ、アル米國向支那緑茶在荷凡ソ一千萬封度アルヘシトノ豫想ナレハ是等ハ着色茶輸入禁止勵行ノ結果全部米國ヘ輸入スル能ハサルモノ見ルヲ得ヘシ

　依是観之米國ノ市場ニ於ケル支那茶ノ将來ハ悲観スヘキモノアリ何トナレハ今假ニ支那茶取扱商及生産者等ノ努力協力ヲ俟テ來年ヨリ清國カ絶對無色茶ヲ輸出スルコトヲ得ルノ運ヒニ至ルトスルモ少ナクトモ本年ノ米國ニ於ケル支那茶ノ市場ハ頗エウ暗憺タルモノアリト云フヲ得ヘク而シテ本年失ヒタル販路ヲ他日回復スルハ容易ノコトニアラサレハナリ約一千萬封度ノ支那茶カ米國ニ輸入セラレスセハ其缺ハ先ツ印度錫蘭茶カ日本茶ニヨリ補ハレサルヘカラス……飜テ日本茶ヲ見ルニ本年ハ本邦ニ於テ營業組合及當局官憲協力シテ絶對無色

茶製造輸出ヲナシツヽアルヲ以テ標準茶輸入禁止令以後今日マテ未タ通關ヲ拒絶セラレタルモノナカリシ八月二十日桑港着天洋丸積紐育仕向ノ日本茶六百箱ハ化學檢査ノ結果着色ノ故ヲ以テ通關ヲ拒絶セラレ次テ同船積日本茶二千四、五百箱モ亦化學檢査ヲ受クル為一時抑留セラレツヽ通關ヲ拒絶セラレタル日本茶六百箱ニ對シテハ當業者ノ請求ニヨリ更ラニ紐育總檢査官會議ニ於テ再度化學檢査ヲ施サルヘク日本茶ニハ着色ナカルヘキ筈ナルヲ以テ當事者ハ多ク再檢査ノ結果通關ノ許可ヲ豫想シ居レリ顧フニ此事件ノ解決ハ日本茶ノ聲譽ニ大ナル關係ヲ有スルモノト云フヘシ……之レヲ要スル米國ニ於ケル着色茶禁止勵行ニヨリ支那茶ハ大ナル打擊ヲ受ケ印度錫蘭茶及日本茶ノ市場ハ好望ヲ有スルニ至レリ而シテ支那茶ノ販路ヲ侵蝕シテ錫蘭、日本兩茶ノ孰レカ勝ヲ制スヘキヤハ各當業者ノ實力、奮發及作戰方法ノ當否ノ如何ニ職由スヘキモノニシテ宜シク之レヲ將來ニ徴スヘシ」[87]（1911年9月13日　シカコ）

　アメリカ着色茶輸入禁止により、大いなる打擊を受けるのは、旧慣を踏襲し、再製する際に着色を施す中国緑茶であった。8月11日サンフランシスコ着の「モンゴリア」號及8月17日サンフランシスコ着の「亞米利」丸積みの中国茶6万ポンドをはじめ、アメリカに輸入しようとした中国茶の多くが輸入拒絶された。中国茶業者は、中国茶農が貧しいことを訴え、「粗悪不正茶輸入ニ関スル増補細則」の延期を請願したものの、却下されることとなった。

　たとえ、中国茶商及び中国茶農等の努力によって、次年度から無色茶を輸出できたとしても、着色茶拒絶によって喪失した中国緑茶販路を回復することは容易ではなかった。現段階に、上海に貯蔵されているアメリカ向け約1000万ポンドの中国緑茶は、アメリカの着色茶輸入禁止励行によって、アメリカに輸出することは困難になると予想された。その分は、日本茶及びインド・セイロン茶の輸出が増加することが予測されたのである。それに対し、日本国内において茶業組合・政府が協力し、無色茶を製造・輸出していた。しかしながら、8月20日に、天洋丸積みの日本茶荷は、化学検査によって着色茶との断定が下されたため、輸入が拒絶された。茶荷主は、日本茶が着色茶であるはずがないと主張し、ニューヨーク総検査官会議に再検査を申し立てた。茶業者の多くは、天洋丸積みの日本茶荷が再検査によって無色茶だと断定され、輸入許可が下されるのだろうと予想していた。天洋丸積み日本茶荷の輸入拒絶事件の解決

第2部　個別産業における食品衛生・品質問題

は、日本茶の「声誉」に大きく関わっていたのである。

　すなわち、アメリカにおいて着色茶輸入禁止により、中国緑茶が打撃を受けた際、日本茶及びインド・セイロン茶をもって、中国緑茶販路に侵蝕する好機であると山崎馨一領事が力説している。ちなみに、天洋丸の輸入拒絶された600箱の日本茶の再審の結果は、純無色だと判定されたため、19日にて通関することができた[88]。

　以上のように、日本製茶は明治期日本の主要な輸出商品としてアメリカ市場での販路拡大が試みられ、在米領事たちもそれに応えた積極的な情報収集活動を行った。しかし、日本製茶は並行して輸出されていた中国産製茶と並んで混ぜ物、着色といった品質面における厳しいアメリカ消費者の視線にさらされることとなった。日本側では一部に着色茶から無着色茶への転換を実施し、市場の信頼を得る方向に考える意見も存在したが、一方で着色を辞めることによる消費の減退を恐れる意見も存在し、明確な決断を下すことに失敗したと言える。結果としてアメリカ市場からは中国茶と日本茶はいずれも品質に問題のある製品として認識され差別化されることなく市場を縮小させていったと言えるだろう。むろん合衆国であるアメリカの州別の異なる検査体制が対応の混乱を招いた側面は指摘されるが、多くの場合、それは品質改善を遅らせる方向に作用してしまったと評価せざるを得ない。

　次節では、日本国内において、製茶の品質問題に対してどのような取り組みが行われたのか、国内茶業組合の史料を用いて見てゆくことにする。

第三節　茶業組合資料からみた明治期製茶品質問題

　前節まで、近代日本茶業が輸出産業として発展してゆく過程で遭遇した品質問題について、検討してきた。本節ではこうした品質問題に対して国内茶業者がどのような対応を試みたのかについて検討を試みたい。

一、偽茶・粗悪茶問題と日本政府・茶業組合の対応

　相次ぐ品質問題の発覚により、アメリカ製茶市場における評価を下落させた

第 3 章　明治期製茶

日本茶の声価を維持すべく、1883 年 3 月国内主要茶産地である静岡県において、県庁が茶業者に対し日本最初の偽茶・粗悪茶の取締についての論達（巻末史料 1）を発した。この論達に続いて、明治政府による偽茶・粗悪茶に対する諭告が出された。しかしながら、これらの論達はあくまでも「道徳規定」であるため、違反者が強制的に罰せられることがなかった。他の各産茶府県においても、追って同様の条例、諭達などが発せられたが、罰則規定が存在しない点で同様であり、全国レベルでの製茶取締条例の成立は 1884 年まで待たなければならなかった。偽茶・粗悪茶による一時的利得が日本茶業の長期的展望にとって非常に有害であるという認識は徐々に広まりつつあったが、抜本的な対策が講じられる前に、輸入国であるアメリカが、偽茶・粗悪茶に対する輸入制禁法案を成立させた形になった[89]。

アメリカは、偽茶・粗悪茶を取り締まる趣旨をもって、1883 年 3 月 3 日に議会で「贋製茶輸入制禁条例」[90]を可決し、同年 7 月から実施されることになった。「贋茶或ハ枯葉ヲ混ジタル茶類ノ物品、又ハ多クノ化学薬品其他ノ有害品ノ混入物ヲ含有シ飲用ニ堪ヘザル茶類物品ヲ合衆国ヘ輸入スルコトハ不法タル」（条例第一条）ことを明示し、贋製茶の輸入を厳禁した。その条文で「茶類物品」または単に「物品」と書いているように、とても「茶」とはいえない「代物」が入っていた（巻末史料 2）。この条例は、特に日本茶を対象として発布されたものではないが、結果的には同様の問題を抱えていた日本茶に対する厳格な取締りを招来することになった[91]。

これに対して日本茶輸出の最大市場を失うことを恐れた国内茶業界は、1883 年 9 月の製茶集談会において、「全國茶業者戮力協心して、粗製濫造の極弊を匡救する」ことで意見を一致させた。粗悪な製茶輸出を規制するため茶業者が組合を組織できるよう、茶業者たちの請願を反映した「茶業組合準則」（巻末史料 3）が農商務省から発布された。同準則に基づいて製茶の品質向上と偽茶・粗悪茶を追放するため、各府県において茶業組合が組織されたのである。さらに、各地の茶業組合をたばねるために、1884 年 5 月 1 日に中央茶業組合本部の創立が決定された。これらの動きは国内茶業者自身による品質改善への取り組みが開始されたことを意味するものであり、従来の一連の政府諭達による自主的な規定遵守から、組合結成による業界内部での品質改善を目指したも

のであった[92]。

　しかしながら、従来の「茶業組合準則」は偽茶・粗悪茶についての取締規約を含んではいるが、それを製造・販売した者に対しての強制力を持っていなかったため、1887年12月に、農商務省令第4号をもって、「茶業組合準則」は廃止され、新たに「茶業組合規則」が発布されることとなった。「茶業組合規則」(巻末史料4)にはあらためて相当の罰則を付加し、組合加入業者が偽茶・粗悪茶を製造・販売した際の罰則を可能とするものであった。これによって偽茶・粗悪茶の取締を厳重にしようとしたものである。同規則に基づき1888年2月に新たに各産茶府県に茶業組合が組織されることになり、中央茶業組合会議所(中央茶業組合本部の改称) との連携のもとで、偽茶・粗悪茶への取締りに力が注がれることとなったのである。ここに、日本茶業者側の品質管理の体制は一応整ったのであった。ただしこの時点で茶業組合では不純物の混合などの明白な不正茶については対処することで一貫していたが、着色については「一、製茶ニ黒煙其他ノ物品ヲ以テ著色スルコトヲ禁止スルハ至當ノ處置ナリト雖モ直輸出製茶中海外販賣上必要ノ著色ニシテ茶業組合聯合會議所ノ證明ヲ得ルモノハ禁止ノ限リニアラズ」とあるように、品質を維持するために一定の必要があるとの認識が強く、全面禁止するには至っていなかった[93] (巻末史料5)。

1. 日本の中央茶業組合本部の対応

　こうして国内製茶業の体制は一応整ったものの、中央茶業組合本部の設立までは、製茶の再製が主に外国商館によって握られていたため、その製茶品質の要求に対応する義務は外国商館が背負うことになっており、その外国商館に対する国内茶業組合の影響力は限定的であった。

　慶応元 (1865) 年以降、横浜積出の日本茶のほぼ90％がアメリカに向けられた。1871年7月よりアメリカにおいて製茶輸入税が廃止されたことで、1874〜75年に日本茶の輸出量が急増したのである。しかしながら、前述のように日本の茶産地における粗製濫造がおこり、明治初期に早くも不正茶のためにその「声価」をおとし、1872年には横浜に横浜茶会社が組織され、翌年の新茶輸出から輸出品検査がされるようになった。これは、輸出品検査の嚆矢である。さらに1878年には売込商が茶商協同組合を組織し、不正茶の排斥に

表3-5　日本各府県茶業組合聯合会議所創立時期

日本各府県茶業組合聯合会議所	創立時期
東京府茶業組合聯合会議所	1884年
京都府茶業組合聯合会議所	1884年
大阪府茶業組合聯合会議所	1884年
茨城県茶業組合聯合会議所	1884年
奈良県茶業組合聯合会議所	1884年
静岡県茶業組合聯合会議所	1884年
石川県茶業組合聯合会議所	1884年
岡山県茶業組合聯合会議所	1884年
高知県茶業組合聯合会議所	1884年
神戸市茶業組合	1884年
宮崎県茶業組合聯合会議所	1884年
鹿児島茶業組合聯合会議所	1884年
愛媛県茶業組合聯合会議所	1885年
和歌山県茶業組合聯合会議所	1887年
横浜市茶業組合	1887年
兵庫県茶業組合聯合会議所	1887年
長崎県茶業組合聯合会議所	1887年
埼玉県茶業組合聯合会議所	1887年
三重県茶業組合聯合会議所	1887年
滋賀県茶業組合聯合会議所	1887年
岐阜県茶業組合聯合会議所	設立年次不明
熊本県茶業組合聯合会議所	設立年次不明

出所：塚野文之輔『日本茶業史　第一篇（復刻版）』（寺本益英編『日本茶業史資料集成 第1冊』文生書院、2003年、500-519頁）。

取り組みはじめた[94]。

　前述したように1884年1月1日、「茶業組合準則」が発布された。同準則は全10条からなり、第一条は「茶業ニ従事スル者ハ製造者と販売者トヲ問ワス郡区マタハ町村ノ区劃ヨリ組合ヲ設置スヘシ但シ自家茶ノミヲ製スル者ハ此限ニアラス」となっており、全国の茶業産地に組合設立を義務づけるものとなっている。各地区の組合はその地域の諸種の条件を考慮に入れた固有の規則を持

つことを第三条で許されたが、第三条の第一項目から第四項目（巻末史料3）の四項目の目的にそわない規約は許されなかった[95]。

　1884年5月15日、大倉喜八郎・中山元成・丸尾文六・山西春根らの尽力で中央茶業組合本部の創立が決定され、茶業組合の中央機関として日本各地の茶業組合間の意思疎通を円滑にする役目が期待された。また、海外の茶貿易事情を調査し、日本茶業の発展に役立たせようとすることもその役割と位置づけられた[96]。

　1885年、各府県において、「日乾茶取締申告」が義務づけられた。日乾茶とは焙炉のかわりに日光で茶葉を乾燥させるもので、燃料そのほかを使わないため廉価に仕上がる。しかし、製茶の香味を失わせ、また屋外での乾燥が不純物の混入を招き易く、品質低下の原因と目される手法であった。その内容は、「一、半日、日乾ノ製造ヲ禁止スルコト」「一、他府縣ノ製茶ハ必ス其地ノ取締所或ハ組合ノ検印ヲ為スヘキコト」「一、他府縣ヨリ輸入ノ製茶若シ其取締所又ハ組合ノ検印ナキモノハ一切取引ヲ為スヘカラス、但シ本條ノ場合ニ於テハ其現品ヲ預リ置キ荷主ノ住所姓名ヲ詳記シ直チニ該取締所ニ照会スヘシ」「一、他府縣下ヘ入込製造或ハ販賣ヲ為ス者ハ必ス其地ノ取締所及組合規約ヲ遵守スヘキコト、但シ證票ハ原籍ノ取締所及組合ニ於テ申受ケ携帯スヘキコト」となる[97]。つまりは、各地方において日乾による茶葉再製を禁じるほか、茶荷に必ず荷主の情報を記載した「証票」を貼り付けることを規定したのである。

　1886年2月に開かれた第2回本部会議では、「副約」という形で「不正茶検査法」（巻末史料7）を追加し、取締を強化することとなった。「横浜神戸長崎ノ三港ニ製茶検査所ヲ設ケ……茶荷物ヲ検査ス」や「検査所派遣ノ委員ハ時々問屋ニ出張シ問屋ノ実況ヲ監視ス」など、問屋や港における輸出製茶の品質検査（粗悪茶の取締）を定めるものであった。しかし、「副約」でさえ、実際に製茶検査を行うのは問屋（売込商）であって、検査所が派遣した委員が時々問屋に出張検査を行うにすぎないという点で、検査が徹底しないという問題点が存在していた[98]。その他同時に、「副約」に「粗悪不正茶ト認ムヘキ製茶ノ種類」の標準を定めた（巻末史料8）。「不正茶」、「着色茶」、「悪品」の3つに大別し、「良茶ニ混淆セシモノ」・「良茶ニ偽造シ又ハ混淆セシモノ」・「日光ニテ乾燥セシモノ」などの偽茶・粗悪茶（贋製茶）の内容を明記した。同年に、茶業中央会議

所は、横浜・神戸・長崎に製茶検査所を設置し、輸出製茶の検査に当たることとした[99]。

1887年の茶業組合中央会議では、製茶輸出に際し、横浜・神戸・長崎の製茶検査法の規模を拡大することを決議した。横浜・神戸両港には、新たに検査委員長を置き、長崎港には検査所を設けることを決議したものの、組合と長崎港側の調整がつかず、長崎港だけは同地の茶業組合取締所に検査業務を委託する形となった[100]。

以上のように、「茶業組合準則」に基づいて設立した中央茶業組合本部は、全国茶業組合の指導的な役割を担う形で、積極的に輸出製茶品質の取締りを試みた。しかし、前述したように「茶業組合準則」のもとでは、違反者に対する処分が定められていないことが大きな限界であった。なお、日本国内に商館を構える外国人茶商に対しては、何の取締り効力もなかったのであった。

2. 政府の対応

では、明治政府は製茶の取締について、どのような立場をとっていたのか。明治政府も輸出重要商品たる茶の製造及び輸出については、1879年9月には、全国製茶共進会を横浜町会所に開くなど、輸出製茶の品質改善に注目していた形跡がうかがえる[101]。『農林行政史』において「茶業および製茶の取締については、地方庁をしてその衝にあたらせたことはもちろんであるが、茶業をして茶業組合を結成させて、當業者の自治的活動による取締を奨励し、政府はこれ等の取締に対する法的裏付を与え、また、その指導監督をおこなって、その成果に期待するところが多かった。そもそも茶業取締のことは、主として製茶の輸出振興のために取り上げられたのであり、かつ茶業組合が主としてその実務の衝にあたったことは前述のとりであるから、茶業組合史即茶業取締史ともいえる」[102]と説明されているように、つまりは、茶業組合が茶業取締の主体として期待されており、政府はその法的根拠を与えることで支援するという方向性が、政府（農商務省）によって示されていたのである（巻末史料9、10、11）。

明治初期の日本茶業は、「粗製濫造」が問題視されたことや、その品質改善を可能にするために茶業組合が組織されたことなどが評価される一方で、茶業

組合準則における罰規定の欠如により十分に実効的な措置がとれなかったものと評価されるのである。

二、粗製・不正茶問題と日本政府・茶業組合の対応

　明治30年代の日本政府と茶業組合の対応の考察にあたっては、「粗悪不正茶輸入禁止条例」の対応と、アメリカ製茶輸入課税法案の対応をそれぞれ分けて考える必要がある。アメリカ製茶輸入課税法案への対応は、主に茶業組合に委ねられていた。なぜなら、明治政府は、輸入課税に対する政府レベルでの批判や工作が日米外交に影響を及ぼすことを懸念した結果、日本茶業者の政府による外交交渉の要望を退けたからである。

1. 茶業組合中央会議所への改組及び対応

　1887年10月、中央茶業組合本部幹事長である大倉喜八郎は農商務大臣黒田清隆に対し、「茶業組合準則」の強化を求める請願を行った。その請願は聞き入れられ、「茶業組合準則」にかわり、「茶業組合規則」が12月をもって発布された。「茶業組合準則」は偽茶・粗悪茶についての取締規約を含んではいるが、それを製造・販売した者に対しての制裁力を持っていなかった。「茶業組合規則」にはあらためて相当の罰則を付加し、取締を厳重にしようとした。こうして、1884年に発布された「茶業組合準則」に基づいて設立された中央茶業組合本部は、1888年3月31日をもってその責任を終え、1888年4月1日から茶業組合中央会議所として再出発することになった。この体制が1943年に「農業団体法」が発布されるまで続くことになる[103]。

　1888年、茶業組合中央会議所は製茶取締に関する、新たな規約を定めた。同時に、違反者に対する処分も定められた[104]（巻末史料12）。茶業者たちの自主的な組織とその活動だけでは、偽茶・粗悪茶の徹底的な追放ができないため、政府の関係各局による規制が必要とされたのであり、輸出向け製品とはいえ国内で製造されている段階での規制は外交上の不利益が少ないと考えられたためであろう。「茶業組合規則」の第三十条には、「農商務大臣ハ中央会議、地方長官ハ聯合会議ノ開閉又ハ議員ノ改選ヲ命ズル事アルベシ」という規定があり、最後の第三十六条には「此規則第二條、第九條、第十條、第十一條ニ違犯

シタル者ハ金二円以上金二十五円以下ノ罰金ニ処ス」という旨が決められていた。農商務大臣や地方長官などの監督・指導権を強化し、偽茶・粗悪茶を製造する違法茶業者に罰金を科せられるようになったのである[105]。

1898年3月、明治31年度の茶業中央会議（第17回茶業組合中央会議）の決議をもって「輸出茶の検査取締の厳正を期するために國営検査断行の外途なし」として、「海外輸出製茶検査に関する建議案」（巻末史料13）が内閣、大蔵、外務、農商務、司法の各大臣宛に提出された。日本茶業者たちは、日本国内における輸出製茶の取締を目的として、生糸と同様に、輸出製茶の国営検査を望んだのである。しかし、建議案が却下されたため、輸出茶の検査取締は依然として中央茶業組合会議所の所轄業務であることが変わらなかった[106]。

そのほか、中央茶業組合会議所の現行規約中に修正の追加が行われ（巻末史料14）、粗悪不正茶の種類を規定した。しかしながら、直輸出製茶について、「海外販売上必要ノ着色ハ取捨スルコトヲ許スヘシ此直輸出製茶ト認ムヘキモノハ其府縣茶業組合聯合会議所ノ証明書ヲ添付シタルモノニ限ルモノ」という文面があることから、着色が輸出上一定の必要性があるという考えをここからも読み取ることができる。

2. 政府の対応

茶業組合中央会議所から「輸出茶の検査取締の厳正を期するために國営検査断行の外途なし」という「海外輸出製茶に関する建議案」に対し、政府は長年取り上げることをしなかったが、1936年に至って、はじめて国営輸出検査の端緒が開かれるようになった[107]（巻末史料15）。

3.「標準茶」の基準問題

日本国内における日本政府と茶業組合の対応のほか、アメリカ国内においても日本茶業者の活動事例が存在する。その代表例は、アメリカにおける茶税廃止活動の目的で渡米した大谷嘉兵衛（茶業組合会頭）の活動である。大谷は茶税問題に加えて、粗悪不正茶問題にも関心を持ち、国内茶業者を代表して活動を行っている。その活動のなかで「粗悪不正茶輸入禁止条例」の「標準茶」の制定に関する交渉が存在した。前述したように、「粗悪不正茶輸入禁止条例」

では、アメリカに輸入される主な16種類の製茶に対し、種類別に「標準茶」が設定され、その「標準茶」の基準以下の製茶のアメリカへの輸入が禁じられたのである。

　アメリカにおいて輸入製茶税廃止を求め続けている大谷嘉兵衛が1900年1月に、3度目の渡米をし、ニューヨークでアメリカ茶商の動きや市場の模様を探っている際、輸入禁止標準茶に対する苦情という問題に遭遇することになった。1月18日フロント街にある茶業組合会議所出張所で、当地の数名の茶商と輸入禁止標準茶設定に関する交渉を行った際の出来事である。ある茶商が「標準茶は不公平で困る、今年の日本標準茶は支那茶に比し遙かに高い、従つて支那茶跋扈し日本茶が販路を蚕食されるので日本茶を取扱ふ茶商は極めて不利な立場にある」と意見を表明している。つまり同じ「標準茶」であっても中国茶と日本茶では異なる基準で輸入禁止が行われており、当時日本茶は中国茶以上に厳しい基準を適用されたことにより不利に陥っているというのであった。その茶商からその年の日本の標準茶と中国の標準茶の見本を提示され、両者の明らかな差異を確認した大谷は、翌日に内田領事と面会し標準茶に関する打ち合わせをした後、ともにニューヨーク税関内にある調査委員[108]詰所に赴き、下記のようにその不公平を訴え今後の改定を陳情し配慮を求めたという。「苟も標準茶を設ける以上は各國輸入茶を通じて公平均一でなければならぬのに、日本茶と支那茶に斯くの如く差別のあるのは寔に奇怪に堪へない。元来日本は茶業組合を設け厳重な検査をなし衛生上には殊に深き注意を拂つて居るのに、斯くの如き粗劣なる支那茶の輸入を許しながら、数等優れたる日本茶は標準に合格せざるの故を以て排斥せらるのは誠に其意を得ない。併し日本茶は現今の標準ならではいけないとならば支那、印度茶の標準も日本茶と同一の程度まで引き上げて公平を保つて貰ひたい。若し又支那、印度茶は現今の程度にて國民の健康に差支えなしならば、日本茶標準も同一品質のものに改定して貰ひたい」[109]。

　さらに同月24日、大谷は大蔵卿（現在の財務長官）ライマン・ゲージの元を訪れ、粗製茶輸入禁止標準見本に関する申告書（「標準茶に関する申告書」）（巻末史料16）を提出した。ライマン卿に陳述したところ、「標準茶査定については飽くまで公平を期し、尓来の不公平を打破する」という約束を交わすことが

できた。ただしこの時点における大谷の関心は「標準茶」に関する各種類製茶の間の標準差に集中しており、その修正を最優先と考えていたようである。そのようなことはもちろん重要である。しかし、アメリカ側が引き上げた「標準」に沿い、検査取締を強化し、輸出製茶の品質を向上させるというメッセージは、『大谷嘉兵衛翁伝』一書に記された内容では確認することができなかった。おそらく、大谷は「標準」を正したことで安堵したのではなかろうか[110]。

以上のように、明治20年代から茶業組合規則に粉茶・粗悪茶（混ぜ物された茶）の輸出禁止に罰則が設けられたが、新しく製茶問題として表出した粉茶問題に対しては充分な対応ができなかった。さらに、明治30年代になり、日本国内において、茶葉を再製するために用いられる着色料が人体に害を及ぼすため、着色料を用いる製茶再製法を廃止すべきという意見が挙げられた。しかしながら、茶業組合において「着色料人体有害説」は問題とみなされず、1911年に、アメリカにおいて着色茶輸入が禁止されるまでは、従来のように着色料を用いる製茶再製法で製茶の再製が行われていた。

三、着色茶問題と日本政府・茶業組合の対応

次に1911年の着色茶輸入拒絶問題に対し、茶業組合中央会議所[111]と政府はどのような対応をしたかについて、明らかにしておきたい。

1. 茶業組合中央会議所の対応

アメリカ政府が1911年に「粗悪不正茶輸入ニ関スル増補細則」を発布したことは、日本茶業界に大きな衝撃を与えた。特に従来輸出製品においてある程度は不可避であると考えられてきた着色を禁止されたことの衝撃は大きかった。日本の茶業者はここにおいて着色茶への態度を急展開させる。同年4月、静岡市で開催された全国茶業大会において、海外輸出と内地需要を問わず、製茶に着色または粉飾することを厳禁することが決議された[112]。さらに、製茶貿易の発達を期し「矯弊改善の実を挙げる」ため、便宜の地に中央製茶試験場を速やかに設置することを政府に建議することなどが決議された[113]。

中央茶業会議所は、全国茶業大会の決議を採用し、1911年4月に製茶改良委員会を組織した。大谷嘉兵衛会頭は、各府県茶業当局と協力し、全国で講演

を実施した。その目的は、着色茶の製造を厳禁し、純粋無色茶を奨励して品質の改良を図ろうとすることであった。全国茶業大会の決議の実行を期するために、各茶産地に実行委員を派遣し、着色茶の製造の取締りと相俟って、改良製造法の普及を図るため、各産茶地における模範的な茶園、製茶所などを新設し、製茶技師を派遣したのである[114]。取締りを厳行すると同時に、日本茶業組合が再製工場などが保有する着色料を強制的に買い上げ、検査員が立会の上、河川に投捨または焼却したという[115]。

さらに1911年6月二番茶の摘採製造の季節に際し、その改善を図ることを目的として、日本茶業組合は下記の警告文を発した。「一番茶は形状甚だ粗大にして、従来よりも却て劣る観があり、…相當の價格を維持し得たるものは、水色香味の點に於て、稍改良の見るべきものありたればなり。…若し當業者にして之を察知せず、依然として一番茶の如き形状にして改善を加へず、……意外の不評を招き販路を途絶するやまも亦測るべからず。……爰に二番茶製造に着手するに當り、特に形状の改善摘採時日を早めんことに就て、深く反省を求むる所以なり」となる。同年10月4日、大谷[116]は、農商務省に押川次官を訪問し、陳情することほか、何らかの妙案がないのかを尋ねた[117]。

2. 日本政府（農商務省）の対応

明治政府も、茶業取締の強化を期するため、「茶業取締に関する件」（農商務省令）を発布した。同省令の発布に伴って、主要産茶府県もそれぞれ府県令を発布した。そして、府県令の発布とともに、茶業取締吏員を設置し、警察吏員とともに茶業取締に当たらせたのである[118]。その一例として、省令である「茶業取締に関する件」（巻末史料17）と、当時静岡県知事が発布した県令（巻末史料18）から、その当時の様子をうかがえる。同時に、農商務省は製茶鑑定員を養成し、着色茶の取締を図ろうとした。同省の伊藤農産課長は、日本国内における着色茶取締に関する法令の発布について、以下のように述べている。

「着色茶取締（伊藤農産課長談）農商務省は客年省令を発して、着色茶の製造販売を禁止し、同年五月五日よりこれを実施したるが、その実施期以製造の着色茶は、他の茶と混合せずして売買することを許されたり。しかし客年省令実施の際、現存したる着色茶は省令実施以来今日までに九ヶ月を経過したるが

故に、この間に大部分は取引済みとなり、残余品といえども今後三、四ヶ月の内にはことごとく売買済みとなるべしとは、当業者間に於ける輿論の認むる所なるも、そのまま放任するに於いては本年の製茶に混合せらるることなくを保し難く、かつ一方に於いては新茶といえども製造後数ヶ月を経なば新茶、古茶の鑑別ほとんど困難となりて、取締り上不便少なからざるを以って、今回同省令に改正を加えて、着色茶は客年五月前の生産品たると否とに論なく、本年六月末日限り断然これが売買を厳禁し、以って今後ますます海外における連邦製茶の声価の向上を図るべきことに決定し、十四日の官報を以ってこれを発布したり」[119]。当初は省令発令以前に製造された着色茶の販売は例外的に認められていたが、新茶と古い着色茶をブレンドして販売されるとその製造日の境界が混乱するため、製造日に限らず一切の着色茶販売を禁止することにしたのである。

おわりに

　以上、日本茶の輸出拡大により、輸入国アメリカで問題化した茶の品質問題に対して、日本側は政府の指導のもとで茶商を茶業組合に組織化し、業界内部での品質向上に取り組ませる形で対応を図った。当初は罰則規定がない茶業組合準則を、罰則規定のある茶業組合規則に改めてゆくことにより、規制を強めていった。また茶業組合の指導者たちはアメリカに渡り、産地別の品質基準検査のバラツキを指摘することで、日本産茶が不当に不利な扱いを受けることのないよう交渉を行い、一定の成果を得た。

　しかし着色茶への対処に関しては、国内茶業者の態度も一貫しなかった。着色が元来品質保持の側面を持つものと認識されており、当時の感覚で必ずしも悪意に基づく加工でなかったこと、さらに着色をやめることによる売上げ減を懸念する米国茶商の意向の影響を受けた可能性もある。結果として着色に対する対応は輸入国アメリカで1911年「粗悪不正茶輸入ニ関スル増補細則」により着色茶輸入が全面禁止が実施されるまで不十分なものであったと言わざるを得ない。このことが、日本茶と中国茶の差別化を困難なものとし、結果として両者の市場縮小を招いた一因となった。

第 2 部　個別産業における食品衛生・品質問題

注

1) 角山栄『茶の世界史：緑茶の文化と紅茶の社会』中央公論社、1980 年。
2) 角山栄編『日本領事報告の研究』同文館、1986 年；高嶋雅明「復刻版『通商彙纂』解説」（外務省通商局編『通商彙纂　第 1 巻』（復刻版）不二出版、1988 年所収）。
3) 高嶋雅明「明治後期における農商務省の貿易拡張政策と領事報告」（近畿大学経済学会編『生駒経済論叢』第 7 巻第 1 号（通巻 19 号）、2009 年所収）、232-233 頁、236 頁。
4) 山口和雄「茶貿易の発達と製茶業」（小原敬士編『日米文化交渉史　第 2 巻』原書房、1954 年所収）、180 頁。
5) 寺本益英『戦前期日本茶業史研究』有斐閣、1999 年。
6) 石井寛治「幕末維新期の山城茶業——在来産業と日本近代化」（立命館大学『立命館経済学』第 39 巻第 5 号、1990 年所収）。
7) 原康記「幕末——明治中期の長崎における製茶輸出」（九州産業大学経済学会『経済学研究』第 54 巻第 4・5 合併号、九州産業大学経済学会、1988 年所収）。
8) 原敬『外交官領事官制度』警醒社、1899 年、83 頁。
9) 静岡県茶業組合聯合会議所編『静岡県茶業史』国書刊行会、1981 年、806 頁。
10) 農商務省農務局『茶業ニ関スル調査』農商務省農務局、1912 年、303 頁。
11) 静岡県茶業組合聯合会議所編、前掲書、831-832 頁。
12) 日本茶輸出百年史編纂委員会編『日本茶輸出百年史』中央公論事業出版、1901 年、67-68 頁。
13) 静岡大学 All About Tea 研究会編『日本茶文化大全』知泉書館、2006 年、97 頁。
14) 塚野文之輔『日本茶業史　第一篇』（復刻版）（寺本益英編『日本茶業史資料集成 第 1 冊』文生書院、2003 年、60-61 頁。
15) 寺本益英、前掲書、58-60 頁、84 頁；静岡大学 All About Tea 研究会編、前掲書、71 頁。
16) 松本君平『海外製茶貿易意見』経済雑誌社、1896 年、42-43 頁。
17)「再製法に二種あり、鍋焙 Panfired 再製と籃焙 Busketfire 再製といふ。また鍋焙再製茶に二あり、本色茶と Panfired ancolared と云ひ着色茶を單に Panfired といふ」（村山鎮『茶業通鑑』有隣堂、1900 年、155 頁）。

「再製をなすに同品一種の製茶にこゆることなしと雖も、我邦製茶は一千斤以上、同品一種ものを得ること難し、何とかなれは一製造場にて製するものも僅かに四五日前の製品と対照するときは、必ずしや優劣を生ずるものなり」（村山鎮『茶業通鑑』有隣堂、1900 年、153 頁による）。

「再製　乾燥充分ならざる茶は輸出の途中變味を招く虞あるを以て、輸出前品質の略類似せる茶を混合して品位を一定し、之を鍋又は籠にて焙し乾燥せしむ。依て輸出茶には鍋焙（Pan-fired）と、籠焙（Basket fired）との區別ありて、後者の方一般に品位優良なり。」（坂口武之助『最新高等商品学』三省堂、1933 年、163-164 頁）。
18) 静岡県茶業組合聯合会議所編『静岡県茶業史』国書刊行会、1981 年、528-530 頁。
19) 村山鎮『茶業通鑑』有隣堂、1900 年、153-162 頁。

第 3 章　明治期製茶

20) アメリカ向け輸出の増加は、主としてアメリカ開国以来、生糸・茶の輸入市場であったこと、そのうえ、南北戦争の終了を契機に、国内市場の拡大を基礎にして、急速に増大せしめ、輸入能力を引上げた、という事情によるものである。松井清編『近代日本貿易史第 1 巻』有斐閣、1959 年、51-52 頁。
21) 石井寛治『近代日本とイギリス資本：ジャーディン=マセソン商会を中心に』東京大学出版会、1984 年、368 頁。
22) 加藤徳三郎編『日本茶貿易概観』茶業組合中央会議所、1935 年。
23) 松崎芳郎『年表　茶の世界史』八坂書房、1985 年、313-314 頁；角山栄『茶の世界史：緑茶の文化と紅茶の社会』中央公論社、1980 年、177-180 頁。
24) 茂出木源太郎編『大谷嘉兵衛翁傳』大谷嘉兵衛翁頌德會、1931 年、88 頁。
25) 前田正名述『前田正名君関西茶業有志大会演説筆記』関西茶業有志大会、1893 年。
26) *An Act To prevent the Importation of impure and unwholesome tea.* March 2, 1897.
27) *An Act For preventing the manufacture, sale, or transportation of adulterated or misbranded or poisonous or deleterious foods, drugs, medicines, and liquiors, for regulating traffic therein, and for other purposes.* June 30, 1906.
Pure Food and Drugs Act　June 30, 1906.
28) 半澤清助・岩崎日出雄「輸出緑茶ノ著色問題ニ就テ（横濱衛生試験所報告）」（日本薬学会『藥學雑誌』360 号、日本薬学会、1912 年）、121 頁。
29) *An Act To prevent the Importation of impure and unwholesome tea. Regulations*　February 17, 1911.
30) 加藤徳三郎編『日本茶貿易概観』茶業組合中央会議所、1935 年、164 頁。
31) 加藤徳三郎編、前掲書、165 頁。
32) 茂出木源太郎編『大谷嘉兵衛翁伝』頌德会、1931 年、163-166 頁。
33) 『静岡県史』通史編 5 近現代一　第 2 編第 5 章、第 3 編第 3 章；静岡県茶業組合聯合会議所編『静岡県茶業史』国書刊行会、1981 年。
34) 角山栄編『日本領事報告の研究』同文舘、1983 年、7-8 頁。
35) 外務省通商局編纂『通商公報』（復刻版）不二出版、1997 年。
36) 外務省通商局編纂『日刊海外商報』（復刻版）不二出版、2005 年。
37) 角山栄編、前掲書、483-506 頁。
38) 明治 15 年 10 月 4 日付在ニューヨーク領事報告公信 85 號「日本及支那ヨリ當國ヘ輸入ノ緑茶紅茶比較及景況報告書」。
39) 明治 19 年 2 月 9 日付在サンフランシスコ領事報告「明治十七八二年間桑港ヘ輸入セル日本製茶ノ比較」。
40) 静岡県立農事試験場茶業部他『茶業全書』静岡県茶業組合連合会議所、1915 年、35-36 頁。
41) 静岡県立農事試験場茶業部他、前掲書、35-36 頁。
42) 明治 15 年付在ニューヨーク領事報告「明治十五年七月中茶商況」。
43) 明治 14 年付在ニューヨーク領事報告「合衆國ニ於テ茶ノ需用増加スルノ原因」。

第 2 部　個別産業における食品衛生・品質問題

44) 明治17年8月12日付在ニューヨーク総領事報告公信62号「日本製茶輸入増加ノ義報告」。
45) 明治17年8月12日付在ニューヨーク総領事報告公信62号「日本製茶輸入増加ノ義報告」。
46) 明治16年5月10日付在ニューヨーク総領事報告公信39号「輸出不正茶禁制ノ儀ニ付報告」。
47) 明治16年4月24日付在サンフランシスコ領事報告「日支両國ヨリ米國ヘ輸入スル紅緑茶二種ノ茶葉偽製ノ件ニ付キ改良相成度旨上申」。(引用者注：入力不可の記号文字をカタカナに変換した。)
48) 明治16年5月10日付在ニューヨーク総領事報告公信39号「輸出不正茶禁制ノ儀ニ付報告」。
49) 明治16年5月10日付在ニューヨーク総領事報告公信39号「輸出不正茶禁制ノ儀ニ付報告」。
50) 当時のアメリカにおいて、売られた日本茶は主に釜茶であり、そのランクも中下等茶が多かった。当時の日本国内の産茶地域を例としてあげると、静岡茶を代表とする製茶が主に中等あるいは下等茶であり、山城茶を代表とする製茶が主に高級茶である。明治期において、日本製茶の製造・輸出中心が釜茶で、すなわち中下等茶の生産に置かれていたことは明白である。
51) 通常で日本粉茶のことを抹茶だと想起させるが、本書で、粉茶は製造過程において、細葉などの規格外茶葉で再生された下等茶のことを指す。「粉茶（Dust and siftings）は前記各種の茶を製造する際砕けたるものを籂別又は簸別したるものにして、緑茶粉、紅茶粉、烏龍茶粉、番茶粉等の別あり。」(坂口武之助『最新高等商品学』三省堂、1933年、163頁)。
52) 明治17年4月5日付在ニューヨーク総領事報告公信34号「粉茶輸入禁制ノ儀ニ付報告」。(引用者注：入力不可の記号文字をカタカナに変換した。)
53) 明治18年付在サンフランシスコ領事報告公報第41号「桑港税關不正茶取押訴訟一件」。(引用者注：入力不可の記号文字をカタカナに変換した。)
54) 「ドクトル、ヂ、エフ、ダヴキス」及び博士「バッターサル」両名は当時の紐育港における輸入製茶の茶審査役である。
55) 明治16年9月20日付在ニューヨーク総領事報告公信74号「日本着色茶ノ義報告」の別紙「偽製茶」。(引用者注：入力不可の記号文字をカタカナに変換した。)
56) 明治27年4月19日付在サンフランシスコ領事報告「合衆國内贋造茶輸入禁止後ニ關スル現況」。
57) 明治16年8月16日付在サンフランシスコ領事報告公報10号「不正茶取押ノ件」。
58) 明治19年2月9日付在サンフランシスコ領事報告「明治十七八二年間桑港ヘ輸入セル日本製茶ノ比較」。
59) 明治30年8月26日付在ニューヨーク総領事報告「米國製茶商業ニ関スル調査」。
60) 明治30年8月22日付在ニューヨーク総領事報告「紐育製茶商況」。
61) 明治29年6月2日付在タコマ領事報告「北米合衆國ニ製茶輸入ノ商況」。
62) 明治30年4月14日付在タコマ領事報告「米國ヘ輸入スル外國茶ノ有害品標本議定委

第 3 章　明治期製茶

員会ノ議事」。(引用者注：入力不可の記号文字をカタカナに変換した。)
63) Chicago 茶業家　Mr.E.A. Schoyer, of E.A. Schoyer & co.；Coicago 市　茶業家　Mr.A.B. Upham, of Sprague, Warner & co.；Boston 市　茶業家　Mr.H.G. Woodworth, of Robinson & Woodworth,；Philadelphia 市　茶業家　Mr.A.P. Irwin, of Irwin, Mcbride, Catherwood & co.；New York 市　茶業家　Mr.Wm.P. Roome, of Wm.P. Roome & co.；New York 市　茶業家　Mr.Thos.A. Phelan, of Geo.W. Lane & co. San Francisco 市　茶業家　Mr.R.B Bain.
64) 明治 30 年 4 月 14 日付在タコマ領事報告「米國ヘ輸入スル外國茶ノ有害品標本議定委員会ノ議事」。
65) 明治 30 年 9 月 14 日付在ニューヨーク総領事報告「米國粗製茶輸入禁止法実施後ノ状況」。(引用者注：入力不可の記号文字をカタカナに変換した。)
66) 明治 30 年 8 月 26 日付在ニューヨーク総領事報告「米國製茶商業ニ関スル調査」。
67) 明治 30 年 9 月 14 日付在ニューヨーク総領事報告「米國粗製茶輸入禁止法実施後ノ状況」。(引用者注：入力不可の記号文字をカタカナに変換した。)
68) 明治 30 年 5 月 19 日付在タコマ領事報告「タコマ港ニ輸入茶驗査役設置ノ件」。(引用者注：入力不可の記号文字をカタカナに変換した。)
69) 明治 30 年 10 月 7 日付在タコマ領事報告「タコマ港輸入茶拒絶ニ關スル報告」。(引用者注：入力不可の記号文字をカタカナに変換した。)
70) 明治 32 年 4 月 3 日付在サンフラシスコ領事報告「桑港製茶輸入禁止」。
71) 明治 30 年 9 月 14 日付在ニューヨーク総領事報告「米國粗製茶輸入禁止法実施後ノ状況」。(引用者注：入力不可の記号文字をカタカナに変換した。)
72) 明治 42 年付第 28 号時事「製茶ニ關スル紐育『ジャーナル、オブ、コムマース』記事摘譯（千九百九年四月一日所載)」。
73) 日本茶輸出百年史編纂委員会編『日本茶輸出百年史』中央公論事業出版、1901 年、114-115 頁。
74) 明治 44 年 10 月 6 日付在ニューヨーク総領事報告「紐育ニ於ケル着色茶輸入禁止ノ実際問題」。
75) 「The food and Druge act」(食料及薬品条例ともいう)。
76) 明治 44 年 2 月 13 日付シカゴ領事報告「北米合衆国茶業委員会の輸入標準ニ関スル決定」。
77) 明治 44 年 2 月 13 日付シカゴ領事報告「北米合衆国茶業委員会の輸入標準ニ関スル決定」。
78) 本章において、"無色茶"は無着色茶のことを指す。
79) 明治 44 年 3 月 20 日付在シカゴ領事報告「市俄古地方ニ於ケル日本茶ノ取引近況」。
80) 明治 44 年 10 月 6 日付在ニューヨーク総領事報告「紐育ニ於ケル着色茶輸入禁止ノ実際問題」。
81) 明治 44 年 10 月 6 日付在ニューヨーク総領事報告「紐育ニ於ケル着色茶輸入禁止ノ実際問題」。
82) 明治 44 年付第 55 号附録「着色茶輸入禁止法令改正ノ希望ニ對スル反對意見」。

第 2 部　個別産業における食品衛生・品質問題

83) ▽北米合衆國大蔵大臣カリード式輸入茶檢査法施行令ヲ發セシ為メ鑑定局ト該大臣トノ間ニ見解ヲ異ニシ確執ヲ生セシカ今回解決セリ其經路ノ概畧（大正 2 年 1 月 17 日□在シカゴ帝國領事館阿部嘉八報告）。
84) 第十條　大蔵卿ノ適宜ノ細則ヲ設ケテ本條例ヲ勵行セシムルノ職權ヲ有ス。（農商務省農務局『茶業ニ関スル調査』農商務省農務局、1912 年、305 頁）。
85) 第七條　輸入茶ノ檢査見本ヲ備ヘアル輸入港ニテ全權ヲ帶ビタル審査官ノ審査ニ付セラル、モノナリト雖モ若シ其輸入シタル地ニ於テ適當ナル審査官ナキ場合ニハ最近ノ輸入港ニ於テ其審査ヲ受クヘシ。此場合税關官吏ハ該茶ノ見本ヲ關適當ナル輸入港ニ送付スヘキモノトス凡テ製茶ノ審査ハ審査官又ハ政府鑑定官ニヨリ製茶賣買ノ常例慣習ニ倣ヒ或ハ熱湯ニ注キテ其香味ヲ知リ又或場合ニ於テハ化學的分析ノ以テ其良否ヲ審定スルコトアルヘシ。（農商務省農務局『茶業ニ関スル調査』農商務省農務局、1912 年、304 頁）。
86) 大正 2 年 1 月 17 日□在シカゴ帝國領事館阿部嘉八報告「米國ニ於ケルリード式檢茶法施行ノ經過」。
87) 明治 44 年 9 月 13 日付在シカゴ領事報告「米國着色茶輸入禁止ノ印度錫蘭茶、支那茶、及日本茶ニ及ホス影響ニ就テ」。
88) 茶業組合中央會議所「海外製茶販路拡張派遣員報告」（明治 45 年）35-37 頁。
89) 寺本益英著『戦前期日本茶業史研究』有斐閣、1999 年、74-75 頁；日本茶輸出百年史編纂委員会編『日本茶輸出百年史』中央公論事業出版、1901 年、67-68 頁。
90) *An Act to prevent the Importation of adulterated and spurious tea.* March 2, 1883.
91) 日本茶輸出百年史編纂委員会編、前掲書、71 頁。
92) 静岡大学 All About Tea 研究会編、前掲書、91-94 頁；寺本益英著、前掲書、75-77 頁；横浜市『横浜市史』第 3 巻上、有隣堂、1961 年、485-486 頁。
93) 静岡県茶業組合聯合会議所編、前掲書、834-835 頁。
94) 横浜商工会議所『横浜商工会議所八十年史』横浜商工会議所、1960 年、35-36 頁。
95) 日本茶輸出百年史編纂委員会編、前掲書、73 頁。
96) 日本茶輸出百年史編纂委員会編、前掲書、70 頁、75-76 頁。
97) 塚野文之輔『日本茶業史　第一篇』（復刻版）（寺本益英編『日本茶業史資料集成 第 1 冊』文生書院、2003 年所収）、55 頁。
98) 寺本益英著、前掲書、78-79 頁。
99) 横浜商工会議所、前掲書、36 頁。
100) 塚野文之輔、前掲書、84-85 頁。
101) 横浜商工会議所、前掲書、36 頁。
102) 農林省大臣官房総務課編『農林行政史　第 2 巻』農林協会、1959 年、746 頁。
103) 寺本益英『戦前期日本茶業史研究』有斐閣、1999 年、78-80 頁；日本茶輸出百年史編纂委員会編『日本茶輸出百年史』中央公論事業出版、1901 年、79-80 頁。
104) 静岡県茶業組合聯合会議所編『静岡県茶業史』国書刊行会、1981 年、813-814 頁。
105) 日本茶輸出百年史編纂委員会編、前掲書、80-81 頁。

106) 塚野文之輔『日本茶業史　第一篇』(復刻版)(寺本益英編『日本茶業史資料集成 第1冊』文生書院、2003年、138-139頁。
107) 農林省大臣官房総務課編『農林行政史　第2巻』農林協会、1959年、752-753頁。
108) ニューヨーク、シカゴ、ボストンより大蔵卿より指名し、製茶選定委員任命された3名の調査員。
109) 茂出木源太郎編『大谷嘉兵衛翁伝』頌徳会、1931年、137-141頁；附録、72-74頁。
110) 茂出木源太郎編、前掲書、137-141頁；附録、72-74頁。
111) 明治17年の「準則」に基づいて、結成された中央茶業組合本部は、明治21(1888)年3月31日をもってその責を終え、4月1日から茶業組合中央会議所として新しく出発することになった。この体制は、昭和18(1943)年に「農業団体法」が公布されるまで続く。
112) 塚野文之輔『日本茶業史　第一篇』(復刻版)(寺本益英編『日本茶業史資料集成 第1冊』文生書院、2003年所収)、403-406頁。
113) 日本茶輸出百年史編纂委員会編、前掲書、406頁。
114) 日本茶輸出百年史編纂委員会編、前掲書、410頁。
115) 全日本紅茶振興会『紅茶百年史』(復刻版)(寺本益英編『日本茶業史資料集成　紅茶百年史(第19冊)』文生書院、2003年)、92-95頁。
116) 1909年茶業組合中央会議所会頭に就任、1928年まで務める。
117)「米官憲、日本産着色茶を大量に差し押さえ」(明治ニュース事典編纂委員会『明治ニュース事典　第8巻』明治ニュース事典編纂委員会、1983年所収)、472頁。
118) 全日本紅茶振興会、前掲書、92-94頁。
119)「着色古茶四十五年七月以後売買禁止」(明治ニュース事典編纂委員会『明治ニュース事典　第8巻』明治ニュース事典編纂委員会、1983年所収))、472頁。

第4章　近代缶詰

はじめに

　本章の課題は、缶詰産業を分析対象として、近代とりわけ戦前期の同産業の安全分野における行政的対応の強化とそれに伴う業界の拡張・再編について検討することである。缶詰とは、「缶あるいはびんに食物を詰め、密封、加熱殺菌して製造された食品」のことである。食品の季節性を排除し、長期間の保存を可能とした点に特徴のある食品であり、それ自体が食品の安全性向上に資する分野であると言って差し支えない。缶詰製品の種類は、原材料から大別して、水産・畜産・果実・蔬菜の4つに分類することができ、また調理方法により水煮（油漬けも含む）・味付け（醤油など）・砂糖漬の3つに分けられる。しかしいずれも根本的な製法は海外から導入したものであり、その高い安全性についても、製造業者、消費者双方における一定の商品知識を前提とする部分がある。同産業の発展過程は缶詰という新たな食品加工技術に対する業界の技術の進歩と、業界・消費者の商品知識の進歩の歴史である。両者の歩みに齟齬が生じた時には安全面での事故発生の危険が上昇する。行政や業者がこうしたリスクにどのように対面してきたのかについて、以下述べてゆくこととしたい。

　缶詰産業に関わる代表的な歴史研究としては日本和洋酒缶詰新聞社編『大日本洋酒缶詰沿革史』[1]と山中四郎『日本缶詰史』[2]、蟹罐詰發達史編纂委員会・岡本正一編『蟹罐詰發達史』[3]、中島常雄編『現代日本産業発達史（第18巻）食品』[4]、山口和雄編『現代日本産業発達史（第19巻）　水産』[5]などを挙げることができる[6]。また個別の研究としては、1930年代に輸出産業として生産

拡大を成し遂げた水産缶詰・果実缶詰を対象に、製品別の生産動向、生産発展の要因を究明した富永憲生の論文[7]、北洋漁業に注目してその経営を缶詰生産との関連で論じた三島康雄の研究[8]、地域産業史の視点から、近代の静岡県における鮪缶詰生産に着目した高柳友彦の研究等を挙げることができる[9]。

　以上のように、産業史的側面から近代日本缶詰業を分析する文献・研究は多いが、品質側面とりわけ食の安全性について触れている文献・研究は管見の限り多いとは言えない。本章では上記の点に注目しながら検討を進めてゆくこととしたい。

第一節　近代缶詰の沿革

一、缶詰のはじまり

　缶詰の起源は、文化1（1804）年、フランス人ニコラ・アッペルが、ナポレオンの保存性の高い糧食開発の要望に応えて試作したびん詰めに始まる。ガラスびんと金属缶という材質の違いはあるものの、その背景にある理論には共通点が多いためである。アッペルはあらかじめ調理した食品をびん詰めにし、コルク栓をゆるくはめ、沸騰した湯に入れて30〜60分間加熱し、びん内の空気を排除してから、コルク栓を密封する方法をとった。この方法により腐敗の原因と考えられた外気を遮断することによって、腐敗を防ぐことができるという発想に基づいたものであった[10]。しかし、当時のガラス瓶は割れ易く、輸送面に難点が存在した。1810年には当時フランスと戦争状態にあったイギリスでピーター・デュランドが現在の缶詰の原型となる金属製密閉容器に食料を封入する方法を考案した[11]。

　日本では、1871年に、フランス人ジュリーの指導を受け、松田政典が長崎でイワシ油づけ缶詰を製造したのが最初であったと言われており、企業的にはカムチャッカ河口で堤商会（現マルハニチロホールディングスの前身）がサケ缶詰を試作したことが出発点となった。その後、北洋のサケ・マス・カニを中心にして、缶詰製造が行われたが、さらにマグロ・イワシ・ミカン・パイナップルなど各種製品の生産が軌道に乗り、国内消費のみならず、輸出産業として

も大きく伸展してきた[12]。

二、初期的市場形成

　海外からの技術導入により誕生した日本の缶詰製造業であるが、明治時代、特に日清戦争前の日本国内缶詰市場は狭隘であった。食料品店「亀屋」の斎藤泰三の回想によると、明治末期ごろでも同店缶詰商品の得意先は主として外人の一流家庭や大使館、一流ホテル、クラブ、日本人の家庭では洋行帰りの人であったという。そのほとんどが外国からの輸入品であった。日清戦争前の国産缶詰の販路は、主として船舶用、軍需用、輸出用などの需要であった。安心して販売できる国内缶詰が少なかったこと、日本人の嗜好にあった缶詰が不足していること、かつ価格面で高価であったことなどの問題点が指摘されている[13]。

　「明治十年第一回博覧会ニ於テハ缶詰類ノ出品尠ナク……十四年第二回開会ノ時ニ至テハ各府県殆ト之を出品セサルナキノ盛況ヲ呈シ而モ其製品タル牛肉ハ勿論蔬菜ノ如キハ大根・蕪菁（カブラ）・胡蘿蔔（ニンジン）ノ類ハ主トシテ航海必需ノモノヲ目的トシテ製セルモノ、如ク六斤乃至八斤入ノ大缶ヲ以テセルモノ多カリシカ今回[14]ノ出品ハ之ニ反シテ普通ノ貯蔵品即果物ノ密漬若クハ砂糖漬ケ否サレハ筍・菌（きのこ）ノ類中十中八九ヲ占メ航海必需ノモノハ僅ニ牛肉ノ「ボイルド」製及其佃煮等ノ二、三ノ製品アルノミニ付キ由テ斯ク其景況ヲ異ニセルヤ其原因ヲ推究スルニ缶詰類ハ往年海軍省ノ需要起ル共ニ海外輸出ノ端緒ヲ開キ一時ニ新販路ヲ得タルニ由リ同業者ノ間ニ俄然競争ノ弊ヲ生ジ粗製濫造至ラザル所ナキニ至ルナリ、開ク海軍省ニ於テハ爾来専ラ外国製品ヲ用フト」[15]。

　国内の過当競争が粗製濫造を招き、国内製造缶詰の品質が悪化したことにより、従来の軍からの発注が輸入品に流れたという内容である。また一方で軍需依存の現状打破のため、航海用を中心に民需向けの多品種の缶詰を出品し、民間にその需要を見つけ出そうとしている近代の日本缶詰業の姿がうかがえる。すなわち、従来の商売相手を軍から民間に切り替えようとする傾向がみられるのである。

第 2 部　個別産業における食品衛生・品質問題

三、日清戦争による発達

　話は前後するが、日本における缶詰需要は前述したように、軍の糧食としてのものが出発点であった。缶詰という商品自体の起源を考えればこれは特に不思議なことではない。日清戦争時には、遠征軍の糧食として三井物産、大蔵組などの貿易商社によって外国産缶詰が多数軍に納入された。しかし輸入缶詰中には多数の不良缶が混入しており、かつ食材や調理法が日本人兵士の嗜好に適しなかったため、国産缶詰を導入することが決定された[16]。

　この点について、日清戦争後の1898年、当時の陸軍二等軍医であった福岡佐次郎は、軍当局宛てに「軍用缶詰に関する意見書」を提出した。そのなかで、日清戦争時の輸入缶詰の不備や糧秣廠の弊害について言及している。

　「戦争には武器弾薬の精粗と糧食被覆の整否が勝敗を決める。このうちの糧食については、今を去る明治27〜28年頃はこれに重き置く時運に達しないで、すこぶる幼稚な段階だった。この事実は誰もが認めざるを得ない（中略）戦時糧食給養上の任務として、目的完遂のためには以下の点に留意すべきである。すなわち製品の確実、調弁の円満、整理の敏活、輸送の迅速の四点が不可欠である。これについては細密周到な試験と調査をして、万全を謀ることこそ現時点での急務であろう。（中略）わが陸軍がこの戦用糧食品の一つである牛肉の缶詰を初買収したのは、明治28年9月28日に米国カッチング会社の味付ローストビーフ二万九千三百五十個（十七万六千百ポンド）だった。当時その当局者はこの缶詰について全く経験なく、発注前の明治25年3月12日に海軍省に行き、その使用法と取扱法などの大要を知った後、同26年1月にカ社から見本を取寄せて分析試験、ようやくにして注文にこぎつけている。その後、注文の品の到着を待って各師団へ取扱注意書つきで配布したのは、同27年3月であった。（中略）だが、この味付ローストビーフは意外に多数の不良品を出したので、その後の外国品買入れには、単純なローストビーフか、ボイルドビーフもしくはコーンドビーフに限ることにしたのであった。」[17]

　他に国産缶詰の使用理由としては、価格面の優位、取引の利便性などが指摘されている。

　日本海軍では、陸軍よりも先に缶詰を採用していたが、栄養面の観点からコー

第4章 近代缶詰

表4-1 日清戦争における軍用缶詰

種類	品目	数量（貫）	金額（円）
獣肉	牛肉大和煮（2ポンド入）	632,712	1,159,973
	〃 （40匁入）	293,043	849,825
	牛肉味噌煮（60匁入）	120	190
	豚肉大和煮（大）	—	2,909
	〃 （小）	4,157	13,095
	小　計	—	2,025,991
鳥肉	鶏肉（小）	—	47,253
	鶏肉野菜入（120匁入）	2,250	6,000
	〃 （40匁入）	1,008	4,410
	小　計	—	57,664
魚肉	鯖	14,823	21,617
	鰹	—	62,490
	鮭	26,102	33,715
	鱒（ます）	9,978	11,746
	鰤（ぶり）	6,008	8,761
	鮪	10,248	14,944
	鰆（さわら）	605	730
	鰹節佃魅（30匁入）	3,923	12,424
	煎子（イリコ）佃煮	—	27,255
	鯊（はぜ）佃煮	—	93,962
	雑魚（ざこ）佃煮	—	99,860
	鰹佃煮（小）	—	2,355
	牡蠣佃煮（容量各種）	—	3,365
	時雨蛤（しぐれはまぐり）煮佃煮	—	110
	鮎（あゆ）佃煮	—	249
	鯛力（あら）煮	—	51
	その他魚肉缶詰	—	656
	その他魚肉佃煮	—	2,174
	小　計	—	296,466
野菜	野菜（大根、人参）	—	12,708
	昆布佃煮	14,312	13,716
	豆佃煮（或は水煮）	—	7,719
	牛蒡佃煮	—	504
	鹿角菜（ろっかくさい）	835	960
	小　計	—	35,607
	総　計	—	2,515,728

出所：日本和洋酒缶詰新聞社『大日本洋酒缶詰沿革史』日本和洋酒缶詰新聞社、1915年、195-197頁。

表 4-2　日露戦争における軍用缶詰

区分	価額 (単位：1000円)	日清戦争との比較 (倍)	数量 (1000貫)
獣肉缶詰	13,419	6.6	3,482
鳥肉缶詰	200	2.5	24
野菜缶詰	－	－	1,940（福神漬）
魚肉缶詰	9,481	24	3,994
合　計	23,099	9.2	9,441

出所：日本和洋酒缶詰新聞社『大日本洋酒缶詰沿革史』日本和洋酒缶詰新聞社、1915年、198頁；日本雄詰協會編『缶詰時報』(第7巻12号)。

ンドビーフ、牛肉大和煮、鮭のほか、ごぼう、にんじん、松茸、たけのこ、えんどう、かぶなどの野菜缶詰を採用している[18]。

　日本陸軍では、握り飯と梅干といった従来の炭水化物類を中心とする兵食しか認識していなかったが、開戦直前から戦争初期にかけてアメリカからローストビーフ、ボイルドビーフ、コーンドビーフなどの肉類缶詰製品を数回にわたり、約25万円ほど買い入れたという。これに際しては日本陸軍が缶詰に関する知識が不足していたため、海軍から缶詰の貯蔵および使用方法の指導を受けた結果、部分的に国内製品を採用することとなり、牛肉大和煮を買い上げることになった[19]。

　以上の経緯から当時の軍需用に購入された缶詰の種類としては、牛肉缶詰が圧倒的に多かった（表4-1）。しかし、製品技術の未熟、企業的基礎の薄弱、未経験者の増加などにより、前述のような粗製濫造という結果を招くことになったのである。その品質については議会で問題になるほど当時の軍用缶詰納入には多くの問題点があった。そのため、軍用缶詰審査会が組織されたという。

四、日露戦争による発達

　日露戦争期に入ると、軍用食糧がすべて国産缶詰によって賄われるようになっていった。補充用に一部輸入品が購入されることはあったものの、実際にはほとんど使用されることがなかったという。またこの時期には肉類に加え、表4-2からわかるように、魚肉缶詰が積極的に採用されたことに注目する必要がある。それは、牛肉に比べ、総体的に日本人の魚肉消費が進んでいること、

第 4 章　近代缶詰

表 4-3　近代日本における缶詰の生産・輸出の推移

年次	数量（千函）		比率（%）(B/A)	金額（千円）		比率（%）(D/C)
	生産（A）	輸出（B）		生産（C）	輸出（D）	
1894 年	204	−	−	1,735	−	−
1895 年	105	3.1	3.0	889	−	−
1896 年	52	3.2	6.2	413	−	−
1897 年	71	−	−	573	−	−
1898 年	75	−	−	610	−	−
1899 年	89	−	−	714	−	−
1900 年	126	3.5	2.8	1,038	35	3.4
1901 年	214	6.7	3.1	1,777	66	3.7
1902 年	236	13.2	5.6	1,957	121	6.2
1903 年	319	15.6	4.9	2,616	142	5.4
1904 年	429	14.1	3.3	3,930	126	3.2
1905 年	801	27.4	3.4	8,254	789	9.6
1906 年	333	31.8	9.5	2,745	741	27.0
1907 年	372	78.0	21.0	3,127	647	20.7
1908 年	414	97.6	23.6	3,120	815	26.1
1909 年	594	129	21.7	4,299	1,188	27.6
1910 年	614	177	28.8	4,577	1,694	37.0
1911 年	749	205	27.4	5,622	2,042	36.3
1912 年	1,217	252	20.7	7,280	2,606	35.8
1913 年	1,065	275	25.8	8,384	3,106	37.0
1914 年	1,056	290	27.5	8,326	2,978	35.8
1915 年	1,006	355	35.3	7,617	3,496	45.9
1916 年	1,347	444	33.0	11,132	5,012	45.0
1917 年	1,633	476	29.1	21,579	6,714	31.1
1918 年	1,356	501	36.9	28,268	8,345	29.5
1919 年	1,800	325	18.1	37,122	6,989	18.8
1920 年	1,482	255	17.2	30,113	6,671	22.2
1921 年	1,737	417	24.0	34,045	4,837	14.2
1922 年	2,116	615	29.1	37,164	6,009	16.2
1923 年	2,392	415	17.3	42,101	5,437	12.9
1924 年	3,105	654	21.1	45,359	8,026	17.7
1925 年	3,609	1,028	28.5	43,666	13,725	31.4
1926 年	3,722	1,333	35.8	51,751	26,662	51.5
1927 年	3,510	1,280	36.5	61,773	25,602	41.4
1928 年	4,269	1,783	41.8	80,275	35,657	44.4
1929 年	4,397	1,746	39.7	72,818	34,923	48.0
1930 年	4,937	1,759	35.6	67,651	35,185	52.0
1931 年	4,269	1,447	33.9	49,398	28,946	58.6
1932 年	5,206	2,139	41.1	63,488	42,775	67.4
1933 年	6,371	3,209	50.4	84,689	64,182	75.8
1934 年	7,826	3,562	45.5	112,507	71,236	63.3
1935 年	8,672	3,892	44.9	113,332	69,122	61.0
1936 年	10,193	5,310	52.1	127,599	82,910	65.0
1937 年	13,159	6,716	51.0	170,019	100,935	59.0

出所：日本缶詰協會編『缶詰時報』（第 17 巻 9 号）、98-100 頁。

また、牛肉が原料として大量に得られないことという2つの原因によるものであったことが指摘されている。2度にわたる戦争（日清・日露）を経て、ようやく缶詰も、日本国民の一般的消費対象として、食卓に上がることになった。それは、戦地に赴いた兵士たちが缶詰を認識し、復員後の普段の生活においても缶詰を食用する慣習を身に付けたことも一因であったと言えるだろう[20]。

表4-3からわかるように、日清戦争には、日本国内における缶詰の生産高が20万函に達し、日露戦争には、その生産高が80万函を超えたという。

五、民間における缶詰の普及——戦後払下げと震災

当初軍用として開発された日本の缶詰製品であったが、戦争の終了を契機として、民間への普及が進むこととなった。1881年、前田道方により牛肉大和煮が開発され、日清戦争に際して軍用缶詰の中心となったが[21]、日清戦争後、陸軍は多くの缶詰ストックを抱えたため、牛肉缶詰（40匁入り）を1缶あたり2厘ほどで業者に払い下げた。その結果、業者は陸軍からの払い下げの牛肉缶詰に加え、自身も検査落ちのものや見越し製造のものなどの大量在庫を抱えており、やむを得ずこれらの缶詰を「軍用牛肉大和煮四十匁かん」という札を立てて、夜店で1缶あたり1銭5厘〜3銭で販売することにした。値段の安さと元来が軍用であるとの品質の保証があることが評判となり、地方でも好調な売れ行きを示した。その結果、次第に値段も4銭、5銭と高くなり、2、3年のうちには、そのストックをすべて処分し、追加製造するに至ったという。払い下げの牛肉缶詰を格安で販売したことが、いち早く一般民衆に牛肉缶詰を普及するきっかけになり、日本国民の食生活に変化をもたらしたのである[22]。当時ご馳走といえば牛肉缶詰というほど内需缶詰の王者へと成長したのであった。1902年11月、明治天皇が熊本県下での大演説会に行幸した際も、その昼飯に牛肉缶詰を食したという[23]。

日露戦争後に缶詰の払い下げが行われたか否かについて『日本缶詰史』（第1巻）からは、関連する記述を確認することができなかった。しかし、表4-2からわかるように、日露戦争では、日清戦争に比して9倍以上の缶詰が軍に納入されたため、戦争終了後に缶詰ストックの払い下げを行われた可能性が高い。

第 4 章　近代缶詰

　またその後 1923 年に相模湾を震源地とする関東大震災が発生した際、避難民の救済用食料として缶詰が使用され、缶詰の特長である保存性や利便性・安全性が一般民衆にも認識されるようになり、国内の需要を高めるきっかけになったという[24]。同震災では、救援物資として各地から続々と寄贈缶詰が送られてきたことが記録されており（5 万 8000 函≒280 万個）、臨時震災救護事務局では救援缶詰をみずから配給する手段を欠いていたため、缶詰普及協会と東京缶詰同業組合が「缶詰配給団」を結成、配給にあたった[25]。

六、缶詰の輸出と国内における贈答品への活用

　缶詰の製造が一つの産業として確立すると、日清戦争・日露戦争の後の軍需が一旦途絶えたのち、缶詰産業の国内需要の縮小が問題になった。同業界内では、欧米人の嗜好にあった缶詰を新たに開発することで輸出産業としての成長が模索された。日清戦争後には、諸外国向けの缶詰輸出が本格化した。たとえばハワイなどに出稼ぎに出た在外日本人向けに、牛肉の大和煮や醤油味付けをされた缶詰が開発され、好評を得た。また外国人向けとしては、まずは従来中国向けに輸出されていた海産物の缶詰化が試みられた。なかでも、あわび水煮は中国方面で好評を得、主に長崎方面から中国に輸出された[26]。

　また 1910 年代には、欧米向けの重要な輸出産品としてカニ缶詰が登場した。また、日露戦争後の 1907 年に日露漁業協定が締結されたことにより、オホーツク方面でサケの原料確保ができ、サケ缶詰の生産が軌道に乗った。さらに、1913 年にはアメリカからの製缶・缶詰機械が初めて導入されることを発端として製造技術の近代化も進められた。その後、1930 年代に入ると缶詰産業は近代日本の重要な輸出産業に成長を遂げた。その代表的な輸出商品は、カニ缶・サケ缶であった[27]。

　また 1929 年 6 月、静岡県水産試験場では村上芳雄技師などによって、マグロ油漬缶詰が研究開発された。輸出用に工夫された特殊な缶やアメリカの綿実油などを利用するなど、アメリカ人の嗜好に沿えるように製造した結果、米国市場に輸出され好評を博した[28]。

　保存食としての缶詰の認知が進んだ結果、缶詰は贈答品としても活用されるようになった。製菓業について述べる第 5 章でも詳述するが、贈答品は通常

第2部 個別産業における食品衛生・品質問題

表4-4 香典帳基礎情報

NO.	西暦	死者	香典件数	貨幣のみ	品物のみ	貨幣品物	品数*1	品物	青物
1	1814	2代先妻	159	106	43	10	7/18	現金、茶、ろうそく、そうめん、前だけ、松たけ、油あげ、しみこん	白米、赤飯、にしめ、味噌、油あげ、豆腐、焼豆腐、いも、ささぎ、なす、なつな、松たけ、牛蒡、人参、しめじ、大豆、れんこん、麦
2	1825	1代当主	155	119	23	13	18	菓子、茶、ろうそく、白米、赤飯、味噌、麦もの、油あげ、人参、大根、ふ、なら漬、蝋燭、切麺、そうめん、大つき、みつみわ、とふふ	
3	1829	1代妻	138	109	18	11	15	現金、白米、赤飯、味噌、煮しめ、牛蒡、干物、油あげ、大豆もやし、いも、とふふ、生とふふ、生こん、ろうそく、せんやい	
4	1843	2代当主	114	92	11	11	11	現金、白米、線香、味噌、ごま、茶、とふふ、芋、ろうそく、こぼう、焼ふ、そうめん	
5	1849	2代四男	96	78	4	14	11	現金、赤飯、白米、味噌、いも、菊、牛蒡、せり、ろうそく、いも、青物、線香	
6	1855	2代後妻	110	85	14	11	12	現金、白米、味噌、大豆、なつな、線香、手拭、ろうそく、切そうめん、ふ、とふふ、茗荷	
7	1882	3代当主	136	87	12	37	9	現金、白米、赤飯、味噌、ろうそく、線香、手拭、羊羹、寒天、酒（深之雪、杯之雪）	
8	1896	4代当主	138	89	3	46	11/9	現金、白米、赤飯、菓子、栗、せんべい、酒（梅之雪、越之雪、深之雪）、ろうそく、線香、燈明、手拭	芋子、菊、なつな、大根、青菜、栗、豆腐、豆麩、ナス
9	1898	3代妻	143	82	4	57	10/8	現金、白米、赤飯、羊羹、そうめん、菓子、酒（梅之雪、越之雪、谷之雪）、線香、燈明、寒天、温麺、越之雪、深之雪	芋子、牛蒡、人参、なつな、ちよみつな、世利、こんにやく、豆腐代
10	1905	子供	6	0	6	0	3	線香、燈明、豆腐	
11	1909	子供	21	2	17	2	5	現金、豆腐、燈明、線香、のし梅、菓子	
12	1920	5代妻	190	105	18	67	15/8	現金、赤飯、白米、ろうそく、燈明、線香、菓子、うんどん、寒天、茶、酒（越之雪、深之雪）、まめふ、花、ウドモヤシ	京菜、人参、豆腐、せり、玉菜、大根、ふ

第 4 章　近代缶詰

	年						月/日	香典品目	青物品目
13	1924	4代妻	206	110	12	84	22/10	現金、赤飯、白米、石ローめん、線香、ろうそく、桃缶、缶詰、花筒、造花、のし梅、寒天、ビスケット、なめこ缶詰、茶、冷麦、砂糖、白砂糖、うどん、中折、ブドウ酒、菓子	麩、豆麩、漬瓜、青ささぎ、ささぎ、夏菜、人参、ナス、きゅうり、玉菜
14	1931	6代次男	191	111	9	71	16/10	現金、赤飯、白米、大白、石ロー、線香、石ろうそく、なめこ缶詰、うどん、そうめん、寒天、茶、造花、花篭、弔旗、吊電	豆腐、人参、玉菜、ふ、牛蒡、夏芋、白米、豆もやし、ザラット、現金
15	1931	5代当主	195	112	9	74	18/9	現金、赤飯、白米、弔旗、線香、蝋燭、寒天、菓子、造花、花輪、弔旗、そうめん、うどん、茶、香料、ビスケット、ブドウ酒、ブドウ酒、パイナップル、のし梅	豆腐、人参、菊、ショウガ、京水菜、牛蒡、玉菜、芳蓮草、木の子
16	1934	7代長男	30	4	14	12	9	現金、石ろう、線香、うどん、菓子、梨、寒天、羊羹、ふ、さつま芋	
17	1950	6代三男	64	46	1	17	7/12	現金、赤飯用米、線香、寒天、ブドウ、まんじゅう、花、茶	モウカ、こんにゃく、青ササギ、豆腐、さつま芋、里芋、京水菜、ほうれんそう、胡瓜、玉菜、生花、ふ
18	1952	6代当主	276	220	2	5	9/11	現金、赤飯、白米、寒天、みかん、缶詰、生花、春雨、ローソク	醤油、玉菜、タクアン漬、ナスケ、水菜、豆腐、クルミ、人参、味噌、コンニャク、油揚
19	1976	6代妻	329	317	0	12	8/22	現金、白米、豆麩、洋菓子、菓子	キウリ、白菜、ショーガ、椎茸、春雨、こんにゃく、トマト、椎茸、羊羹、サイダー、タマリ、水にし、クルミ、ツキコン、人参、メロン、なめこ缶詰、パセリ、ワラビ、菊、油揚、ピーマン、糸こん
20	1977	7代当主	400	384	0	16	10/12	現金、糯米、パイン缶詰、寒天草、線香、海苔、缶詰、菓子、椎茸、春雨、生花	青物代、寒天、コンニャク、豆腐、甘藍、春雨、ホーレン草、ツキコン、芋子、白米
21	1984	7代妻	354	335	2	17	8/5	現金、菓子、そうめん、ぶどう、線香、缶詰、寒天、椎茸、焼麩	豆腐、きゅうり、コンニャク、油揚、和梨

＊上段は葬香典における品数、下段は青物の品数。上段のみの場合は、青物見舞
出所：山口睦『贈答の近代：人類学からみた贈与交換と日本社会』東北大学出版会、2012年、86-87頁。

の消費に比べて生産から消費までの間に時間差が生じる可能性が高く、その点缶詰製品のもつ保存性の高さは贈答品に好適であると言えた。ただ庶民レベルの普及状況についてはその価格がネックとなることもあったようである。山口睦によって、山口県の地主農家であるＡ家の香典帳・出産祝の帳面（表4-4　香典帳基礎情報）（表4-5　出産祝品目一覧表）が整理されたが、そのなかで、山口睦は香典の贈答品目に関して、戦前において、缶詰が高値であるため、ほとんど使うことがなく、戦後でようやく贈られるようになったと記載している。しかし一方で、出産祝の贈答品目（表4-5　出産祝品目一覧表）に関しては、魚類缶詰が魚類の代替物として贈られることが多いとされている[29]。また、1908年頃、暑中のギフトとして、缶詰が贈られる習慣が定着しつつあったという記録もある。新聞記事には贈答用商品として、「あゆの缶詰」（『九州日々新聞』6月30日）、「鶴とすっぽん」（『時事新報』1900年10月15日ほか、「乾しのり」、「味付のり」（『時事新報』7月13日）などの広告が掲載されていることを確認することができる[30]。

第二節　缶詰の品質問題

　缶詰は日本社会にとって新しい形の加工食品であり、それゆえに製造者は消費者側にも技術の未熟や商品知識の欠如から安全面で事故を引き起こす可能性が存在した。また安全面を管理する行政側にも適切な取締り基準について見解が統一できないケースも存在した。以下において缶詰産業において発生した品質問題を段階的に紹介する。

一、不当表示

　「浅草町の食糧品店で買った缶詰はレッテルには極めて美味しい蟹を描いてあるにも変わらず中味は全く三分の二以上ほかの魚のあらや其他四五種類の切り身を突込んであり、且つ既に腐敗に近く悪臭甚だしいものである。しかもレッテルにはわざわざ英語で『日本海、岡田缶詰商会』と書いてあるなど素人には上等品しか見えない」[31]。缶詰は金属缶の周囲を紙製のラベルでラッピングする製造手法の性格上、華やかなラベルが購買意欲に影響を与える側面の多い商

第 4 章　近代缶詰

表 4-5　出産祝品目一覧表

番号	年月日	出産祝、安産祝い、出産祝い品目	贈与件数	男女
1	1837.1.3	白米（五升）、塩引（壱本）、ふつこ（六本）、たらこ（包）、にしん（七本、六本）	10	
2	1837?.4.13	にしん（五本）、まきいか	5	
3	1838.5.17	かつ（中壱つ、弐つ小）、ふつこ、にしん（九本）、焼かれい（五本）、弐尺しふく、なめこ？（七本）、せんへい（弐十分）	6	
4	1846.1.13	白米（五升）、にしん（五本）、味噌、ふな？（壱本、弐本）	7	
5	1914	かつ（五十三匁、六拾匁）、かれい？（二枚）、かつ（二本）、さめ焼き（十本）、とり（五拾子）、玉こ（十）、塩引（十）、潮引（十）	12	
		こんかま（六尺）、流行嶋（五尺）、大はば（七粁五寸）		
6	1922.8.15	サケ缶詰（弐ツ）、缶詰（弐ツ）、玉子（五ツ）、麩（一さけ）、塩引？（十四ケ、十ケ）	13	
		花染（一丈）、白（一朱五分）、木棉かすり（半反）、ふし（五十反）、白磁永（壱丈九尺）、衣之地大中（一丈）		
7	1935.7	味噌（一重）、麩（二サケ）、玉子（拾参個、二十個）、鰹、ラムネ（三斤）、塩引（九枚）、菓子折、鮭缶（二ケ）、帆立（九十枚）、鯉（弐百匁）	34	女児
		大中ネム（五尺）、華染（壱丈壱尺）、新毛斯（壱丈）、形付（一丈）、白地紋（壱反二尺）、ベビー服（一着）、羽二重よだれ掛（一枚）、縮織（壱丈二尺）、唐縮緬（二尺）、人絹縮緬（大中五尺）、ネル縮緬（大中壱丈）、人絹縮緬木綿（並中壱丈）、富士綿袖なし（伊着）、唐縮緬仙形（大中壱丈二尺）		
8	1935.11	青物申受：人参、豆腐（六丁）、えび	3	女児
		貨幣（壱円、五十銭）	9	
		鰹（弐本入壱箱）、いか（壱把）		
		中折（弐貼）、花染（壱反）、ネル大中（八尺）、掛衣裳（一重）、ネンネ裏表反物、メリンス帽子、毛糸帽子、帯（一本）、メリンス（一反）		
9	1937.9	貨幣（三円太物代、五十銭）	20	女児
		鮭かん（二ケ、三ケ）、味噌（一重、二重）、鰹ふし（二）、塩引（二本）、サンコクタチ干物		
		木綿（一丈七尺）、裏地メリンス、ネル大巾、パラマント（一丈八尺）、形付木綿（壱反）		
10	1940.1	貨幣（五十銭）	23	男児
		味噌（一重）、鮭かん（二）、苹果（十）、鮭（弐百匁）、塩鮭・鰹節（百二十匁）、鮭缶（二個）、麩（一サケ）、玉子（十個）		
		唐縮、木綿形（一尺）、ネル大巾（五尺）		

179

第 2 部　個別産業における食品衛生・品質問題

No.	年月日	品目	数	備考
11	1942.10	貨幣（五十銭、壱円、五円）	18	
		鯛、するめ、煮物、玉子（五ケ、六ケ、拾ケ）、味噌（一重）、葡萄酒（一本）、梨子（三ケ）、洋かん大（四本）		
12	1944.5.25	貨幣（壱円、弐円五十銭、五円、拾円）	24	男児
		味噌（一重、二重）、のり（一己）、玉子（弐拾ケ）、カレホシ（五枚）、麩（五本）		
		富士絹（一丈二尺）、人絹大巾物五尺裏地		
13	1958.9.19	貨幣（百円）	15	
		生菓子、まんぢう、菓子、みそ、あめ（一箱）、さばかん（三ケ）、ます（一尾）、くちらかん（三ケ）		
		スフ布地（二ヤール?）、ナフトール（二ヤール?）、おしめカバー、きもち裁ち（一枚）、よだれかけ（一ケ）、なみ巾（一丈二尺）、交織（二ヤール）、アットール赤一反、富士絹、布地		
	10.9　二十一日祝い	貨幣（五百円）	13	
		生菓子（二百円位）、鱒（一尾）、ようかん（三本）、すづこ		
		布地、裏地、背負帯、流行帽子毛糸、ベビー服、毛糸帽子、洋服の下着、よだれ掛、スキー純毛毛糸、かめこ布地		
14	1964.2.3	貨幣（五百円、三百円、二百円）	30	男児
		味噌（一重）、さけ缶（3ケ）、卵（15ケ、10ケ）、菓子、ケーキ（一箱）、果物缶詰（四ケ、三ケ）		
		毛糸幼児着（一着）、ネル、子供着（一着、上下）、毛糸、布、おしめカバー、よだれかけ、毛布（一枚）		
	3.1　出生祝い	貨幣（500円、1万円、壱千円、弐千円）	9	
		菓子（箱一ケ）、清酒（一升）		
		ケープ（一着）、毛糸（十カセ、七カセ）、子供着（一着）		
15	1965.11.5	貨幣（二千円、三百円）	19	女児
		洋生菓子（一箱）、フラワー・ケーキ（一箱）、鮭缶（三個）、味噌（一重）、刺身、洋菓子、さば缶詰（三個）		
		毛糸（五かせ、三かせ）、おしめカバー、下着（一枚）、裏地、下着上下、中わた（百匁）、ベビー毛布、ベビー服・袖なし、ナイロンモスリン（二メートル）、肌着上下、子供服上下		
		ガラガラ		
	12.6　出生祝い	貨幣（千円、三百円）	13	
		菓子（一袋）		
		毛糸（七かせ、四かせ）、毛糸大玉（二ケ）、メリンスひとつみあわせ、わた入れ、ネル下着袖なし、ネル着物地、ネルガラ物（二メートル）、ナイロンモスリン（二メートル）、模様入タオル（二メートル）、毛糸制服上下、おしめカバー、ベビー服上下、肌着上下		

第 4 章　近代缶詰

16	1991.8.25	貨幣（三万円、一万円、五千円、三千円）	16	女児
		ブドウ（キャンベル箱、巨峰）、果物（一パック）、カルピス箱、リンゴ、キャベツ、イチゴ		
		肌下着、子供服オーバーオール		
		花束（バラかすみ草）、花瓶、洗剤ハイター		
	9.15　二十一日祝い	貨幣（三万円、一万円、五千円、三千円）、商品券（一万円）	47	
		ブドウ（箱）、カルピス箱、バナナ、果物缶詰、味噌、オーバーオール、子供服（ピンクスカート）、肌着パジャマ上下、パジャマ上下、バスタオル		
		スベリ台ジム		
17	1993.10.22	貨幣（一万円、五千円、三千円、弐千円）	30	女児
		ブドウ（一箱）、みかん、柿、ゆで栗、菓子、味噌（一重）		
		ベビー服肌着、セーター（二着）		
		洗剤、ぬいぐるみ		
18	1998.7.19 祝い	貨幣（五万円、三万円、二万円、一万円）	9	女児
		菓子、羊かん（一箱）、清酒（一升）、ワイン、ジュース、冷酒（二本）、笹かまぼこ、メロン一箱		
		子供くつ、ベビー服上下、子供服上下、タオルケット		
	1.31　誕生	貨幣（弐万円、壱万円、八千円、五千円、参千円）	18	
		味噌（一重）、菓子折		
		タオルセット		
19	2001.3.25	貨幣（壱万円、五千円）	8	女児
		鯉煮、清酒（一升）		

出典：山口睦『贈答の近代：人類学からみた贈与交換と日本社会』東北大学出版会、2012 年、221-223 頁。

品である。また開封するまで商品の品質確認が難しく、購入から開封までの時間が長くなりがちであることから、誇大広告や不当表示といったモラル・ハザードが発生しやすい商品であった。冒頭の引用は上記の問題点を典型的に示した事例であると言えるだろう。この種の問題は悪質な業者が意図的に行うものであり、食品衛生以前の問題とも言えるが、内容物の確認が難しいという意味で、缶詰という商品で問題が深刻化しやすい問題でもあった。

二、缶詰中毒

　また販売側ではなく、消費者側の知識の欠如から事故が起こるケースも存在した。星野佐紀（日本缶詰協会常務理事）は1923年に群馬県でサケ缶詰中毒事件の原因が、被害者が缶詰を開封3日後に摂取したことにあったと説明している[32]。また、小石川でサケ缶詰を食べた児童3名が死亡した事例では、「夕べ鮭の缶詰を食べて残ったのに醤油をかけて今朝皆な食べたが、その昼になって食べた子供が死んだ」という証言から醤油に含まれていたベタナフトールという物質による中毒が疑われた事例を紹介している[33]。2つの事件に共通するのは、被害者が缶詰の保存性が原則として開封前の間に限定されるという知識を持っておらず、開封から日にちが経過した後、摂取した結果、事故が起きているというケースである。このような食中毒事件に対して、当時の警察やメディアも十分な知識を有しておらず、十分な科学的な原因究明手順を踏まず、開封から接触までの期間を無視して缶詰を食べた結果、食中毒が発生したという側面のみを取り上げていることに注意を促している。消費者側の缶詰に関する知識の欠如と同時に、衛生取締業務を担当している衛生警察の専門知識の欠如も当時の問題であったのである。

三、防腐剤問題

　また本来は安全性を向上させるために行われた措置が、却って当該食品の危険性を高めるケースも存在した。食品添加物のなかでも防腐剤に属する添加物は、本来は腐敗を防止、あるいは腐敗の進行を遅らせることによって、食品の安全性を向上させることが目的の添加物である。しかし善意で用いられた添加物に後日、他の面から危険性が指摘されたり、その使用量のついての規制が適切さを欠いた結果、防腐剤の使用が不当に制限されるような事例が存在した。前述の星野佐紀（日本缶詰協会常務理事）は、缶詰に防腐剤が使用されているや否やについて、以下のように述べている。

　1903年に制定された「防腐剤取締規則」は、缶詰製造に防腐剤を使用することを禁じているが、本来缶詰は貯蔵するのに、殺菌して貯蔵する必要がある。そもそも、缶詰の原料には、天然にサルチル酸・硼酸・フォルマリンなどの防

腐剤が存在する場合があり、そこで、外国から缶詰の原料を輸入する際、問題が生じてしまう。外国においては一部製品には、防腐剤を使用することが許されているが、日本では、例外なく防腐剤の使用が禁じられている。たとえば蟹の缶詰には天然に微量のフォルマリンが含有することがあるが、これを警察が検査で発見した結果、標本分析の結果として、10万分の1～20万分の1という極めて少量しか検出されなかったにもかかわらず、結果的に発売禁止という騒ぎになった。また1927年には、乾あんずに硫酸銅が含まれているという警視庁の研究が事件化した[34]。従来、乾あんずは、硫酸銅をもって漂白することで、美しい発色を得ており、同時に防腐剤としての効果が認められてきたが、アメリカでは、2000分の1までに硫酸銅の使用を許可されていることから、輸入乾あんずは、警視庁の令により、発売禁止となったのである。また同時期にアスパラガスの缶詰に亜硫酸が検出され、全国的に発売禁止となった事例も存在した。この場合も、標本分析の結果として、亜硫酸が何十万分の一しか検出されなかった。以上のような特定の物質がごく微量でも存在すれば即全面発売禁止にする現行制度には問題がある。葡萄酒に必ず亜硫酸が含まれており、「薬局法」で葡萄酒に亜硫酸を使用することが認められているが、「防腐剤取締規則」ではその使用を禁じられているという明らかな矛盾も存在している。また、台湾産の白糖にしても、亜硫酸を漂白剤として使用しているため、必ず亜硫酸が含まれている[35]。

以上の星野の指摘は、防腐剤に含まれる化学物質を大量に摂取すれば有害なものが含まれていることを認めつつも、その使用を全面的に禁止することは現実的ではなく、また他の制度との矛盾も存在することを指摘するものである。添加物に含まれる化学物質についても健康に有意な影響を与えない量を超えた時点で規制すべきであると、欧米式の取締基準の導入を主張している。結果的に、上記の経緯もあり、業界の努力も相まって、1903年6月15日にようやく「防腐剤取締規則」の亜硫酸の部分は改正されるようになったのである。

第2部　個別産業における食品衛生・品質問題

表 4-6　缶詰業界の変遷

1897 年	東京洋酒缶詰問屋同業組合
1905 年 3 月	大日本缶詰連合会
1922 年 6 月	缶詰普及協会
1923 年	東京缶詰同業協会（東京洋酒缶詰問屋同業組合から分離）
1927 年	日本缶詰協会（大日本缶詰連合会と缶詰普及協会の合併）

第三節　業界対応

一、缶詰組合の沿革

　明治初年からともに海外からの舶来品である洋酒・缶詰は、1897 年に準則組合を結成し、幾多の変遷を経て東京洋酒缶詰問屋同業組合と改称した。また缶詰独自の団体としては、1922 年にサケ缶詰の国内消費拡大を目的とした缶詰普及協会が創立され、輸出とともに国内の需要拡大を図った。当普及協会の活動としては、①市販缶詰開缶研究会、②研究会に出品の優良缶詰に推奨マークの貼付、③缶詰の宣伝試食等を行っている[36]。その主な担い手は、北洋漁業・日魯漁業・フレザー食品・三菱商事であった[37]。

　組合では、缶詰を新興商品として発展させるためには、組合中心による施策が不可欠という意見が提起され、従来から共存してきた洋酒と缶詰の統一組合「東京洋酒缶詰問屋同業組合」を分離する議論が持ち上がるようになった。缶詰普及協会の担い手である 4 社はその主唱者であった。1923 年 1 月 29 日の同組合定時総会を機に、組合は分離問題の解決に一歩踏み出すこととなった。協議を重ねた後、ついに同年 3 月 12 日に臨時総会が開かれ、洋酒と缶詰の組合分離が決定された。これにより、東京洋酒缶詰問屋同業組合は東京洋酒食料品同業組合と改称され、1923 年 12 月 7 日東京缶詰同業協会の設立が完了した。翌 24 年には、大阪洋酒缶詰輸出海産物同業組合でも、缶詰業が分離独立することとなり、大阪缶詰同業組合が創立されたのである[38]。1927 年には、1905 年創立の大日本缶詰連合会と、1922 年創立の缶詰普及協会の 2 つの缶詰業界団体が合併し、社団法人日本缶詰協会が設立され缶詰業界におけるその

時々の問題を協議、缶詰品評会の開催、技術研究等を行い缶詰業界の発展のために活動した[39]。

二、普及事業

　大正中期に至り、日本の缶詰輸出は目覚ましい発展を示し、とりわけカムチャッカの日本製紅さけ缶詰の輸出はソ連さえ圧倒した。しかし、国内向けのさけ缶詰需要は伸び悩みの状態が続き、その年間消費は5〜6万函のまま推移していた。限られた国内消費市場をめぐって、大手のセール・フレザー、三菱のほか、日魯、カネ辰鈴木、三井なども参入した結果、缶詰の価格が下がる一方となった。価格を維持すべく、缶詰業関係業者による協議が行われた。協議の結果、国内販売は全面的に三菱に一任されたが、セール・フレザーの阿部三虎に缶詰普及協会を組織させ、さけ缶詰のPRに当たらせることとなった[40]。

　阿部三虎は、国内の現状を踏まえながら、缶詰の品質向上・普及を図るため、缶詰普及協会の事業方針を以下のように示した。①市販缶詰開缶研究会を開催すること、②研究会に出品された優良缶詰に「推奨マーク」を付与し、貼付すること、③サーモン・デーを開催し、さけ缶詰の宣伝試食を行うこと、④その他業界発展のためあらゆる活動を行うこと、⑤『缶詰時報』を発行することなどであった[41]。

三、市販缶詰開缶研究会の開催と「推奨マーク」、缶型の統一

　市販缶詰開缶研究会は、「業界の健康を保つために、みずから健康診断を受ける」という趣旨をもって発足した。同研究会は、1922年から1927年にわたって、39回開かれ、製品の試食会などが実施された。1927年以降は、新たに発足した日本缶詰協会が主催主体となり、1941年まで行われていた。1941年から総力戦体制に移行したため、1941年4月8月に大阪での開催を最後に、169回も続いた市販缶詰開缶研究会がその任を終えた[42]。同研究会における活動成果としては、自ら制定した「推奨マーク」を出品された優良缶詰に付与したというものがある。これは、優良な商品を消費者に直接宣伝することが目的であり、「推奨マーク」は出品されたものと同一品のものに限って、貼り付

第 2 部　個別産業における食品衛生・品質問題

図 4-1　推奨マーク

けが許されたという [43]。

「推奨マーク」は、直径 4,5 センチほどで、白地に青色の意匠で、真っ中に「推奨」という文字が大きく打ち出されており、それを囲むように、「セウヒ（消費）」・「セイゾウ」・「ハンバイ」のカタカナが三角形に配置された。これは、「三者相たすけて始めてかん詰業の発展すべきこと」を意味している。さらに、外側の円にスローガンである「消費者ニ味方スルモノハ最後ノ勝利者ナリ」という文字が刷り込まれている。三角形と円の間に、「推奨マーク」の発行・認証機関である「缶詰普及協会」・「東京缶詰同業組合」・「市販缶詰開缶研究会審査」の名も記された [44]。このマークが果たした役割については、①需要者のための最も見易き目標、②製造者と問屋との融合一致の標識、③優良かん詰製造者または販売者の連合広告、との 3 点にあるとされた [45]。

また開缶研究会の記録によると、その当時の市販缶詰は内容量が無表記のものが多かった。たとえ、表記があっても、実態と異なる場合がほとんどであった。また、100 種以上の製品に対して、300 種以上のかん型が存在していたため、商品を比較して内容量を定めることは事実上不可能な状態であった。当時「度量衡法」と「輸出飲食物缶詰取締規則」（1916 年 1 月、農商務省令第 11 号）という缶詰の内容量を規制する法律があるが、同法は主として輸出用缶詰を規定する法律であって、輸出する際はその規定を遵守するが、日本国内向けの製品となるとその拘束力がないに等しい状態であった [46]。

缶詰普及協会でかん型の統一問題を取り上げる以前、すでに一部その必要性が指摘されていたという事実がある。1915 年 8 月、函館で開催された第 10

回全国缶詰業連合大会においては、「かん型の統一の件」という議案が可決された。翌1916年11月、横浜で開催された第11回大会では、「かん詰内容量表示という件」という議案に対して、「内容を表示するということを政府に建議して省令発布請願の事」を可決されたという。1919年6月、名古屋での第14回大会では、「かん型制定の件」が上提された。1920年11月、東京での第15回大会では、「かん詰種類別により内容量を一定する事」、「かん詰かん型を種類別により一定にする事」が提案され、2つとも委員に付託することとなった。1920年6月、京都での第16回大会では、「かん詰種類別により内容量を一定する事」、「かん詰かん型を種類別により一定にする事」、「かん詰の種類により固形肉量と液汁量を一定する事」が提案され、審議の結果により、1921年1月1日より実行することとなった[47]。

しかし、缶詰業界の末端の製造家まで、サニタリーかん（衛生缶）を普及させ、かん型統一を進行させることは容易ではなかった。開缶研究会に出品された市販缶詰のかん型の種類別総数からその一面をうかがえる。第1回—第9回では、丸かん総数809かんに対し、標準かん総数が201かんに過ぎず、わずか2割4分強であった。第10回—第21回では、丸かん総数1978かんに対し、標準かん総数が692かんに過ぎず、3割5分強にとどまった[48]。

ようやく、1930年11月21日になり、農林省水産局・農務局・畜産局の後援を得て、日本缶詰協会主催で、「缶詰内容標準量規定制定およびかん型規格統一に関する全国関係団体協議会が開かれることとなった。その結果、満場一致承認することとなり、その後、東京・大阪両缶詰同業組合の定時総会においては、前述した協議会の決議が採択可決され、各地の缶詰同業組合総会においても続々と可決されることとなった」[49]。

輸出飲料物注意　農商務省告示

其筋にては輸出飲食物缶詰取締規則に関し左の注意事項を告示したり
一、輸出飲食物缶詰取締規則に缶詰と謂うは貯蔵の目的を以て飲食物を缶に充填し之を密封したる後加熱し殺菌（空気を排除し又は排除せす）せるものにして菓子、乾海苔等の□入を含まず

二、輸出飲食物缶詰取締規則に正味量とは波汁を注加するものに在りては其波汁を除きたるものを謂う但し波汁を注加せさるも内容物の性質上波汁、脂油等の浸出するもの又は調味上少量の注加物を必要とするものに在りては其内容総量を表示するを妨げず

　例えば鮭、鱒、□、□缶詰類、トマトーソース漬缶詰類、魚介、鳥、獣肉大和煮缶詰類、酢漬缶詰、福神漬缶詰類等

三、正味量は缶詰製了後に於ける前記重量を指すものなるを以て肉詰の際相当歩減を見込むこと必要にして其表示が内容実量より少き場合は妨なし

四、正味量及び品名の表示方法は左の何れかの方法に依るべきものとす
　（イ）レーベル又は缶に印刷すること
　（ロ）レーベルに捺印すること
　（ハ）缶の蓋又は底に打出すこと
　（ニ）（イ）（ロ）（ハ）の一に依らざる場合は缶の見易き部分にコーパル又は票紙等を以て表示すること

五、正味量表示用語は仕出先に依りオンスグラム、ポンド、匁等便宜の方法に依ることを得
　英量を以て表示する場合は一ポンド以上のものはポンドを単位とし一ポンド未満のものはオンスを単位とすること
　備考　一封度、十六オンス、約百二十匁、一オンス、約七匁五分

六、省令施行（大正五年四月一日）前に製造したるものにして省令規定の表示なきものを輸出せんとする場合は附則に基き地方長官の許可を受けざるべからざるを以て其際は該製品の品名、製造地名、製造人名製造年月、輸出港及仕向先を記載し産地所管の地方長官又は輸出港所管の地方長官に差出し許可書の交付を受け之を輸出申告書に添付し税関に差出すべきものとす

出所：横浜貿易新報、1916年3月21日。

四、サーモン・デーと『缶詰時報』の刊行

　1922年8月1日、全国商業会議所主催の勤倹貯蓄に関わる催しにおいて、缶詰普及協会は「節約日＝サーモン・デー」をスローガンに掲げ、さけ缶詰の

普及宣伝を行った。白塗りの乗用車に「節約日サーモン・デー」という旗を立てて練り歩いたり、美味・滋養・衛生的な民衆的食糧品とアピールした数万本の紙の小旗を一般民衆・小売店に配布したり、新聞に広告を掲載した。8月4日から大阪三越で開催された「夏の食糧品陳列会」では、さけ缶詰料理を提供するほか、子どもに前述したアピール用の小旗をも配布した。9月1日、東京京橋交差点近くにある星製薬ビルに新たにオープンした食堂に、さけ缶詰料理を提供し、好評を博した。その食堂に毎月1日、15日に、さけ缶詰料理が提供されるようになった。11月12日から29日まで開催される文部省主催の消費経済展覧会（場所：お茶の水東京博物館）でも、さけ缶詰料理を提供した。そのなか、21日にさけ缶詰料理の実演・試食および講演を行ったことは、来場者のみならず、一般紙の国民新聞、東京夕刊、東京毎夕、東京朝日などまでに賞賛されたという。その他百貨店の特売などにも、積極的にさけ缶詰の宣伝を行った[50]。

また1922年8月より、製造家、問屋、貿易業者、小売店などの関係者を対象に、啓発宣伝を目的とした『缶詰時報』が缶詰普及協会により創刊された。創刊号は、論説、海外記事、内地業界のトピックス、各種缶詰の内外商況、ギフト相場などの情報が盛り込まれたA4版20頁の冊子であった。毎月発行され、購読料は1部20銭であったが、次第に発行部数が増加するようになり、購読しない店が極めて少なかったという。後に『缶詰時報』の発行業務を日本缶詰協会に移すようになった[51]。

五、缶詰と黒変問題

近代日本の缶詰産業における代表的な品質問題に、缶詰の「黒変問題」が存在した。カニ、サケ、マグロ、チキン、スイートコーン、アスパラガスなどの原料は、シスチン、システインなどの含硫アミノ酸が比較的多く含まれており、これらを缶詰に加工した際、硫酸水素を生成するという。これが缶材のスズ、鉄に反応して、硫化スズや硫化鉄ができ、内容物だけではなく、缶内面にも黒斑を生じる[52]。このような状況を黒変問題と呼んで、缶詰業における主要な品質問題の一つとなった。

明治期において、缶詰関係業者は水産缶詰の黒変問題を解決するため努力

を重ねた。とりわけカムチャッカ方面では、原料資源が豊富かつ美味でありながら、黒変問題という難関が立ちはだかり、商品として伸び悩んだ。1897 年までは、日本国内において、缶詰の黒変問題に関する研究資料は皆無であった。世界中の文献をみても、カナダ・モントリオール大学のエマフェル教授が1897 年に発表したロブスター缶詰の黒変についての研究報告が唯一の事例であった[53]。1900 年 6 月 25 日、福井県水産講習所の技師吉岡鉄太郎は、「えび、かにかん詰に黒変が生ずるのは、鉄および鉛分が硫化物の作用を受けて、黒色硫化鉛を生ずる」ことを発表した。水産講習所の教官宮崎賢一[54]は、吉岡鉄太郎の研究結果に基づき、衛生上に無害の耐熱性の物質である漆の合剤をもって、缶材のブリキ面を被覆し、鉄分を遮り、黒変を避けることができるという衛生かん材製造法を発明した[55]。

福井県の大与三兵衛という人物は、1893 年の関西府県連合水産共進会において、カニ缶詰を出品した際、黒変防止のため、寒冷紗[56]を用いたという。また、1895 年の第四回内国博覧会にカニ缶詰を出品した際にも、同じく寒冷紗が使われた。大与三兵衛が寒冷紗を用いたカニ缶詰が色味佳美として入賞したという。また、小樽の松吉直兵衛という人物は、1901 年より半紙を用いて、カニ缶詰の内容物を包装した。1902 年には、包装に半紙の代わりとして硫酸紙[57]が使用された。ただし、当時の工場設備や技術上の制限により、硫酸紙の間に脱気できたとしても、硫酸紙の包装内部まで脱気させることが困難であった。さらに日露戦争の影響により、松吉の研究は中断せざるを得なかった。同じ時期には、北海道鬼脇の中山範太郎が製造したカニ缶が横浜岩上合名会社を経て、ハワイに輸出されたが、その結果については不明である[58]。

1902 年、小樽市に北海道水産試験所が設立された。同試験所に前述の松吉直兵衛がカニ缶の黒変問題に関する指導を要請した。その要請に応じて、同試験所はカニ缶の黒変原因究明およびその予防法についての研究を開始した。同試験所の努力により、以下のような 8 つの研究成果が得られた。①原料が新鮮なうちに、速やかに処理して殺菌をすれば黒変はほとんど起らない。②煮水の内蔵が黒変を引き起こす恐れがあるため、カニをあらかじめ枝脚を切離して煮熟すべきである。③原料のカニは捕獲後、長く放置すればするほど肉質が悪化するため、捕獲後すみやかに煮熟すべきである。④煮熟後に白色物質が表面

に附着するが、これを冷水で洗浄すれば黒変を回避することができる。⑤黒変したカニ缶詰は必ずアルカリ反応を呈し、その変色が激しいほどアルカリ反応が強い。⑥黒変は分解中の硫黄と鉄分が化合して硫酸鉄が生成され、カニ肉・液汁および缶の内面を腐蝕した結果である。⑦少量の酸をカニ缶詰に注加すれば絶対に黒変の防止になる。⑧硫酸紙、経木[59]、こんにゃくの薄片などを用いて、カニ肉と缶の内面との接触を防ぐことで、黒変の防止に有効である[60]。

　以上の研究結果から、缶詰業における黒変問題は解決に向かうことができた。黒変は直ちに消費者の健康を害する性格のものではないが、商品の概観を大きく損なう問題であることから、広義の食品衛生問題に含むことが適切であろう。缶詰産業の技術は欧米からもたらされたものであるが、ここに至って日本国内の研究成果により品質の向上を実現できるようになったのである。

おわりに

　以上のように缶詰産業は元々食品の長期保存を目的として開発された技術を基に発展してきた産業分野であり、その発展そのものが食の安全性を向上させる一面を有していた。また食品の長期保存の目的が戦時下における兵食であった点も国家からの安全性管理を厳しく問われる性格を有していた。日本における缶詰産業の形成過程も、日清・日露戦争という軍事的需要をきっかけとするものであり、日本の食品衛生問題の発展の背景に軍事的要因が存在したことをまず指摘しておきたい。しかし戦時期が終わり民間業者が多数参入してきたこと、缶詰の保存性に関する知識を持たない消費者が適切な保存・管理を行わなかったことにより、缶詰産業もまた、食の安全性についての問題を引き起こすこととなった。また缶詰が「贈答」という日本社会の伝統的慣習に組み込まれたことは興味深いが、これによって製造者と購入者、そして消費者との距離と時間が広がることにより、安全性が低下した点も指摘しなければならない。缶詰産業はこうした日本市場に受容されてゆくことによって新たに発生した課題にも対応しなければならなかった。

　この問題を改善に導いたのは、行政や業界団体による品質改良や啓蒙活動であり、またその一方で業界が新たな需要先と目した輸出分野への進出であった。

第 2 部　個別産業における食品衛生・品質問題

海外への輸出製品は製茶産業同様、海外業者からの厳しい視線にさらされることにより、品質と安全性向上への誘因が働いたのである。カニ缶詰の黒変という問題を国内の研究により防止する技術を開発したことは同産業における大きな成果であるが、その原因究明に貢献したのは水産研究所であり、輸出製品という重要性を付与されなければこうした研究が進められたか否かは疑わしい。同産業は日本の近代化の過程で不可避的に発生した、国際貿易と近代軍隊の形成という2つの要因に触発されつつ、安全性向上が進められたと言えるのである。

注

1) 日本和洋酒缶詰新聞社『大日本洋酒缶詰沿革史』1915 年。
2) 山中四郎『日本缶詰史』日本缶詰協会、1962 年。
3) 蟹罐詰發達史編纂委員会・岡本正一編『蟹罐詰發達史』霞ケ関書房、1944 年。
4) 中島常雄編『現代日本産業発達史（第 18 巻）　食品』現代日本産業発達史研究会、1967 年。
5) 山口和雄編『現代日本産業発達史（第 19 巻）　水産』現代日本産業発達史研究会、1965 年。
6) 高柳友彦「缶詰産業の企業化と生産地域の展開――静岡県を事例」（加瀬和俊編『戦前日本の食品産業：1920 〜 30 年代を中心に』東京大学社会科学研究所、2009 年所収）、103 頁。
7) 富永憲生「一九三〇年代の缶詰産業：飛躍とその要因」社会経済史学会『社會經濟史學』53（4）、社会経済史学会、1987 年。
8) 三島康雄『北洋漁業の経営史的研究』ミネルヴァ書房、1972 年。
9) 高柳友彦、同上、103 頁。
10) 産業教育協会編『図説日本産業大系』（第 6 巻）、中央社、1961 年、349 頁。
11) 中外商業新報社経済部編『重要商品の解説』千倉書房、1939 年、256-257 頁。
12) 富永憲生、前掲論文、483 頁；産業教育協会編、前掲書、349 頁。
13) 中島常雄編『現代日本産業発達史：食品』（第 18 巻）、現代日本産業発達史研究会、1967 年 399 頁。
14) 第三回のこと、1890 年開催。
15) 中島常雄編、前掲書、399 頁。
16) 山中四郎『日本缶詰史』（第 1 巻）、日本缶詰協会、1962 年、164 頁。
17) 真杉高之「缶詰史散歩（4）　二つの軍需が育てた明治の缶詰」（『缶詰時報』84（2）、2005 年所収）、130-132 頁。
18) 山中四郎、前掲書、164 頁。
19) 山中四郎、前掲書、164 頁。
20) 中島常雄編、前掲書、403 頁。

第 4 章　近代缶詰

21）山中四郎、前掲書、343 頁。
22）山中四郎、前掲書、167-168 頁。
23）山中四郎、前掲書、343 頁。
24）山中四郎『日本缶詰史』（第 2 巻）、日本缶詰協会、1962 年、298-313 頁。
25）山中四郎、前掲書、299-316 頁。
26）朝比奈貞良編『大日本洋酒缶詰沿革史』日本和洋酒缶詰新聞社、1915 年、206 頁。
27）富永憲生「一九三〇年代の缶詰産業：飛躍とその要因」（社会経済史学会『社會經濟史學』53（4）、1987 年所収）、484 頁。
28）高柳友彦「缶詰産業の企業化と生産地域の展開――静岡県を事例」（加瀬和俊編『戦前日本の食品産業：1920 ～ 30 年代を中心に』東京大学社会科学研究所、2009 年所収）、110 頁。
29）山口睦『贈答の近代：人類学からみた贈与交換と日本社会』東北大学出版会、2012 年、223-225 頁。
30）小菅桂子『近代日本食文化年表』雄山閣出版、1997 年、73 頁。
31）「悪缶詰の実例」『東京朝日新聞』1923 年 8 月 4 日。
32）星野佐紀「缶詰工業の話」（損害保険事業研究所編『工場研究会講演集』（第 4 巻）、損害保険事業研究所、1937 年所収）42-43 頁。
33）星野佐紀述、前掲書、44-45 頁。
34）後の文章に、昨年 3 月 6 月 15 日ようやく「防腐剤取締規則」の亜硫酸の部分が改正されたと言及していたため、「防腐剤取締規則」（正式名称：「飲食物防腐剤、漂白剤取締規則」）が改正されたのは、1928 年 6 月 15 日内務省令第 22 号によるものであった。
35）星野佐紀述、前掲書、37-41 頁。
36）山中四郎、前掲書（第 2 巻）、3 頁。
37）山中四郎、前掲書（第 2 巻）、259 頁。
38）山中四郎、前掲書（第 2 巻）、257-268 頁。
39）日本食糧新聞社編『昭和の食品産業史――日本食糧新聞七〇〇〇号記念』、日本食糧新聞社、1990 年、415 頁。
40）山中四郎、前掲書（第 2 巻）、1 頁。
41）山中四郎、前掲書（第 2 巻）、3 頁。
42）山中四郎、前掲書（第 2 巻）、6 頁。
43）山中四郎、前掲書（第 2 巻）、78-79 頁。
44）山中四郎、前掲書（第 2 巻）、78-79 頁。
45）山中四郎、前掲書（第 2 巻）、80 頁。
46）山中四郎、前掲書（第 2 巻）、271-272 頁。
47）山中四郎、前掲書（第 2 巻）、269-271 頁。
48）山中四郎、前掲書（第 2 巻）、282 頁。
49）山中四郎、前掲書（第 2 巻）、285-298 頁。

第 2 部　個別産業における食品衛生・品質問題

50) 山中四郎、前掲書（第 2 巻）、253-256 頁。
51) 山中四郎、前掲書（第 2 巻）、256-257 頁。
52) 平野孝三郎・三浦利昭『缶詰入門』日本セルフ・サービス協会、1980 年、50 頁。
53) 山中四郎『日本缶詰史』（第 1 巻）、日本缶詰協会、1962 年、山中四郎、前掲書、340 頁。
54) 宮崎賢一の特許申請の住所から推測すると、東京の水産講習所の教官である可能性が高いと考えられる。
55) 山中四郎、前掲書（第 1 巻）、383 頁。
56) 寒冷紗：粗く平織りにした薄い綿布を，糊付けして固く仕上げたもの。芯地・蚊帳などに用いる。本来は麻で製した。唐布（『三省堂 大辞林』より）。
57) 硫酸紙：加工紙の一。パルプから抄造した原紙を濃硫酸に通して表面の繊維を変性させたもの。薄くて耐水・耐油性がある。バターなどの食品や薬品の包装紙，特殊印刷用紙などに使う。パーチメント紙。擬羊皮紙（『三省堂 大辞林』より）。
58) 山中四郎、前掲書（第 1 巻）、339-340 頁。
59) 経木：スギ・ヒノキなどの板を，紙のように薄く削ったもの。物を包んだり手工業の材料にしたりする。鉋掛け（『三省堂 大辞林』より）。
60) 山中四郎、前掲書（第 1 巻）、340-341 頁。

第5章　近代製菓

はじめに

　本章では日本の近代製菓における食品衛生問題に注目する。製菓業を取り上げる理由は、これまで議論してきた製茶業・缶詰業に比べ、輸出産業・軍事産業といった特殊な要因が希薄であり、安全問題が「内需」の論理で展開する可能性が高いと考えたからである。後述するように、製菓業においても輸出と軍需の論理が存在していたが、それでも他産業に比べて「内需」の論理が強く出る産業であったとの認識を持っている。また製菓業製品は幼児の口に入ることが多いことから食品衛生問題のなかでも特に注意すべき分野であるという認識もあり、同産業を検討することとした。

　菓子は、他の食品と同じく風味や形状美の二大要素をもって上等な品とされる。風味は一般に甘味であるが、甘いものに限らず、酸・塩・辛・苦などの諸味も適当に調和されているのである。特に大正時代以降は味覚だけではなく、種々の香料が加えられるようになり、臭覚に刺激を与え、味を助長しようとする傾向が顕著となってきた。また、外形は色彩の配合、意匠の巧拙、形状の是非が重視される傾向がみられる。

　菓子の分類は、主に和菓子・洋菓子の2種に分類することができる。ただし、その折衷の度合いによって、その境界が曖昧なものがあり、昔は洋菓子に属したが今日では和菓子だと見るべきものもある。

　用途面で分類すれば、①見る菓子（婚礼用、法会用）；②食う菓子；③香る菓子（香料菓子）；④酔う菓子（ウィスキーボンボン）；⑤薬用菓子（咳止め飴）；

第２部　個別産業における食品衛生・品質問題

⑥噛む菓子（ガム）などに分類することができる。ただし、見る菓子は食べられないというわけでもないし、噛む菓子は食う菓子にも分類することが可能である。小売上の観点から分類すれば、①蒸菓子類（饅頭）；②棹物類（羊羹）；③干物類（みじん粉に砂糖を混ぜ、型に入れて打ち出した干菓子。主に京都において茶道の点心として需要されることが多い）；④掛物類（蓬莱豆、甘水掛、羊羹掛、五色糖など、核子に砂糖を掛けて仕上げた菓子）；⑤焼物類（パン、煎餅、あられ、カステラ）；⑥飴菓子類（求肥飴、水飴、翁飴、朝鮮飴）；⑦洋菓子類；⑧雑菓子類（微塵棒、おこし、飴ん棒、麦落雁、砂糖漬、瓦煎餅など）の８つに分類することができる[1]。

　製菓全般を取り扱う産業史的な文献は少ないが、森永製菓・明治製菓といった製菓大手企業の企業経営史的な文献は多くみられる。とりわけ戦前期において独占的な地位を築いてきた森永製菓・明治製菓の二大製菓大手企業に関する経営史的な文献はもっとも多く残されている。

　製菓産業に関する先行研究としては、中島常雄編『現代日本産業発達史（第18巻）食品』がある。同研究は期間を戦間期に絞り、製菓企業とりわけ森永製菓・明治製菓による近代日本製菓史上の独占的な地位の獲得過程に焦点を当てた。それは近代日本製菓産業に関する包括的な研究として、通説的な地位を占めている[2]。また、同じく製菓工業史の側面から日本近代製菓業に焦点を当てている笹間愛史『日本食品工業史』がある。笹間は、戦間期の日本製菓業を分析の対象として、生産額と製菓企業の関係に着目し、総生産額における零細経営による生産額の大きさを指摘した。笹間によれば、中小製菓企業は激しい競争を繰り返していたため、製菓産業における資本集中を難しくさせたという[3]。

　池田文痴菴によって編纂された『日本洋菓子史』は、戦前期からの洋菓子産業の歴史を描いたものである。業界はどのような努力をなし、日本国内で普及していったのかという過程を辿りながら、風月堂をはじめとする先発企業、森永太一郎などの先覚者の活動に注目している[4]。森田克徳は、菓子大手メーカー（森永・明治・ロッテ・グリコ・不二家）が歩いてきた道程をたどり、各企業の経営哲学、製品開発、販売企画等を検討し盛衰のメカニズムを考察した上、新たな経営戦略モデルを提言した。そのなかで、戦前期からすでに製造現場や

従業員の衛生に積極的に取り組んでいる森永製菓を高く評価している[5]。また大澤篤は、菓子の「保存性」を分類の基準として提示し、製品の選択や購買層の限定を含む価格設定問題を念頭に置き、保存性の低い菓子生産に重点を置いていた中村屋と、保存性の高い菓子生産に特化した今村製菓の展開事例分析を行った[6]。菓子の保存性に注目した大澤の研究は筆者の問題意識上、非常に注目すべきものである。しかし以上のように、文化史的・産業史的側面から近代日本製菓業を分析する文献・研究が多数存在する一方で、品質側面とりわけ食の安全性について触れている文献・研究はあまり多くない。とはいえ、近代日本製菓業が食の安全面で何の問題もなく発展してきたと考えることはできない。近代日本製菓業は、とりわけ「和菓子」が輸出品でもなく、軍需品でもないため、その品質問題が相対的に大きな問題として取り上げられなかったと考えるほうが妥当だと思われる。本章では、内需向けの食品の典型として製菓業に注目してゆくこととしたい。

第一節　在来和菓子産業の存在形態

一、穀物・砂糖と菓子生産の関連性

　和菓子の製造にとって、不可欠な社会条件は、定着した農業生産（穀物類）の存在だとされている。近世日本における最も大衆的・日常的な和菓子を挙げれば、餅・あられ・せんべいが代表的である。これは、日本における水稲生産の定着とある程度の普及・発展を基礎としたものであったという指摘がある[7]。

　室町・江戸期に至り、砂糖の輸入増大、日本国内砂糖生産の相対的拡大、そして茶道の普及とともに、和菓子の生産はかなりの発展を遂げた。元禄・享保期にいたると、まんじゅう・ようかんなどの「蒸菓子」類にも一般的に砂糖が使われるようになった。これにより、和菓子は宮廷・寺院・武家などが消費する「上菓子」と一般民衆が消費する「駄菓子」とに区分されるようになった。とりわけ、「駄菓子」の場合は、明治以降においても、洋菓子の影響を受けながら、多様な変化を遂げ、近代和菓子市場の中心的な内容を為したのである。なお、「上菓子」の場合は、その主要な消費者である武士層が四民平等政策など近代化政

策により解体されることとなり、次第に市場の縮小を余儀なくされた[8]。

二、在来和菓子産業の限界性

　明治前期における製菓業の存在形態は、地方的かつ分散的な小工業であった。1874年に刊行された『府県物産表』によると、全国にわたってかなり広く菓子製造がみられる。また、菓子の分類は府県別に異なることが多いが、比較的に広く見られるものは、「水あめ」・「乾菓子」「蒸菓子」あるいは「煎餅」・「金米糖」・「饅頭」などであった。主に在来の和菓子が中心的であり、とりわけ京都府には、きわめて詳細な品目別統計が存在し、その中心的な位置を占めるのが和菓子であった[9]。

　在来の製菓業とりわけ和菓子の生産が、地方的かつ分散的な小工業に止まった理由として、①消費市場の制約、②製菓業者の資本蓄積の不足、③技術的制約の3点が指摘されている。明治政府の重要な徴税対象[10]として認識されながらも、和菓子産業の生産近代化は相対的に遅れをみせたのである[11]。

第二節　近代洋菓子市場の形成

　幕末開港以降、従来の和菓子市場に加え、明治初期において新たな洋菓子市場が形成された。それは、外国製洋菓子の輸入による市場形成であった。ケーキ類を代表とする洋生菓子の消費期限は短かったため、輸入洋菓子は主にキャンディ類、ビスケット類のような相対的に消費期限が長いものに限られていた。また、その消費対象も居留外国人およびごく一部の日本人に限定されていた[12]。

　1899年に、関税定率法（1897年公布）により、輸入菓子類に従価40％の輸入税が課せられることとなった。この税率は、食品類の中で最高の輸入税率であり、日本国内の洋菓子産業保護に関税障壁的な役割を果たしたといえる[13]。

　また、明治初期における洋菓子市場の形成に特殊な役割を果たしていたのは、軍事的なビスケット・パン類需要の発生であった。

第 5 章　近代製菓

一、軍事的な菓子需要

1. チョコレート

　日本で初めてチョコレートを商品として加工・販売したのは、東京両国若松町の米津風月堂だと言われている。風月堂は 1877 年 11 月 1 日の『かなよみ新聞』に、「西洋模造御菓子数品、夫れ洋菓の製たるや、専ら牛乳と麦を以て製するを良味とす、這回弊舗に於いて、精製販売する所のケークは、洋人の良工を傭い、精製せしめ、その種類百を以て数ふ可し」という広告を掲載している。11 月 25 日の『郵便報知新聞』にも「猪口令糖」という名称で広告が出されている。また、1878 年 12 月 24 日の『かなよみ新聞』にも、同店の広告にフロンケーク、祝日用かざり菓子品々、貯古齢糖[14]、バビヨウ、洋酒入ボンボン等の品目があげられている[15]。

　明治期を通して、チョコレートは嗜好品としての性格が強かった。その消費層は、主に居留外国人、海外経験者、一部の特権階級に限られていた。消費が拡大しなかった原因は、日本人の従来の食習慣や、すべての製造原料・ほとんどの製品が輸入頼りで当時の大衆消費水準に生産量が達しなかったことなどが挙げられている[16]。明治期において、チョコレート菓子類が、あまり一般大衆に知られていなかったため、この時代は、製品に対する知識普及に力が注がれた時代であった。1918 年、森永製菓のカカオ豆一貫作業チョコレート製造[17]を契機として、チョコレートの生産力が拡大しはじめ、それに応じて需要も拡大し、大正末年から 1937 年の日中戦争開始までは、チョコレートの需要が最大に達した[18]。しかし日中戦争の戦況悪化により、原料のカカオ豆の自由輸入が不可能となり、戦前期のチョコレート工業のさらなる発展は阻止されることとなった[19]。

　もう一方で、チョコレートは戦地の兵士にとって貴重なカロリー食品ということから、イギリスと同様、日本においても熱帯で溶けにくいチョコレートの開発が進められていた。また 1940 年から 1950 年までの 10 年間、日本国内へのカカオ豆輸入が止まったため、代用品を用いた「チョコレート」開発が進んだ。甘味には砂糖の代わりにグルコース（ブドウ糖）を用いたため、「グル・

199

第 2 部　個別産業における食品衛生・品質問題

表 5-1　チョコレート輸入の推移

年次	重量（kg）	金額（円）	単価（円/kg）
1905 年	31,135	27,025	0.87
1906 年	18,406	16,012	0.87
1907 年	36,134	33,120	0.92
1908 年	34,770	34,719	1.00
1909 年	33,419	31,718	0.95
1910 年	36,887	35,489	0.96
1911 年	29,773	30,628	1.03

出典：東洋経済新報社編『日本貿易精覧』東洋経済新報社、1935 年、167 頁。
注：資料では、「貫」という重量単位で表示していたが、この表では、kg に換算した。

チョコレート」と呼ばれた。カカオ豆の代わりの主原料として用いられたのは、百合根、チューリップ球根、オクラ、チコリ、芋類、小豆(あずき)などである。ココアバターの代わりには、大豆油、椰子(やし)油、ヤブニッケイ油などが用いられた[20]。

2. ビスケット、パン[21]

　日本のパンはポルトガル語の Pao（語源はラテン語）からきたと言われている。日本にパンが伝えられたのは、鉄砲の伝来と同じ 1543 年、ポルトガル人が種子島に漂着した時である。ビスケットの語源は、ラテン語の「2 度焼かれたもの」＝ビス コクトゥス（bis coctus）、「2 度焼かれたパン」＝ビスコクトゥス・パーニス（bis coctus panis）に由来している。ビスケットはカステラなどとともに 1550 年頃日本へ渡来した[22]。

　ビスケットが本格的に普及するきっかけとなったのは、幕末になってからの軍用食糧としてであった。その後、日清・日露戦争に兵隊食として発達し、生活の欧米化とともに一般大衆の生活にも根を下ろしていった[23]。そのなかで、軍事的なビスケット、パン類の需要の発生は、明治期の日本国内洋菓子類の市場形成に重要な役割を果たしたのである[24]。

　安政 2 年には、すでに日本国内において軍事的なビスケットの生産がはじまった。しかし、これはまだ本格的なものではなかった。明治政府の確立とともに、近代的軍隊制度が確立されるようになり、本格的な軍事用ビスケット、

第 5 章 近代製菓

表 5-2 ビスケット輸出入の推移

年次	輸出			輸入		
	重量 (kg)	金額 (円)	単価 (円/kg)	重量 (kg)	金額 (円)	単価 (円/kg)
1900 年	−	−	−	73,533	35,687	0.49
1901 年	−	−	−	47,486	26,090	0.55
1902 年	−	−	−	70,796	41,703	0.59
1903 年	−	−	−	65,354	38,601	0.59
1904 年	−	−	−	45,205	27,286	0.60
1905 年	309,840	75,407	0.24	99,717	63,860	0.64
1906 年	187,920	46,289	0.25	95,429	71,941	0.75
1907 年	112,260	38,931	0.35	64,757	38,841	0.60
1908 年	176,760	60,349	0.34	50,290	30,839	0.61
1909 年	152,520	50,277	0.33	35,467	23,647	0.67
1910 年	93,960	34,778	0.37	29,828	20,116	0.67
1911 年	79,200	28,755	0.36	26,377	18,208	0.69
1912 年	62,220	20,019	0.32	−	−	−
1913 年	49,200	16,584	0.34	−	−	−

出所：東洋経済新報社編『日本貿易精覧』東洋経済新報社、1935 年、16 頁、167 頁。

パン類の需要が一挙に生じるようになった。西南の役（1877 年）に際して、パンおよびビスケットの消費量が 23 万 7063 斤（14 万 2237.8kg）にも達したと言われている。壬午事変（朝鮮・1884 年）に際しても、東京の木村屋が 1 万 2000 ポンド（5443.2kg）のパンの注文を受けていたという。日清戦争期には、大量の軍需ビスケットの発注が行われた。倒産寸前の状態にあった米津風月堂が「陸軍省の特命に応じて明治二十七年七月から翌二十八年五月までの十一ヶ月間に軍に納入したビスケットの総量は三百斤、その価格は三十万という当時としては莫大な量であった」ため、一挙に経営が立ち直ったという。このほかにも、東京、横浜、神戸などの製パン業者にも、戦時にビスケットを納入した者が少なくなかった。日清戦争に際して、軍から発注されたビスケット、パンの量は、かつてない膨大な量に達したという[25]。

このような大量の軍需ビスケット、パンの発生は、ビスケット、パン製造業

における企業化（大量生産化）を促す重要な条件である同時に、軍隊生活の経験から近代的な大衆消費にも影響を及ぼしていることが明らかである。ただし、軍事的ビスケット、パン市場形成は、日本における近代的製菓業の資本形成を促す１つの重要な条件であっても、基本的・中心的な条件ではなかったという指摘がある[26]。

上述したように、ビスケット、パンはその保存性の高さと栄養価値によって認識されるようになったものの、その需要の中心が戦争をはじめとする非常時局に際してのものであったため、日本の国民生活に広く普及するまでには、まだ時間が必要であった[27]。

二、民間的な菓子需要

1．家内工業から工場工業へ

菓子はその製品上の性質により、湿性・乾性・中性の３種に分類することができる。これは、和菓子でも洋菓子でも同じものである。湿性菓子とは、菓子自体の３分の１以上に水分が含まれているものであり、生菓子とも呼ばれる。これに対し、乾性菓子とは、菓子自体に水分が含まれていないものであり、中性菓子とは両者の中間に位置するものである[28]。

湿性菓子は、性質上の影響により、すべて即日製造即日販売することを原則としている。そのため、湿性菓子の販路は極めて狭隘なものであり、大量生産にむいていないことが明らかである。それに対し、乾性菓子は日持ちが長く、大量生産することが容易である。日本国内だけでなく、海外に輸出することさえ可能である[29]。食品衛生の観点から言えば、湿性、中性、乾性の順に危険度が高いことは自明である。しかし湿性菓子の場合はその危険性が意識されやすいのに比べ、相対的に中性菓子はその品質管理が中途半端なものになりやすく、むしろ湿性菓子以上に事故が起こりやすいとも言える。

2．贈答

菓子類は戦前期から、贈答品とし贈られることが多い商品である。かつてその多くが和菓子であったが、近年では洋菓子が贈答されることも多くなった。

第 5 章　近代製菓

　第4章で山口睦による、山形県の地主農家A家の香典帳・出産祝帳（表 4-4　香典帳基礎情報）（表 4-5　出産祝品目一覧表）が整理されているが、そのなかで、山口は香典の贈答品目に関して、明治前期において、現金、白米、茶、味噌が大きな割合を占め、明治中期以降、菓子も贈られるようになり、戦後では、和菓子に加え、洋菓子が贈られることもあったと指摘している。また、出産祝の贈答品目（表 4-5　出産祝品目一覧表）に関しては、戦前には、せんべい・羊羹・菓子折りなど、主に和菓子が用いられることが多く、戦後、生菓子・まんじゅう・あめに加え、ケーキ・洋菓子など、用いられる品物の種類が増加していったことを指摘した[30]。贈答品はその行為の性格上、購入者と消費者が異なることが一般的であり、消費者が品に対する知識を購入者以上に欠いていることが多い。そのため、衛生上の事故には通常以上に注意が必要になるため、菓子類のなかでも保存性の高いものが選ばれる傾向が高いが、それでも稀に生菓子などが選ばれる事例も存在する。

3．新聞記事からみたパンの流行

　1874年、木村屋の創始者である木村安兵衛は、米コウジを種にした日本独特のパンを創案し、日本人の嗜好に適した「あんパン」を考案した。これにより、木村はパンを一種の和菓子化することに成功したといえる[31]。1890年、日本は大凶作に見舞われ、米価が暴騰した。この際、パンは代用食として重宝され、とりわけ「つけ焼きパン」（砂糖醤油につけて焼いたパン）の人気が高まった。また、この頃から子供にパンを弁当として持たせることが普及した。以上のように、当初は兵食として登場したパンは、さらに菓子市場に参入し、またその一方で米に代わる代用食としての地位をも得ることによって市場を拡大したのであった[32]。

　日清・日露戦争後、製パン業界は食パン卸業と小売業（菓子パン屋）とに分かれる傾向が出始めた。発酵という特殊な技術に違いが存在したため、食パンと菓子パンを両方製造できる職人が少なかったという。結果的に、より利潤の低い食パン[33]業者は卸に徹して量産化することで利潤を確保しようとした。菓子パン屋も自ら食パンを製造することを断念し、食パン卸業から食パンを仕入れて、自らが製造した菓子パンと一緒に販売するようになった。これにより、

両者は共存する形となった[34]。

4. 喫茶店の出現と洋菓子

　明治期において、喫茶店は「カフェー」と呼ばれていた。1910年に、西銀座に最初のカフェーである「カフェー・パウリスタ」が出現した。「カフェー・パウリスタ」は、ブラジルのサンパウロ州の宣伝機関として設立された会社である。その後、西銀座のほか、神田・早稲田・浅草にも出店した。そのメニューは、コーヒーと数種の洋菓子のみであった。コーヒー一杯は5銭で提供されている。それ以前、凮月堂では、お菓子売り場の一部を区切って、「洋食部」と名付け、フランス料理と茶や菓子などを提供することにした。また、尾張町（銀座五丁目）の「カフェー・ライオン」と日吉町の「「カフェー・プランタン」でも、洋食・酒以外にコーヒー・菓子を注文することが可能であった。しかし、これらのいずれも、料理も兼ねて提供するため、純粋な喫茶店とはいえなかった。大正時代に入ると、続々とカフェーが出現し、コーヒーと洋菓子が一般的に知られるようになった」[35]。

第三節　和洋製菓の品質問題

一、シュークリームの危険――プトマイン中毒問題

　菓子に限らず食品の衛生問題において、もっとも原初的な危険は腐敗の問題である。シュークリームは、昭和初期において中流以上の家庭に広く普及し、愛好された菓子である。国内洋生菓子のなかでも早期に普及した商品であることから、腐敗に伴う食中毒問題がしばしば取り上げられることとなった。シュークリームがしばしば中毒を引き起こした原因は、クリームに使用されている牛乳または玉子の腐敗であった。元来毒のない牛乳、玉子は、動物性蛋白質が腐敗することにより、細菌作用で有害物質であるプトマインを発生させたのである。このプトマインは、セルミーという人物が動物の死体内から発見した猛毒素であり、プトマイン中毒は、吐瀉をもたらし、苦しみが7日以上続く事例も存在した。腐敗の原因は生産側と消費者側の双方に存在し、なかには購入者

が商品知識の不足から、長期貯蔵後に食したため、食中毒を発生させた事例も存在した³⁶⁾。

　製造側に関して言えば、外部の皮は強い天火で焼くため、保存性が高く、特に心配する必要がない。問題になるのは、中に注入するクリームである。クリームは、牛乳・玉子・砂糖を混ぜた後、煮詰めたものである。直火ではなく湯煎にするため、腐敗した牛乳または玉子のなかにプトマインがそのまま残ってしまう可能性がある。それを食すと、たちまち中毒になるのである³⁷⁾。

　1933年6月に、神田錦町のある牛乳屋の主人が前記のようなシュークリームを食して、プトマイン中毒になった事件があった。用達のために、麻布霞町に行き、昼飯のかわりにシュークリーム6つほど買い求めて、食した後帰宅した。同日午後の5時に吐き下しをして、ついに意識不明の状態に陥った。付近の医師の手に負えないため、立会診察を求めることになる。2人の医師はともに保証しかね、ついにその牛乳屋の主人は仮死状態に陥り、親戚が集まるようになり、大騒ぎになった。翌朝10時に、主人はようやく意識朦朧から少し回復して、次第に意識も判然としたが、強い疲労を覚えて10日ほど臥床したという³⁸⁾。

二、浜松の毒餅事件―病原菌の混入―食中毒の考え方の転換

　この事件は、1936年5月10日に校内で春季運動会を催した県立浜松第一中学校が、登校した生徒990名（在校生1004名）に大福餅を手土産として配布したことに始まる。なお、配布された大福餅を製造したのは、浜松市鍛冶町の木俣万三郎であった。大福餅を持参して、家族とともに食したところ、11日午後に至り、大福餅を食した生徒や家族の大多数が猛烈な吐瀉を始め発熱40度内外に達したという事態に陥った。12日朝まで、実に中毒者数が500名の多数に上り、うち死亡3名、重体患者は多数を算した³⁹⁾。

　急報により、12日早朝、県から衛生技師石黒防疫医および森谷防疫官が浜松署に出張し、問題となった大福餅の分析試験を行ったが、中毒の原因が餡子の腐敗か食紅⁴⁰⁾かあるいは防腐剤による中毒か判然しない。病菌はますます猛威を振るい、患者続発、死亡者続出の模様で、生徒に多数患者を出した県立浜松一中では、授業継続困難に陥り12日間臨時休校したという⁴¹⁾。原因が

判明できない状態であるため、内務省衛生局の松尾技師も13日一旦帰京の予定を14日に延期したという。なお、患者中には、60時間も病毒が潜伏して発病したものも相当あった。13日午後9時県庁に達した報告によれば、死亡38、重症128、軽症1630、全治14、累計1810名となった[42]。14日になり、陸軍軍医学校では、浜松の毒餅事件の中毒原因につき、「この度の中毒素はゲルトネル氏菌によるものである」と発表し、怨恨による毒物混入説、過失説、緑青説等の巷説を一蹴した[43]。

この「ゲルトネル氏菌」とは、一体どんなものか。牛込の陸軍軍医学校平野一等軍医正の話によると、最初に「ゲルトネル氏菌」を発見したのが1888年5月のドイツのフランケンハウゼンであった。腸カタルに罹った牛肉を食べた人たちが間もなく猛烈な発熱、嘔吐、下痢を起こして、ちょうど急性胃腸炎に似たような症状を呈したという。57名の患者中1名だけ死亡した。当時、細菌学者として有名であったゲルトネルはその病原菌が排泄物中にあることを発見し、「ゲルトネル氏菌」と命名して学会に発表したという[44]。

この例は、肉食主義の外国に多く見られ、菌は主として挽牛肉、牛肉、挽豚肉、病犢肉等に潜むことが多い。今回の中毒事件を惹起した餡餅は、恐らく餡の中に病原菌が入り製造の時間の経過に伴い、菌が繁殖して毒素を蓄えたために起こったものであるという見解が示されている[45]。

「ゲルトネル氏菌」による中毒事件の日本国内における発生事例は以下のとおりである。1931年9月、佐世保の餡餅を食べて、84名中毒（うち4名死亡）した事件があった。また、1935年7月、大阪のある軍の部隊で昼食に出た「にべ」という魚の天麩羅から中毒を起こし、321名の患者を出した。同じく1935年、第十師団の秋季演習の時、夕食の竹輪、蒲鉾、鯖から54名の患者（うち4名死亡）を出したことがある。そのほか、京都の衛戍病院では、入営兵1790名の糞便を検査したところ、7名の「ゲルトネル氏菌」患者を発見した。以上の事例からみると、「ゲルトネル氏菌」の保有患者はごく少数なもので、死亡率も従来は6％に達したことがあったが、今回は2％に過ぎなかった。死亡率だけみると、ごく僅少なものである[46]。

今回の中毒原因は、10日の運動会に出す大福餅の餡を6日より造りはじめ、店の生産能力以上の大量生産であったため、貯臓する場所に窮してできあがっ

た餅を台所の隅に積重ねて置いたことが原因となった。そこで、鼠が大福餅の餡に「ゲルトネル氏菌」を伝播して、ついに今回の大惨事を惹起したものであった[47]。

「ゲルトネル氏菌」について、警視庁衛生検査所三雲技師が以下のように述べている。「ゲルトネル氏菌による中毒死は我が国に於いては全く珍しいことで、医学上の研究、治療、予防等について未だ何等研究されていない有様である、一体ゲルトネル氏菌は大量の飲食物を製する場合によく伝播、繁殖するものであってその径路は鼠その他の家畜の排泄物から伝播するのであるが、食物に附着すると俄然猛烈な毒素を形成する怖るべき猛毒素であるゲルトネル氏菌の附した食物を食べると早くて十二時間から六十時間位の間に中毒症状が現われるが、まず手足がぬけるかと思われるほど全身がだるくなり続いて悪寒がきて間もなく四十度前後の高熱を発し猛烈な腹痛と同時に嘔吐、下痢等起り漸次患者は意識を失い死亡するもので、ここまでに至る径路は往々砒素中毒かと思われるほど類似している由」日本国内における「ゲルトネル氏菌」の研究蓄積は少なく、「ゲルトネル氏菌」の猛毒性、潜伏期間の長さ、発病症状は砒素中毒に類似している[48]。

この事例は近代に伴う大量生産のリスクを表した事例とも言える。人口が右肩上がりに増加傾向をみせる中で、生産能力を超えた受注の結果、深刻な中毒事件を惹起した事例ともいえよう。前年までは、学徒の増加に合わせて大福餅を製造できたようにみえた業者であるが、製造場における衛生環境は一貫して大量生産に適応できない低い状態にあった。それが、1936年になり、生産能力を超えた大福餅を受注したため、4日前倒しで製造をはじめたことにより、製造された大福餅の餡を保存できる場所がなく、台所の隅に積重ねられる結果となった。運悪く鼠が餡に「ゲルトネル氏菌」を伝播して、遂に今回の大惨事を惹起することに至ったのである。まさにこれまで累積していたリスクが一気に噴出したものと言えよう。

「ゲルトネル氏菌」に対する知識不足はもちろん、中学校の運動会という近代社会のイベントに伴う、大量消費の構造に従来の生産設備と手法が対応することができなかった事例だと考えるべきだろう。それゆえ、毒餅事件は生産者責任のほか、学校側の発注責任も問われるべきかと思われる。

浜松の毒餅事件により、食中毒事件の原因究明の確認手順が変わり、従来の化学的な検索から細菌学的な検索が優先的に行われるようになった。近代日本において、食中毒の原因は、化学的物質（河豚毒、緑青、プトマイン）によるものだと考えられてきた。細菌学的な検査は、主に上水道、井戸水の検査などに限られ、水を媒介として、病原菌が流行した際のみ行われるという。食中毒と細菌の関連性も間接的なものだと考えられていた。食物が腐敗菌により腐敗を起こし、その菌により生成されるタンパク質分解物が食中毒の原因だとされることが多かった。このような無生物を「プトマイン」と名づけられた。それ以前は、食中毒が発生した際、薬学出身者による化学的な検索が優先的に行われてきた[49]。

　しかし、浜松の毒餅事件が起きた際、まず化学的な検索が行われたが、原因を特定することができなかった。死亡者が続出し、さらに二次感染も出たため、中央・大学・公衆衛生院・軍医団などの医学関係者が続々と浜松に派遣されることとなった。そこで、はじめて死者の解剖が行われ、脾臓の肥大が認められ、細菌による中毒が判明し、細菌学的な検索が行われた結果、「ゲルトネル氏菌」による中毒だと特定されたのである[50]。

　それ以降、食中毒事件が起こるたびに、まず獣医関係者（細菌の検査に経験を有することが多い）による細菌学的な検索が優先的に行われるようになったのである[51]。

三、菓子の銀紙包装――鉛毒問題

　腐敗やカビの発生による食中毒を防ごうとして、とった対策が別の問題を引き起こすケースも存在した。チョコレート等の鉛毒問題である。高温多湿な日本において、洋菓子の品質と安全を維持することは重要な課題であった。森永製菓では、チョコレート、クリーム、タフィー類、ソフトキャラメルをすべて錫紙、パラフィン紙で包装することで、梅雨季節に発生しやすいチョコレートの溶解、カビの発生などの問題を解決する手法を導入した。この手法は西洋では実施されていないものであった。ただし、この手法には別の問題が存在した。使用される錫箔には、概して多量の鉛（1％以上）が含まれていることが多かっ

たのである。鉛毒は、触れるだけで中毒するもので、菓子に鉛紙の包装を用いることは危険であった。また包装素材（錫紙、パラフィン紙）に一定量以上の鉛毒が含有していると、中身の菓子に鉛毒を移す恐れがあり、それによりその菓子を食した人を中毒させるという危険性が孕まれていた[52]。

四、上品な菓子――有害着色料問題

菓子はその商品としての性格上、外観を華やかに彩られることの多い商品である。このことが衛生上の問題を発生させる事例も存在した。1904年、『毒の話　日常衛生』という著作を記した原精一郎は、当時食品に多用されていたアニリン色素の危険性について警鐘をならしており、冠婚葬祭の式礼に用いられる打物（打菓子）と称する上品な菓子の赤い色には、往々にしてアニリン色素が用いられることが多いことを指摘している。また、ドロップなども信用がある菓子屋で製造された菓子以外は、たいていの菓子に有害色素による着色が行われており、源氏豆、銀杏豆など赤く色づけたものは、やはりアニリン色素が用いられることが多かったという。アニリン色素の有無を判別するためには、味見する必要があり、口にした際、渋味を感じ、舌唇などを刺激するような心地であれば問題がある[53]。

原は当時のヨーロッパにおいて化学物質をもちいた添加物への、批判が高まっている状況を紹介し、イギリス地方局の衛生委員の調査が、小児の飲食物に化学的物質を加えてならないと主張する報告を紹介している。食物の着色に使用される絵具類は、たいてい人体に害を及ぼす恐れがある。特に硫酸銅や藍を用いて、青く色づけした缶詰豆を禁止する必要があると主張している[54]。

五、有毒着色料――有害着色料

着色料の有害性については、当時衛生行政を管轄していた警察も意識しつつあった。警視庁検査所長の柿沼三郎は雑誌『公衆衛生』に1934年、「危険なる飲食物」という記事を執筆し、そのなかで食品添加物の危険性について警鐘を鳴らしている。同記事においても菓子類における着色料問題が「面倒な問題」として言及されている。石炭タールから採取した色素には内務省が1900年4月に発布した「有害性着色料取締規則」をもってしても、完全なる取締りが困

難な状態にあり、有害性着色料による中毒事例に1933年の秋以降にも数件遭遇した事例が紹介されている[55]。

　一例は千住で不良着色料を用いたアンパンのために、子供が死ぬ苦しみを味わったものである。アンには小豆を使わず、ウズラインゲン豆のような安澱粉を用い、さらに小豆色と見せかけるために、ゲンチアナ・バイオレットという有毒の着色料で色づけしたものだった。警察から報告があった後、直ちに自動車で現場に直行した柿沼が現場検証を行うと、子供の吐瀉物が紫色であることから、直ちにゲンチアナ・バイオレットによる中毒が推定された。鑑定により食い残しのパンからゲンチアナ・バイオレットを見つけることができたという[56]。

　また、菓子の「ねりきり」なども、その見栄えを良くするために、赤の色素、とりわけフロキシンという着色料を使用する事例が多いが、フロキシンは着色料として、伸びが悪いという点と、日光に弱いという2つの欠点がある。そのために菓子製造者のなかにはローダミンを用いる者がいるが、ローダミンはフロキシンよりはるかに毒性が強い化学物質であり、4分（1瓦）のローダミンで体重2貫ほどの幼児を死に至らしめるという。そのほか、菓子に黄色の発色を求める場合は、よく毒性の強い色素オーラミンが用いられる事例も紹介されている[57]。

　そもそも問題は、菓子業者の添加物使用には悪意があったというわけではなく、業者の知識不足から危険な着色料が用いられていることが多いという実態もあり、また、取締りにあたる警察サイドにも安全な着色料についての知識が不足しているという側面も存在した。柿沼のほか、野副豊三郎（警視庁検査所長）・佐々木仁（東京市衛生試験所技師）の3人が、1934年夏、東京市内の菓子商店主を集めて、食品衛生に関する講演を行った際、来会者から「しからば着色料に何を用いたらよいか」と反問されて「甚だ困った」という事例が紹介されている。これについて柿沼は、「要するには公立の衛生試験所で証明を与えたものを用いるのがよいのである」今日で言うところのポジティブ・リスト方式の導入を提唱している。しかし、現実には菓子商の多数が、毒性の有無を全く知らずに使用している場合が多く、甚だしい場合には、「菓子屋の小僧が薬屋にとんで行って、「赤」をくれとか、「青」をくれとか言って着色料を買

い求めている」といった事例も存在していたという[58]。

　上記の事例から、消費者側・製造者側とも着色料の有害性に関する知識が不十分であったことがわかる。従来から着色料を用いて、商品の見映えを良くし、消費者の購買欲を促進することがしばしば行われてきたが、ほとんどの製造者は用いる着色料の有害性の有無を正確に把握さえしておらず、単に旧来の慣習や、安全面を軽視した新しい製品知識に従い、製造・販売を行うことが多かったのである。消費者についても、従来から食用されてきた食物であるだけに、その食物の製造過程において新たに添加されるようになった着色料に関心を払うことが少なかったと言えるだろう。

第四節　業界対応

　製菓業において、衛生・安全面についての取り組みが比較的早く確認できるのは洋菓子業界である。なかでも製菓業の成立期から発展期を通じて、とりわけ大きな役割を果たしているのは、森永製菓である。森永太一郎によって、創設された森永製菓は、当初はアメリカ風のキャンデー、チョコレートの製造を中心としていたが、マシマロー（「日本人の嗜好に最も適していたのは」）やヌガー類、タッフィー類の生産も行った[59]。

一、販売過程における障害

　在来の和菓子市場と異なり、洋菓子市場は明治時代に入ってから、新たに形成されたものであったため、洋菓子を扱う専門的取扱業者が存在しなかった。洋菓子の取扱業者の欠如による障害を克服する方法として、小規模洋菓子生産業者は自ら小売販売を行うことでその解決を目指した。しかし、ビスケット・パンといった類の洋菓子は、消費市場がきわめて狭く、特定の消費者を対象とする小売販売に重点を置かざるを得なかった[60]。

　そのなかで、森永西洋菓子製造所は洋菓子を「高等の菓子」として定義づけ、新たに上菓子屋との取引関係を確立させることによって、意欲的に洋菓子の販売網拡大に取り組んだ。創業の翌年の1900年には、東京市内に数十軒、横浜に20軒ばかりの取引先の獲得に成功し、さらに明治屋などの洋酒食品店をも

取引先とすることができた。この年のうちに、勢いに乗じて、東京・横浜のほか、大阪・京都・神戸・長崎などにまで取引先を拡大することとなり、全国的な販売網の構築に成功した[61]。

それに対し、東洋製菓には、「中流以下の需要に適せしめんことを期」し、「価格の低廉を主とせるが如きの形跡」のように、広く駄菓子商を通じて洋菓子を販売する意図を示した生産者も存在した。しかし、当時の本格的洋菓子の消費は十分に大衆的に普及したといいがたく、さらに製品の不評と相まって、販路開拓に成功したとはいえなかった[62]。

以上のように、ビスケット・パンを除いた大部分の洋菓子産業は、政府からの直接の経済的・技術的な指導・育成を受けることが少なく、民間企業家の努力により、生産過程・製造販売における障害を克服し、発展を成し遂げたのである[63]。

二、生産過程における衛生向上

日本における洋菓子の成立期には、克服しなければならない技術的な障害が多く存在していた。とりわけ、初期の日本製パンは製パン用の酵母がなかったため、パンの生地を十分に発酵させることがかなわなかった。パン種に甘酒を用いて発酵させる時期（維新期）もあったが、乳酸菌の作用によるものであったため、酸性が強いものであった。開港後、日本にもホップによる製パン技術が伝わるようになり、横浜に外人経営のビール醸造所の建設と相まって、日本国内においてホップ製パンが普及する条件が整えられた。このほか、木村屋の創始者である木村安兵衛は、米コウジを種とした日本独特のパンを創案し、日本人の嗜好に適した「あんパン」を考案した[64]。

製パン以外での洋菓子生産における技術的困難の克服は、森永西洋菓子製造所が大きな役割を果たした。その努力は、①製造技術の導入、②製造技術の改良（日本の気候に適応させる工夫）、③原料調達の3つに分類することができると指摘されている。とりわけ、製造技術の改良においては、その代表的な事例としてチョコレートの包装改良が挙げられる。

高温多湿な日本において、梅雨季節にはチョコレートの溶解や、カビの発生が問題化しやすく、1900年の梅雨期において森永では大量の返品騒動という

第 5 章　近代製菓

試練に直面した。そこで、森永は洋菓子の包装について、日本の気候環境に合わせた独自の包装導入を考案した。代表的な事例はチョコレートを錫紙で包装することであり、これによってチョコレートの溶解を一定程度防止できるようになった。またチョコレートだけではなく、クリーム、タフィー類、ソフトキャラメルなどもすべて錫紙、パラフィン紙で包装することで品質の維持面の向上を目指した。とりわけ、ばら売りのキャラメルは、一粒ずつワックス紙で包装された「衛生佳品」として、大人向けの高価な上等菓子で売り出した。それでも溶解や糖化などは稀に発生したが。そこで、乳製品を減らす、柑橘の香りを利かせる、煮詰温度を高くするなどの工夫をこらし、品質改良を重ねたのである[65]。

　また、森永は菓子を製造する従業員に対する衛生面の配慮も怠らなかった。その当時は、一般に食品の製造に携わっている従業員であっても、衛生概念が乏しかったのである。女性従業員は通勤着の和服の上にたすきをかけ、男性従業員は忙しくなると下帯ひとつで仕事をこなす場合も稀ではなかった。森永の松崎半三郎は当時その感想を次のように述べている。「俗に、"医者の不養生と菓子屋の台所"という合言葉があるように、当時の菓子屋の製造現場は不衛生のひどい状況であった。森永太一郎は近代的かつ衛生的な菓子を作り出すためには、留米した際の経験を生かした。女性従業員には看護婦の服装である白衣、白帽を着用させ、男子にも白の作業衣に白帽を着用させている。同時に手洗いの励行をしていた」[66]。森永は、近代的な衛生技術を駆使して、生産過程において、和菓子より衛生的なイメージを売り出していったのである[67]。

　また洋菓子製造業においては、機械化が衛生の向上を意味する面も存在した。1907 年 7 月、森永の赤坂田町工場が焼失したため、柴田町に新たな工場を建設する際、松崎半三郎が菓子の品質を改善するために、機械化の推進を提唱した。松崎は、菓子製造機械化に執着した理由を以下のように語っている。「従来の菓子の製造は直接手に触れてきわめて不衛生であったのでこれを改めること、製品の規格および品質を統一にしたかったこと、完全なる包装をしたかったこと、そして能率をあげてコストを安くし、競争を有利にするとともにその余剰の利益は従業員に配分して生活の向上を図りたかった」機械導入による生産性の向上はもちろんであるが、同時に製品の規格品質の統一化と製造におけ

第 2 部　個別産業における食品衛生・品質問題

図 5-1　広告からみた初期の森永製菓の宣伝

❸時代や季節など時宜をとらえた広告展開も早くから行なっている。戦地慰問品や傷病兵見舞を薦めた日露戦争当時の広告／明治37年

❷最初の新聞広告の翌月、京浜地区（東京・横浜）の販売店（当時は売捌所）41軒の名を記した新聞広告を掲載。有名和菓子店舗と並んで有力な輸入食料品店（明治屋など）の名も見える／明治37年8月・報知新聞

出所：森永製菓編『森永製菓 100 年史：はばたくエンゼル、一世紀』森永製菓、2000年、38頁より。

る衛生面の向上が機械導入の背景に存在したのである[68]。

三、製造年月日の表記

　すでに、第 1 章で述べたように、1888 年 3 月 21 日の京都衛生支会において、中塚昇という人物が菓子箱に製造年月を貼布することを建言したことを紹介した[69]。明治期に菓子は進物用としての用途が増え、それが家庭内で次々と順送されるようになったが、製造日不明のまま長期間贈答・放置された結果、ふたを開けるとかびていたり虫がわいていたりすることが多かったという。そこで、新聞に菓子折に製造年月日をいれよという投書がよせられていた[70]。以上のように、菓子折に製造年月日をいれる要望は、有識者だけの認識にとどまらず、大衆からもそれが望まれていたことがわかる。
　しかし、製菓業者の側は自主的に完全な形でその要望に応えられたとは言えなかった。なぜ、菓子折に製造年月日を明記する対応が遅れたかというと、缶詰販売者と同じく、製菓の販売者が販売商策の理由で反対した可能性があ

第 5 章　近代製菓

る[71]。後年 1926 年に、東京でシュークリーム、弁当、団子、寿司などによる中毒事件が盛んに発生したため、警視庁は警視庁令による新たな『飲食物取締令』を公布することにした。新たに公布される法令により、製菓業者とりわけ販売者に対し、菓子を販売する際、消毒した手袋を着用することを義務づけた。さらに、販売用の飲食物とりわけ菓子に製造年月日を明示することが義務づけられたのである[72]。

おわりに

　以上のように、日本の製菓業は輸出・軍需の側面が強かった製茶業・缶詰業に比較して内需の側面が強かったため、衛生面における政府の対応、業界の努力が相対的に遅れる傾向にあった。上記業種に比べ一部洋菓子製造業者を除き、小規模生産が続き、業界関係者内における衛生・安全に関する知識の普及が遅れたことも、その一因であった。そのような状態で明治以降の砂糖輸入が増加するなかで需要が増大し、生産設備の近代化が進まないままに生産規模が拡大した結果、市井において数多くの食中毒を中心とする問題を発生させたのである。とりわけ、小売業者に卸す菓子製造問屋の衛生問題は深刻であり、新聞で「犬も食はぬ汚さ」[73]と評されたほどであった。また、当時に駄菓子屋で売られていた駄菓子のなかには砂糖の中に土砂が混じった不良品さえあったほどであり、業者のモラルも高いとは言えない状況であった[74]。

　そうしたなかで、相対的に安全面で業界を牽引したのは西洋の製造技術を日本に導入した洋菓子業界であった。パン・ビスケットなど軍需向け生産が一部存在したことはもちろん、生菓子の分野においても、森永太一郎のようにアメリカの製造技術を日本に移転することで、製造技術のなかに含まれる衛生対策を同時に製造工程に受け入れていったほか、包装面においては日本の気候に対応した品質管理を取り入れていったのである。一方で和菓子・駄菓子業界においては、業者の知識不足もあり、なかなか安全面の問題が解消されなかったが、警察の啓蒙活動により、「上からの取締り」の形で安全面の改善への取り組みが進められていった。ただ公平に考えて戦前期の日本において、この分野で安全面の対策が劇的に進んだということは難しいように思われる。

第 2 部　個別産業における食品衛生・品質問題

注

1) 趣味の飲食物史料研究会編『趣味の飲食物史料』公立社書店、1932 年、341-343 頁。
2) 大澤篤「製菓産業の展開と中堅企業の位置」（加瀬和俊編『戦前日本の食品産業：1920～30 年代を中心に』東京大学社会科学研究所、2009 年所収）、35 頁。
3) 大澤篤、同上、35-36 頁。
4) 池田文痴菴編『日本洋菓子史』日本洋菓子協会、1960 年。
5) 森田克徳『争覇の経営戦略製菓産業史』慶應義塾大学出版会、2000 年。
6) 大澤篤「製菓産業の展開と中堅企業の位置」（加瀬和俊編『戦前日本の食品産業：1920～30 年代を中心に』東京大学社会科学研究所、2009 年所収）。
7) 中島常雄編『現代日本産業発達史：食品』(第 18 巻)、現代日本産業発達史研究会、1967 年、330 頁。
8) 中島常雄編、前掲書、331 頁。
9) 中島常雄編、前掲書、332 頁。
10) 1885 年 7 月 1 日太政官告示によって菓子税則が公布され、従価の 100 分の 5 の課税が科されるようになった。1896 年 3 月に廃止された。中島常雄編、前掲書、333 頁による。
11) 中島常雄編、前掲書、333 頁。
12) 中外商業新報社経済部編『重要商品の解説』千倉書房、1939 年、333-334 頁。
13) 中外商業新報社経済部編、前掲書、333-334 頁。
14) 当時のチョコレートの文字には、「貯古齢糖」あるいは「千代古齢糖」と表記することが多い。
15) 井上碌朗編『日本チョコレート工業史』日本チョコレート・ココア協会、1958 年、7 頁。
16) 井上碌朗編、前掲書、8 頁。
17) 1918 年、森永の東京第一工場（田町）で、原料用ビターチョコレートと、ミルクチョコレートの製造がはじまった。製造用の機械は、アメリカで買い付けたものである。1926 年、明治製菓もドイツから製造機械を購入し、カカオからのチョコレートの一貫生産を開始した。武田尚子『チョコレートの世界史——近代ヨーロッパが磨き上げた褐色の宝石』中央公論新社、2010 年、111-119 頁による。
18) 井上碌朗編、前掲書、18 頁。
19) 井上碌朗編、前掲書、22 頁。
20) 武田尚子『チョコレートの世界史——近代ヨーロッパが磨き上げた褐色の宝石』中央公論新社、2010 年、172-174 頁。
21) 本書は、池田文痴菴編『日本洋菓子史』の分類に従い、パンを洋菓子の一種とみなす。
22) 日本食糧新聞社編『昭和の食品産業史——日本食糧新聞七〇〇〇号記念』、日本食糧新聞社、1990 年、219 頁;産業教育協会編『図説日本産業大系（第 6 巻）』中央社、1961 年、220 頁。
23) 産業教育協会編、前掲書、220 頁。
24) 中島常雄編、前掲書、334-335 頁。

25) 中島常雄編、前掲書、334-335 頁。
26) 中島常雄編、前掲書、334-335 頁。
27) 池田文痴菴編『日本洋菓子史』日本洋菓子協会、1960 年、312 頁。
28) 松崎半三郎「明治大正製菓史」（渋沢栄一、三宅雄二郎、鎌田栄吉、野依秀市編『明治大正産業史（第 2 巻）』日本図書センター、2004 年所収）、506 頁。
29) 松崎半三郎、前掲書、506 頁。
30) 山口睦『贈答の近代──人類学からみた贈与交換と日本社会』東北大学出版会、2012 年、223-225 頁。
31) 中島常雄編、前掲書、340 頁。
32) 食パン産業の歩み会編『食パン産業の歩み』毎日新聞社、1987 年、19-20 頁。
33) 明治後期、菓子パン屋で売れる食パンは 1 日 2 〜 3 本に過ぎなかった。1 本の小売価格は、上食（3 斤棒）で 14 銭、中食（4 斤棒）で 16 銭、並食（4 斤棒）で 12 銭ぐらいであった。食パン産業の歩み会編、前掲書、21 頁より。
34) 食パン産業の歩み会編、前掲書、20-21 頁。
35) 守安正『和菓子』毎日新聞社、1973 年、60 頁。
36) 柿沼三郎「危険なる飲食物」（日本衛生会編『公衆衛生』52(6)、日本衛生会、1934 年所収）、500 頁。
37) 柿沼三郎、前掲論文、502 頁。
38) 柿沼三郎、前掲論文、502 頁。
39) 「大福餅の中毒で患者五百名を出す」『時事新報』1936 年 5 月 13 日。
40) 古くから菓子やかまぼこなど食品を赤く着色することが行われていたが，その着色に用いた染料を食紅という。日本ではベニバナから得られる色素が一般に用いられた。ベニバナはキク科に属する植物で，それから食紅を得るにはまず赤い花を水に浸漬し，黄色色素を除く。残渣を灰汁に浸漬すると紅色の色素が浸出してくる。浸出液に梅酢を入れ pH を下げると紅色色素は沈殿する。沈殿した色素を絹の布でろ過し，乾燥させて製品とする。（『世界大百科事典 第 2 版』による。）
41) 「大福餅の中毒で患者五百名を出す」『時事新報』1936 年 5 月 13 日。
42) 「鉱物性の中毒」『大阪毎日新聞』1936 年 5 月 14 日。
43) 「大福禍の中毒素ゲ氏菌の正体」『中外商業新報』1936 年 5 月 17 日。
44) 前掲記事。
45) 前掲記事。
46) 前掲記事。
47) 「餡中毒の正体暴露」『大阪時事新報』1936 年 5 月 18 日。
48) 前掲記事。
49) 高木和男『食からみた日本史：完本』芽ばえ社、1997 年、426 頁。
50) 高木和男、前掲書、427 頁。
51) 高木和男、前掲書、427 頁。

第 2 部　個別産業における食品衛生・品質問題

52)　原精一郎『毒の話 日常衛生』広文堂、1904 年、285-286 頁。
53)　原精一郎、前掲書、279 頁。
54)　原精一郎、前掲書、279-280 頁。
55)　柿沼三郎、前掲論文、503 頁。
56)　柿沼三郎、前掲論文、503 頁。
57)　柿沼三郎、前掲論文、503 頁。
58)　柿沼三郎、前掲論文、503-504 頁。
59)　中島常雄編、前掲書、337 頁。
60)　中島常雄編、前掲書、338-339 頁。
61)　中島常雄編、前掲書、339 頁。
62)　中島常雄編、前掲書、339 頁。
63)　中島常雄編、前掲書、341 頁。
64)　中島常雄編、前掲書、339-340 頁。
65)　森永製菓編『森永製菓 100 年史：はばたくエンゼル、一世紀』森永製菓、2000 年、42-43 頁、52 頁。
66)　森永製菓編、同上、42 頁。
67)　森永製菓編、同上、42 頁。
68)　株式会社電通編『松崎半三郎』森永製菓株式会社、1964 年、95-96 頁。
69)　山本俊一『日本食品衛生史（明治編）』日本法規出版株式会社、1980 年、33 頁。
70)　(『時事新報』1900 年 3 月 14 日) 小菅桂子『近代日本食文化年表』雄山閣出版、1997 年、76 頁。
71)　「鑵詰業者大会」『東京朝日新聞』1920 年 4 月 7 日。
72)　「菓子屋さんの手づかみ厳禁　食べ物の中毒者が多いので新取締令発表　危険なおでん支那そば屋」『東京朝日新聞』1926 年 4 月 15 日。
73)　「見ぬものは清し　驚き入った菓子屋　製造問屋六百余軒の有様は　犬も食はぬ汚さ」『東京朝日新聞』1929 年 11 月 8 日。
74)　「食べて悪い駄菓子屋　砂糖の中に土砂を混じた不良品　夏季の飲料水にも十分の注意を要す」『東京朝日新聞』1917 年 5 月 16 日。

終章

　各章で明らかにしてきた点についてまとめたい。第1章第1節では、戦前期の内務省衛生行政史における食品衛生問題の発生過程を取り上げた。明治初期に長与専齋が描いた制度は、人々の「健康保護」を目的とするものであり、地方自治に対する理解の上に立った公衆衛生制度が描かれていた。こうした欧米社会の制度の上に立って起草された「医制」が1874年に公布された。「医制」の第八条では、「……医務取締ハ各地ノ習俗並ニ衣食住等ノコトニ付現ニ健康ヲ害スルコトアルヲ察セハ衛生局ニ申出ツヘシ……」と記され、食品衛生問題が公衆衛生領域の一部分と規定されていることがわかる。衛生行政が本質的に国家による国民身体への介入であることは避けられないとしても、こうした長与の案通りの衛生行政の出発がもたらされれば、国家介入の強権性はかなり薄まった可能性が高い。しかし長与専齋のめざした、地方自治の上に成り立つ行政制度は、1893年に警察部に移管され、自治体の上に立った公衆衛生制度は封印されることとなった。以上のような歴史的経緯の上に成立した近代日本衛生行政の問題点は、基本的に予防という概念が薄く、事が起こってから、隔離や取締りを行うという警察行政のスタイルが長く続くこととなった。これは長与が考える衛生行政のあり方とかけ離れたものであった点にあり、予防思想が乏しい行政であったと批判されている。

　第1部では行政的側面から、戦前日本の衛生問題を検討した。第1章第2節では、戦前期日本の食品に関わる安全面の問題を法制度面から取り上げた。開国以降、各府県では食品安全に対する規定を自主的に定め、飲食物の取締りを実施していた。1878年に、日本における食品衛生に関する最初の全国的な

取締りである「アニリン其他鉱属製ノ繪具染料ヲ以テ飲食物ニ著色スルモノノ取締方」（1878.4.18 内達乙35）が制定された。その後1900年、初めて全国的かつ包摂的な食品衛生に関する法体系である「飲食物其他ノ物品取締ニ關スル法律」及びこれに関連する諸命令が構築された。これによって戦前期日本における食品衛生行政の枠組みが一応完成したとされる。これらの規則は、問題を孕みつつも、戦後1947年「食品衛生法」が成立するまで、40年以上にわたり機能し続けることとなった。しかし上記の対処は基本的に今日でいうところのネガティブ・リスト方式による規制であり、次々と登場する新たな化学物質、添加物に対応する点において、大きな問題を抱えていた。また戦前期日本において、食品衛生制度というものは、独立した行政として現れておらず、あくまでも、防疫的な観点の、衛生問題の一環として、もしくは環境衛生の一領域として、存在していたにすぎなかった点にも問題があった。食品衛生に関する法律ができたにもかかわらず、当時の内務省官僚組織の中に食品衛生を単独に扱う部署が作られなかったことも上記の点を裏づけており、当時の内務省における食品衛生問題に対する過小評価が問題とされよう。

　第2章では、戦前期の衛生組合事業からみた民間における公衆衛生への取り組み、とりわけ飲食物衛生取締の施行状況を取り上げた。1879年太政官達第55号をもって地方衛生会規則の発布、および内務省達乙第56号をもって「今後地方廳衛生課設置ニ付、町村衛生事務条項ノ設置」の許可という2つの通達に基づき、日本全国の各市町村において衛生組合を組織することが認められた。衛生組合事業は主に伝染病予防に重点が置かれたが、飲食物とりわけ水を媒介とした伝染病を予防する際、飲食物が取締対象となる場合もあったことに注目した。第1節では静岡市衛生組合の活動を全般的に概説し、第2節では同組合のほか、いくつかの衛生組合における、飲食物衛生に関わる部分を取り上げた。大阪府（鷺洲・城北）、静岡市の衛生組合規則からもわかるように、平時より住民に飲食物衛生への注意を促すのではなく、あくまでも疫病が発生した際、病原菌の媒介になる恐れがある飲食物、とりわけ飲料水の衛生への注意を促す傾向が強くみられた。少なくとも分析した史料において、戦前期日本の衛生組合において、食品の安全性の問題は、防疫の一環という位置づけとなっており、その他、化学物質に対する対応や栄養学的保健衛生的な取り組みは不

終章

十分なものであった可能性が高い。とはいえこうした地域における組織が行政の指導の下とはいえ、地方部に幅広く設立されたことが戦後の草の根における衛生活動につながった可能性は高く、本書では十分に検討できなかったものの、今後の課題としたい。

　第2部では、個別の食品産業分野における食品衛生に対する取り組みについて検討した。第3章第1節では、近代日本茶業の沿革を全般的に概説し、第2節では戦前期の「領事報告」からみた近代製茶品質問題を取り上げた。明治期の日本茶輸出の品質問題を概観し、明治期のアメリカにおける駐米報告者たちによる製茶品質問題の認識の変化を追った。明治初期の偽茶・粗悪茶問題、明治中期の粗悪不正茶問題といった製茶の外観重視の問題から、次第に明治後期の着色茶問題というような食品衛生的性格をもつ問題へと変化していった。明治10年代の日本国内において、偽茶・粗悪茶が製造される際、もっとも用いられた手法の一つは着色であった。ただし、茶に着色することは中国旧来の慣習であり、着色が人体に有害との認識は持たれていなかった。明治30年代になり、茶葉を再製する際に用いられる着色料が人体に害を及ぼすため、着色料を用いる製茶再製法を廃止すべきという意見がアメリカで登場した。しかしながら、日本において「着色料人体有害説」は長い間深刻な問題とみなされず、1911年にアメリカにおいて着色茶輸入が禁止されるまでは、従来のように着色料を用いる製茶の再製が続けられた。日本茶の対米輸出は、明治後期以降に徐々に衰退していった。その衰退原因の全てを品質問題で説明することはできないが、しかし、筆者の認識としては、品質問題への対応がより万全であれば、日本茶輸出はより大きな市場をアメリカにおいて獲得できたのではないかと考える。

　第3章第3節では、戦前期の「茶業組合報告」をはじめとする茶業組合資料からみた近代製茶品質とその品質改良を取り上げた。明治初期に、輸出製茶の「粗製濫造」が問題視されたため、輸出製茶の検査、またその品質の改善を目的として茶業組合が発足した。日本政府と茶業組合は、明治初期の違反者に対する強制的な罰則が存在しない「茶業組合準則」のかわりに、明治中期から違反者に対する強制的な罰則が付加された「茶業組合規則」をもって、茶業者

たちを組織化し、従来の一連の政府諭達による自主的な規定遵守から、茶業組合による強制的規定遵守に転じていった。しかし今日からみて、茶業組合による日本茶の衛生問題・品質問題に対する取り組みには大きな限界があったことも指摘しなければならない。1887年から茶業組合規則において粉茶・粗悪茶（混ぜ物された茶）の輸出に関する罰則が設けられたが、新しく製茶問題として表出した粉茶問題に対しては十分な対応ができなかった。さらに、第2節で述べたように、明治30年代になり、着色料を用いる製茶再製法についても、茶業組合において「着色料人体有害説」は問題とみなされず、十分な対応が行えなかった。「粗悪不正茶輸入ニ関スル増補細則」が発布されるまでは、輸出量の減少を憂い着色茶の廃止に踏み切ることができなかったのである。「粗悪不正茶輸入ニ関スル増補細則」が発布された後、ようやく着色料を強制的に買い上げ、河川に投捨または焼却し、品質改善を図ることを目的として警告を発するなど、着色茶の輸出禁止に細心を払うようになったが、当時輸出相手国である米国で低下しつつあった、中国茶、日本茶の品質評価を回復するためには、遅きに失した対応であったと評価せざるを得ない。

　第4章では、戦前期の缶詰の品質に関わる安全面の問題を取り上げた。缶詰業は軍の保存食として、日本に導入された経緯があり、その性格上、安全面には特に神経が払われる性格の食品であったといえる。しかし、その衛生面の確立は、容易ではなかった。特に戦争が終結した後、缶詰製造が民間に移転される過程で、缶詰業はさまざまな安全上の問題を発生させた。日清・日露戦争を契機として、缶詰業は産業としての礎を確立したが、しかしながら、戦時中から製品技術の未熟、企業的基礎の薄弱、未経験者の増加などにより、粗製濫造が問題視され、戦後にその傾向が一層顕著となった。また、価格の高さや缶詰に関する知識の欠如のため、民間における缶詰の需要が少なく、普及するまでには長く時間を要したという側面もあった。

　1910年代には、重要な輸出産品としてカニ缶詰が登場した。それに伴い、カニ缶詰の黒変問題が注目されるに至った。輸出製品としてのカニ缶詰は第2章、第3章で取り上げた製茶問題と同じく、輸入先の評判が製品としての売上げに直結する問題であるため、黒変問題への対応は真剣に取り上げられた。結果として、カニ肉と缶詰の金属との接触が黒変の原因との理解がなされ、カ

ニ肉を包紙(半紙や硫酸紙など)で包むという技術の開発によって、問題が解決へと向かったのである。

　第5章では、戦前期の製菓の品質に関わる安全面の問題を取り上げた。国内製菓業は明治期以降、砂糖の輸入増大、日本国内砂糖生産の相対的拡大、そして茶道の普及とともに、著しい発展を遂げた。しかしながら、①消費市場の制約、②製菓業者の資本蓄積の不足、③技術的制約のため、在来和菓子業の多くは、地方的かつ分散的な小工業に止まり、衛生面でもさまざまな問題を引き起こすこととなった。とりわけ、駄菓子製造の分野においては、着色料による中毒問題、大量生産に伴う保存問題が長く残ることとなった。一方で、明治初期には新たに洋菓子産業が形成された。明治初期における洋菓子市場の形成に特殊な役割を果たしていたのは、軍事的なビスケット・パン類の需要の発生であった。しかし、ビスケット・パンを除いた大部分の洋菓子産業は、政府からの直接の経済的・技術的な指導・育成を受けることが少なかった。こうした状況のなかで、森永太一郎のような一部民間企業家の努力により、欧米の製造技術を、衛生面も含めて導入し、製造過程・販売過程における衛生問題を克服することで、発展が成し遂げられたのである。洋菓子・上菓子は、軍需・輸出・民需(贈答)のため、製品衛生に注意が払われる可能性が高かったが、一般家庭や子供が消費する駄菓子の衛生対策は業界として相対的に遅れが目立ったと言わざるを得ない。このように、日本の製菓業の衛生問題は、和菓子と洋菓子、上菓子と駄菓子との間に、深刻な断絶が存在したのである。

　以上5章にわたり、戦前期日本における食品衛生問題について、検討してきた。本書で明らかにしたように、戦前日本において、食品衛生問題という問題は、単独の問題領域として存在せず、公衆衛生あるいは環境衛生領域の一分野として把握されてきたといってよい。それは、戦前日本社会において、疫病防疫がもっとも重要な衛生上の課題であり、食品の安全という問題も基本的に防疫の観点との関連で把握されることが主流であったからである。そのこと自体を過剰に批判することはできないが、しかし、戦前の日本においても、必ずしも防疫と関係の薄い部分で食品衛生の諸問題が立ち現れつつあったという点も看過すべきではない。それは食品産業の近代化の過程で生じた様々な化学物

質の登場であり、その使用による健康被害に関する問題の浮上であった。これら化学物質は一部の着色料のように、品質を偽る悪意をもって使用されたものから、防腐剤に代表されるように、本来の意図は食品の安全性を向上させるために使用されるものであっただけに、その使用を巡っては複雑な問題が存在した。例をあげれば化学物質を規制する際に、ネガティブ・リストを用いるだけでは次々と現れる化学物質に対応できないという論点、またある化学物質を全面的に禁ずるべきか、それとも「健康に被害のない」範囲で用いることを認めるべきかという論点などが代表的なものであった。本書では、そうした点に注意を払い事例を収集してきた。特に全6章を通じて、注目されるのは、戦前日本の食品の安全問題が、日本経済の近代化に伴う輸出産業発展との関わりで立ち現れることが多かった点である。製茶業、缶詰業、製菓業いずれにおいても、アメリカやヨーロッパ諸国に対して、商品を輸出する際には、相手国の衛生基準に適応できる衛生概念を導入する必要があった。無論、輸出相手国の衛生基準も流動的であり、特にアメリカのように衛生基準が州によって異なる国家である場合は、その対応によって幅が生じることもあり、それが輸出国として困難となった点も注目される。そのほか、問題としては、缶詰産業に現れたような軍事面との関連で、衛生が強く意識されたことも注目される論点であろう。こうした輸出産業や軍事産業に関連しない、内需における食の安全の問題は、繰り返すが防疫問題を除くと、かなり軽視されてきたといってよい。その問題を象徴的にあらわしているのが製菓業における問題の構造である。製菓業は、和菓子と洋菓子、上菓子と駄菓子といった幅広い領域をもつ産業分野であるが、輸出産業にふり向けられるもの、あるいは日本の企業家が独自の努力によって西洋の衛生概念を導入した領域以外のものにおいては、かなり長期間にわたって、衛生問題が継続していったといってよい。特に子供の口に日常的に入るような駄菓子の領域において、もっとも衛生上の対応が遅れたことは、当時の日本の食品衛生上、最大の問題点だったと考えられる。

　最後に本書の分析上の課題として、戦前日本を対象とした限界点について考える必要がある。日本における食品衛生の問題は、戦後の「食品衛生法」によって体系化されたわけであり、日本の食品衛生の歴史を考える際、本来は戦後の日本の分析が必要であるだろう。この点を分析に含めなかったことに関しては、

終章

今後の課題である。しかし、本博士論文はむしろ従来注目されることが少なかった食品衛生法成立以前の戦前日本において、断片的に個別領域において対応されてきた食品衛生の問題を検討した点に特徴があることも言えると筆者は考えている。上記に述べた限界は今後の課題としつつ、本書の分析を一旦ここで終えることとしたい。

参考文献一覧

単行書
公衆衛生・食品衛生関連
色川大吉『近代国家の出発』(日本の歴史21) 中央公論社、1966年
尾崎耕司「近代国家の成立――軍隊・学校・衛生」(歴史学研究会・日本史研究会編『日本史講座　第8巻　近代の成立』東京大学出版会、2005年所収)
小野芳朗『清潔の近代――「衛生唱歌」から「抗菌グッズ」へ』講談社、1997年
笠原英彦編『日本行政史』慶応義塾大学出版会、2010年
笠原英彦、小島和貴『明治期医療・衛生行政の研究：長与専斎から後藤新平へ』ミネルヴァ書房、2011年
鹿野政直『健康観にみる近代』朝日新聞社、2001年
笠原英彦『日本の医療行政――その歴史と課題』慶応義塾大学出版会、1999年
北岡伸一『後藤新平――外交とヴィジョン』中公新書、1998年
小菅桂子『近代日本食文化年表』雄山閣出版、1997年
小林丈広『近代日本と公衆衛生：都市社会史の試み』雄山閣出版、2001年
清水勝嘉『日本公衆衛生史：昭和戦前期』不二出版、1991年
外山幹夫『医療・福祉の祖　長与専斎』思文閣出版、2002年
立川昭二『病気の社会史』岩波書店、2007年
新村拓編『日本医療史』吉川弘文館、2006年
日本食糧新聞社編『昭和の食品産業史――日本食糧新聞七〇〇〇号記念』、日本食糧新聞社、1990年
日本食品化学研究振興財団二十世紀日本食品添加物史編纂委員会編『二十世紀日本食品添加物史』日本食品衛生協会、2010年
原精一郎『毒の話　日常衛生』広文堂、1904年
副田義也『内務省の社会史』東京大学出版会、2007年
宝月理恵『近代日本における衛生の展開と受容』東信堂、2010年
細貝祐太郎編『食品衛生の歴史と科学：人はいかにして毒を知り食の汚染を防げるようになったか』中央法規出版、2013年
百瀬孝『内務省――名門官庁はなぜ解体されたか』PHP新書、2001年
山口睦『贈答の近代：人類学からみた贈与交換と日本社会』東北大学出版会、2012年
山本俊一『日本食品衛生史』(全3巻) 日本法規出版株式会社、1980年
山本俊一『日本コレラ史』東京大学出版会、1982年
横田陽子『技術からみた日本衛生行政史』晃洋書房、2011年

製茶関連

相松義男『紅茶と日本茶——茶産業の日英比較と歴史的背景』恒文社、1985年
有賀夏紀『アメリカの20世紀（上）　1890-1945年』中央公論社、2002年
石井寛治著『近代日本とイギリス資本：ジャーディン＝マセソン商会を中心に』東京大学出版会、1984年
磯部喜一『工業組合論』甲文堂書店、1936年
岡崎哲二・谷山英祐・中林真幸「日本における共同体関係の役割：歴史的文献展望」（澤田康幸・園部哲史編『市場と経済発展：途上国における貧困削減に向けて』東洋経済新報社、2006年所収）
折原卓美「1906年純良食品・薬品法と連邦規制権」（名城大学経済・経営学会『名城論叢』第8巻第3号、2007年所収）
加藤徳三郎編『日本茶貿易概観』茶業組合中央会議所、1935年
金子堅太郎述他『遊米見聞録』八尾書店、1900年
小段文一「貿易商品の生産関係の分析——貿易と生産構造との関連」（松井清編『近代日本貿易史　第1巻』有斐閣、1959年所収）
斎藤修・谷本雅之「在来産業の再編成」（梅村又次・山本有造編『日本経済史3　開港と維新』岩波書店、1989年所収）
坂口武之助『最新高等商品学』三省堂、1933年
茂出木源太郎『大谷嘉兵衛翁伝』頌徳会、1931年
志村茂治『生糸市場論』明文堂、1933年
鈴木圭介編『アメリカ経済史2　1860年代-1920年代』東京大学出版会、1988年
杉原薫『アジア間貿易の形成と構造』ミネルヴァ書房、1996年
滝口明子『英国紅茶論争』講談社、1996年
谷本雅之「在来産業の変容と展開」（石井寛治、原朗、武田晴人編『日本経済史1　幕末維新期』東京大学出版会、2000年所収）
谷本雅之「近代日本経済における"在来的"経済発展と"工業化"——商人・中小経営・名望家」（武田晴人、中林真幸編『展望日本歴史18　近代の経済構造』東京堂出版、2000年所収）
角山栄『茶の世界史：緑茶の文化と紅茶の社会』中央公論社、1980年
角山栄編『日本領事報告の研究』同文社、1983年
寺本益英『戦前期日本茶業史研究』有斐閣、1999年
浜下武志『近代中国の国際的契機』東京大学出版会、1990年
浜下武史、川勝平太編『新版　アジア交易圏と日本工業化　1500-1900』藤原書店、2001年
原敬『外交官領事官制度』警醒社、1899年
本間千枝子・有賀夏紀『世界の食文化12　アメリカ』農山漁村文化協会、2004年
正田健一郎「明治前期の地方産業をめぐる政府と民間」（高橋幸八郎編『日本近代化研究（上）』東京大学出版会、1972年所収）

松崎芳郎『年表　茶の世界史』八坂書房、1985 年
松井清編『近代日本貿易史　第 1 巻』有斐閣、1959 年
松本君平『海外製茶貿易意見』経済雑誌社、1896 年
松本貴典「戦前期日本の貿易構造と世界構造――貿易結合度による分析」（松本貴典編『戦前期日本の貿易と組織間関係　情報・調整・協調』新評論、1996 年所収）
室谷哲「中産層的アメリカ文明における「大衆消費社会」の形成」（関口尚志、梅津順一、道重一郎編『中産層文化と近代　ダニエル・デフォーの世界から』日本経済評論社、1999 年）
村山鎮『茶業通鑑』有隣堂、1900 年
山口和雄「茶貿易の発達と製茶業」（小原敬士編『日米文化交渉史　第 2 巻』原書房所収、1954 年）
山口和雄「茶貿易の発達と製茶業」（小原敬士編『日米文化交渉史 2』原書房所収、1954 年）
山口和雄『日本経済史』筑摩書房、1976 年
山口和雄「幕末の開国とその影響」（渋沢敬三編『社会経済　第 11 巻』原書房所収、1979 年）
横山良「金ぴか時代と十九世紀末のアメリカ」（野村達朗編著『アメリカ合衆国の歴史』）ミネルヴァ書房、1998 年

缶詰関連

朝比奈貞良編『大日本洋酒缶詰沿革史』日本和洋酒缶詰新聞社、1915 年
産業教育協会編『図説日本産業大系』（第 6 巻）、中央社、1961 年
産業経済調査所『食料品工業の話：蟹缶詰の出来る迄』（産業教育講座；第 16 輯）、産業経済調査、1931 年
高柳友彦「缶詰産業の企業化と生産地域の展開――静岡県を事例」（加瀬和俊編『戦前日本の食品産業：1920 ～ 30 年代を中心に』東京大学社会科学研究所、2009 年所収）
富永憲生「一九三〇年代の缶詰産業：飛躍とその要因」社会経済史学会『社會經濟史學』53(4)、社会経済史学会、1987 年
中島常雄編『現代日本産業発達史：食品』（第 18 巻）、現代日本産業発達史研究会、1967 年
中外商業新報社経済部編『重要商品の解説』千倉書房、1939 年
三島康雄『北洋漁業の経営史的研究』ミネルヴァ書房、1972 年
平野孝三郎・三浦利昭『缶詰入門』日本セルフ・サービス協会、1980 年
山口和雄編『現代日本産業発達史（第 19 巻）　水産』現代日本産業発達史研究会、1965 年
山中四郎『日本缶詰史』（全 2 巻）、日本缶詰協会、1962 年

製菓関連

池田文痴菴編『日本洋菓子史』日本洋菓子協会、1960 年
大澤篤「製菓産業の展開と中堅企業の位置」（加瀬和俊編『戦前日本の食品産業：1920 ～ 30 年代を中心に』東京大学社会科学研究所、2009 年所収）
加瀬和俊編『戦前日本の食品産業：1920 ～ 30 年代を中心に』東京大学社会科学研究所、

2009 年
株式会社電通編『松崎半三郎』森永製菓株式会社、1964 年
武田尚子『チョコレートの世界史：近代ヨーロッパが磨き上げた褐色の宝石』中央公論新社、
　2010 年
中島常雄編『現代日本産業発達史：食品』(第 18 巻)、現代日本産業発達史研究会、1967 年
森田克徳『争覇の経営戦略製菓産業史』慶應義塾大学出版会、2000 年
守安正『和菓子』毎日新聞社、1973 年

社史・団体史
公衆衛生・食品衛生関連
大霞会編『内務省史』(全 4 巻) 原書房、1981 年
厚生省医務局編『医制八十年史』印刷局朝陽会、1955 年
厚生省医務局編『医制百年史』ぎょうせい、1976 年
厚生省五十年史編集委員会編『厚生省五十年史』厚生問題研究会、1988 年

製茶関連
農商務省農務局編『茶業ニ関スル調査』大日本農会、1912 年。
静岡県立農事試験場茶業部他『茶業全書』静岡県茶業組合連合会議所、1915 年
静岡県茶業組合聯合会議所編『静岡県茶業史』国書刊行会、1981 年
静岡大学 All About Tea 研究会編『日本茶文化大全』知泉書館、2006 年
全日本紅茶振興会『紅茶百年史』(復刻版)(寺本益英編『日本茶業史資料集成　紅茶百年史 (第
　19 冊)』文生書院、2003 年)
塚野文之輔『日本茶業史　第一篇』(復刻版)(寺本益英編『日本茶業史資料集成　第 1 冊』
　文生書院、2003 年
日本茶輸出百年史編纂委員会編『日本茶輸出百年史』中央公論事業出版、1901 年

缶詰関連
蟹罐詰發達史編纂委員会・岡本正一編『蟹罐詰發達史』霞ケ関書房、1944 年

製菓関連
井上碌朗編纂『日本チョコレート工業史』日本チョコレート・ココア協会、1958 年
食パン産業の歩み会編『食パン産業の歩み』毎日新聞社、1987 年
森永五十五年史編輯委員会編『森永五十五年史』森永製菓、1954 年
森永製菓編『森永製菓 100 年史：はばたくエンゼル、一世紀』森永製菓、2000 年

衛生組合
静岡市衛生組合編『静岡市衛生組合五十年史』静岡市衛生組合、1940 年

南多摩郡私立衛生会事務所「南多摩郡私立衛生会雑誌」第三号、1899年（近現代資料刊行会企画編『近代都市環境衛生叢書2　近代都市の衛生環境（東京編）　25　衛生・保健④』近現代資料刊行会、2009年所収）

鷺洲衛生組合二十年史編輯委員会編「鷺洲衛生組合二十年」鷺洲衛生組合、1933年（近現代資料刊行会企画編『近代都市環境衛生叢書1　近代都市の衛生環境（大阪編）　29　衛生・保健⑩』近現代資料刊行会、2007年所収）

城北衛生組合事務所「城北衛生組合史」山本弘栄社、1942年（近現代資料刊行会企画編『近代都市環境衛生叢書1　近代都市の衛生環境（大阪編）　31　衛生・保健⑫』近現代資料刊行会、2007年所収）

論文・雑誌
公衆衛生・食品衛生関連

伊藤ちぢ代「衛生行政と健康に関する法制度──健康観の哲学的基礎付けのための基礎研究」（日本大学大学院総合社会情報研究科『日本大学大学院総合社会情報研究科紀要』No.6、2005年所収）

尾崎耕司「後藤新平の衛生国家思想について」（大阪歴史学会『ヒストリア』(153)、1996年所収）

笠原英彦「近代日本衛生行政論の展開──長与専斎と後藤新平」（慶應義塾大学『法学研究』第69巻1号、慶應義塾大学、1996年所収）

笠原英彦「明治十年代における衛生行政──後藤新平と『日本的』衛生概念の形成」（慶應義塾大学『法学研究』第70巻8号、慶應義塾大学、1997年所収）

清水孝重「色と食品──食品着色料の歴史的変遷（特集：色）」（『食品・食品添加物研究誌』(174)、1997年所収）

谷口直人「『伝染病予防法』の制定過程──内務省公衆衛生の構想と展開」（内務省史研究会編『内務省と国民』文献出版、1998年所収）

藤原有和「書評　小林丈広著『近代日本と公衆衛生──都市社会史の試み』」（関西大学人権問題研究室『関西大学人権問題研究室室報』（第29号）2002年所収）

光武幸「我国における着色料取締りの歴史：歴史的経緯からみた着色料の存在意義」（『北海道大学大学院環境科学研究科邦文紀要』(1)、1985年所収）

山本俊一「日本の食品衛生史──特に食品衛生法以前の食品添加物について」（日本食品衛生学会『食品衛生学雑誌』21 (5)、1980年所収）

製茶関連

石井寛治「幕末維新期の山城茶業──在来産業と日本近代化」（立命館大学『立命館経済学』第39巻第5号、1990年所収）

小野一一郎「日本貿易政策の源流──金子堅太郎の政策構想」（日本貿易史研究会編『日本貿易の史的展開』三嶺書房、1997年所収）

高嶋雅明「明治後期における農商務省の貿易拡張政策と領事報告」(近畿大学経済学会編『生駒経済論叢』第7巻第1号(通巻19号)、2009年所収)
橋野知子「織物業における明治期「粗製濫造」問題の実態——技術の視点から」(『社会経済史学』第65巻第5号、2000年所収)
原康記「幕末－明治中期の長崎における製茶輸出」(九州大学『経済学研究』第54巻第6号、1989年所収)
半澤清助・岩崎日出雄「輸出緑茶ノ著色問題ニ就テ(横濱衛生試験所報告)」(日本薬学会『藥學雜誌』360号、日本薬学会、1912年所収)
松本貴典「両大戦間期日本製造業における同業組合の機能」(『社会経済史学』第58巻第5号、1993年所収)

缶詰関連
政木乙吉「「ブリキ」罐ノ食物上ニ於ケル影響」(日本薬学会『藥學雜誌』(219)、1900年所収)
柿沼三郎「危険なる飲食物」(日本衛生会編『公衆衛生』52(6)、日本衛生会、1934年所収)
富永憲生「一九三〇年代の缶詰産業：飛躍とその要因」(社会経済史学会『社會經濟史學』53(4)、1987年所収)
真杉高之「缶詰史散歩(4)二つの軍需が育てた明治の缶詰」(日本罐詰協會編『缶詰時報』84(2)、2005年所収)

製菓関連
松崎半三郎「明治大正製菓史」(渋沢栄一、三宅雄二郎、鎌田栄吉、野依秀市編『明治大正産業史(第2巻)』日本図書センター、2004年所収)
宮下史明「成熟する国内市場と日本の洋菓子メーカーの経営戦略」(早稲田商学同攻会『早稲田商学』第417号、2008年所収)

衛生組合
尾崎耕司「衛生組合に関する考察：神戸市の場合を事例として」(大手前大学・大手前短期大学『大手前大学人文科学部論集』6、大手前大学・大手前短期大学、2005年。

統計資料・調査報告
外務省通商局編纂『通商公報(復刻版)』不二出版、1997年
外務省通商局編纂『日刊海外商報(復刻版)』不二出版、2005年
紫堂章「海外ニ於ケル蚕糸 製茶状況視察復命書」1903(『農商務省商工局農商務省商工局臨時報告 第10巻』ゆまに書房、2002年所収)
総理府統計局編『総理府統計局百年史資料集成』(第1巻 総記 上)、総理府統計局、1973年

参考文献一覧

新聞
明治ニュース事典編纂委員会『明治ニュース事典　第 8 巻』明治ニュース事典編纂委員会、1983 年

缶詰関連
「鑵詰業者大会」『東京朝日新聞』1920 年 4 月 7 日
「悪缶詰の実例」『東京朝日新聞』1923 年 8 月 4 日

製菓関連
「食べて悪い駄菓子屋　砂糖の中に土砂を混じた不良品　夏季の飲料水にも十分の注意を要す」『東京朝日新聞』1917 年 5 月 16 日
「菓子屋さんの手づかみ厳禁　食べ物の中毒者が多いので新取締令発表　危険なおでん支那そば屋」『東京朝日新聞』1926 年 4 月 15 日
「見ぬものは清し　驚き入った菓子屋　製造問屋六百余軒の有様は　犬も食はぬ汚さ」『東京朝日新聞』1929 年 11 月 8 日
「大福餅の中毒で患者五百名を出す」『時事新報』1936 年 5 月 13 日
「鉱物性の中毒」『大阪毎日新聞』1936 年 5 月 14 日
「大福禍の中毒素ゲ氏菌の正体」『中外商業新報』1936 年 5 月 17 日
「餡中毒の正体暴露」『大阪時事新報』1936 年 5 月 18 日

第3章 史料

(史料1) 不正茶取締方達

　製茶ノ儀ハ是迄不正ノ製法イタシ悪葉等取交売込候者有之候趣相聞、右様ノ事ハ一旦ノ利得ハ有之ト雖モ固ヨリ正路ニアラザル故終ニハ買収候者モ無之候様成行ハ必定ノ事ニ候。夫レノミナラズ海外ヘ輸出ニモ相成候品ニハ外國人ヨリ彼是ト申出候時ハ正直成者ノ商之妨ニモ相成、土地名産ノ名ヲ汚シ御國ノ御外聞ヲオトシ候ニモ到リ候段甚以相済マザルコトニ候。追々製茶ノ時節ニモ相成候間、兼テ触レ知ラセ此後右様ノ所行有之候ニ於テハ厳重ノ咎可申付候條心得違ヒ致ス間敷事。

　　明治五壬申三月二七日　　　　　　　　　　　　　　　　　　　静岡縣庁

　因みに不正の製法中には柳葉または枸杞葉を交へ甚だしきは鹿角草を交へしものありといふ

出所：静岡県茶業組合聯合会議所編『静岡県茶業史』国書刊行会、1926年、799-800頁。

(史料2) 合衆國贋製茶輸入制禁條例

第一條　米合衆國上院及下院合同カイギニ於テ此條例ヲ議定シタル以後ハ何人何組合又何会社タリトモ贋茶或ハ枯葉ヲ混ジタル茶類ノ物品、又ハ多クノ化学薬品其他ノ有害品ノ混入物を含有シ飲用ニ堪ヘザル茶類物品ヲ合衆國ヘ輸入スルコトハ不法タルベシ之ニ依ル凡テ此斯キ物品ノ輸入ヲ禁ズ

第二條　合衆國ニ輸入シタル凡テ茶葉又ハ茶ト稱シタルモノヲ登記スルニ當リテハ輸入者又ハ荷受人ハ其物品ノ純粋ナルカ及飲用ニ適シタルカヲ検査スベキ税關官吏ノ許可ヲ受ケル迄ハ倉庫ヨリ之ヲ取引ラザルコト及其検査ノ為輸入者又ハ荷受人ハ各送品目録ノ各部ノ見本ニ其見本ハ各送品目録各部ノ真實ノ品質ヲ表シ其目録中ニ記載シタル説明ト符号スルトノ書面ヲ添ヘテ共ニ検査官ニ差出スベシトノ證書ヲ關税徴収官ヘ差出スベシ而シテ検査官ニ於テ該見本ガ送品目録真實ノ品質ヲ表セザルコトヲ信ズベキ理由ヲ有スル場合ニ於テハ送品目録ニ記載シタル凡テノ茶又ハ其幾分ヲ再検査スルヲ要ス

　如斯茶ノ再検査ハ其登記後三日内ニナスベキ前文ニ請求シタル證書ハ此條例ノ條款ニ遵ヒ輸入ヲ許ス可シ或ハ破毀（或ハ此場合アルベシ）スル迄ノ該物品ノ附帯スベキ凡テノ税關雑費ヲ仕拂ハザルベカラザルコトヲ顯ハス

第三條　検査官ガ第二條ニ掲ゲルガ如ク検査上當サニ條例ノ禁止スベカラザルコト

　　　　ヲ發見スルトキハ直チ輸入者又ハ荷受人ノ免許狀ヲ渡シ以テ其茶ハ稅關官吏
　　　　ノ管理ヲ脫スルコトヲ告示スベシ然レドモ若シ檢查上茶及茶ト稱シタル物品
　　　　ガ當サニ條例禁止スベキモノナルコトヲ檢查官ニ於テ見認ムルトキハ其旨直チ
　　　　ニ輸入者又ハ荷受人ニ告示シ其茶及茶ト稱シタル物品ハ稅關ニ於テ其輸入ヲ
　　　　許可セザルベシ但シ輸入者又ハ荷受人ノ請願ノ上再檢查ニ於テ前檢查官報告
　　　　ノ誤リナルコトヲ認ムルトキハ此限ニアラズ
　　　　　檢查及送品目錄ノ一部分ヲ認可スルコトハ其部分ニ對シテハ免許狀ヲ下附シ
　　　　　殘分ハ第四條ニ揭グルガ如ク再檢查ノ爲メ保存スベシ
　第四條　若シ輸入者又ハ荷受人及檢查官ノ間ニ紛紜ノ起リタル場合ニ於テハ之ヲ判
　　　　決センガ爲老練家三名ヨリ成立シタル委員ヲ選擧スベシ其一名ハ收稅官之ヲ
　　　　指定一名ハ輸入者之ヲ指定シ他ノ一名ハ前二名ノ委員之ヲ選擧ス而シテ右決
　　　　議ハ終結タル可シ若シ此終結檢查ニ於テ條例當サニ禁止スベキモノナルコト
　　　　ヲ發見スルトキハ輸入者又ハ荷受人ハ其檢查後六箇月內ニ合衆國外ニ右ノ茶
　　　　又ハ茶ト稱シタル物品ヲ輸出スベキ證書ヲ收稅官ノ滿足スベキ保證人ヲ以テ
　　　　差出スベシ然レ共若シ示サレタル期間內ニ該物品ヲ輸出セザルニ於テハ其
　　　　期限內ノ終ニ於テ收稅官ハ之ヲ破毀セシムベシ
　第五條　茲ニ款擧シタル茶質檢查官及價格定ハ其輸入港ノ適當ナル鑑定官之ヲナス
　　　　ベシ又鑑定官無之港ニ輸入シタルトキハ租稅吏ヲナスベシ
　　　　　但シ特ニ大藏卿ノ指圖アルトキハ此限ニアラズ
　第六條　此條例中滓葉ト稱スルモノハ浸漬煎熬其他ノ法ニヨリテ其固有ノ性質強サ
　　　　及效能失フタル凡テノ茶葉ヲ指シタルモノナリ
　第七條　此條例決議前旣ニ合衆國ニ向テ搭載シ船中ニアル茶葉ハ此條例禁止ノ限リ
　　　　ニアラズ
　第八條　大藏卿ハ適當ノ規則ニヨリテ此條例ノ款條ヲ實行スルノ權力ヲ有ス
　　　　千八百八十三年三月二日確定ス
　　　　第八條ニヨリ大藏卿ニ附與セラレタル權力ニ遵ヒ規則ヲ設定ス
　　第一節　藥材醫藥品ノ檢查ニ關シタル千八百七十四年發布ノ規則第四章中ノ訓令
　　　　ハ此贋造茶禁止條例ノ意義ニ適ヒ背反セザルノ間ハ前文ニ記載シタル性質
　　　　ノ物品輸入上稅關官吏ノ正ニ履行スベキ凡テノ處務ヲ指示ス
　　第二節　第二條ニ從ヒ茶ヲ納置スベキ倉庫ハ收稅官之ヲ指示スベシ而シテ其持主
　　　　ハ二人ノ確實ナル保證人ト及收稅官ノ滿足スベキ程ノ證金ヲ定メ左ニ記載
　　　　シタル式ノ證書ヲ出スコトヲ要ス如斯ク指名セラレタル倉庫ニ納置セザル
　　　　茶ハ其檢查間及適當ノ免許狀ヲ與フルカ或再輸出ヲ免ス迄ハ官庫ニ置ク可

シ

出所：静岡県茶業組合聯合会議所編『静岡県茶業史』国書刊行会、1926年、806-808頁。

（史料3）茶業組合準則

第一條　茶業ニ従事スル者ハ製造者と販売者トヲ問ワス郡区マタハ町村ノ区劃ヨリ組合ヲ設置スヘシ但シ自家茶ノミヲ製スル者ハ此限ニアラス

第三條　組合ハ左ノ目的ヲ以テ規約ヲ定ムヘシ

　　第一項　他物若クハ悪品ヲ混淆シ或ハ著色スル等総テ不正ノ茶ハ製造賣買セサル事

　　第二項　乾燥法及ヒ荷造方ヲ完全ニスル事

　　第三項　製茶検査法ヲ設ケ其正否ヲ鑑別スル事

　　第四項　製茶荷造ノ上ハ必ス組合ノ名称及製造人販売人ノ姓名ヲ記スル事

第六條　組合委員ハ時々組合内ノ實況ヲ検査スヘシ

第七條　各府縣下便宜ノ地ニ取締所一箇所ヲ設ケテ各組合ヲ統轄スヘシ

第八條　取締所ノ役員ハ各組合ノ委員中ヨリ互選スヘシ

第九條　組合及取締所ニ關スル費用ハ各組合員ノ協議ヲ以テ之ヲ定ムヘシ

第十條　全國中便宜ノ地ニ中央茶業組合本部ヲ設ケ各地茶業組合取締役員ノ氣脈ヲ聯通スヘシ

第十一條　中央茶業組合本部ノ規約ハ農商務卿ノ認可ヲ受クヘシ

第十二條　中央茶業組合本部ノ役員ハ各地茶業組合取締所ノ役員中ヨリ互選スヘシ

第十三條　中央茶業組合本部ノ費用ハ各地茶業組合取締所役員ノ協議ヲ以テ之ヲ定ムヘシ

出所：塚野文之輔『日本茶業史　第一篇』（復刻版）（寺本益英編『日本茶業史資料集成　第1冊』文生書院、2003年、44-45頁。

（史料4）茶業組合規則

第一條　茶業ニ従事スル者ハ製造者と販売者トヲ問ワス郡区マタハ町村ノ区劃ヨリ組合ヲ設置スヘシ但シ自家茶ノミヲ製スル者ハ此限ニアラス

第三條　組合ハ左ノ目的ヲ以テ規約ヲ定ムヘシ

　　第一項　他物若クハ悪品ヲ混淆シ或ハ著色スル等総テ不正ノ茶ハ製造賣買セサル事

　　第二項　乾燥法及ヒ荷造方ヲ完全ニスル事

　　第三項　製茶検査法ヲ設ケ其正否ヲ鑑別スル事

第四項　製茶荷造ノ上ハ必ス組合ノ名称及製造人販売人ノ姓名ヲ記スル事
第六條　組合委員ハ時々組合内ノ實況ヲ検査スヘシ
第七條　各府縣下便宜ノ地ニ取締所一箇所ヲ設ケテ各組合ヲ統轄スヘシ
第八條　取締所ノ役員ハ各組合ノ委員中ヨリ互選スヘシ
第九條　組合及取締所ニ關スル費用ハ各組合員ノ協議ヲ以テ之ヲ定ヘシ
第十條　全國中便宜ノ地ニ中央茶業組合本部ヲ設ケ各地茶業組合取締役員ノ氣脈ヲ
　　聯通スヘシ
第十一條　中央茶業組合本部ノ規約ハ農商務卿ノ認可ヲ受クヘシ
第十二條　中央茶業組合本部ノ役員ハ各地茶業組合取締所ノ役員中ヨリ互選スヘシ
第十三條　中央茶業組合本部ノ費用ハ各地茶業組合取締所役員ノ協議ヲ以テ之ヲ定
　　ムヘシ
出所：塚野文之輔『日本茶業史　第一篇』(復刻版)(寺本益英編『日本茶業史資料集成　第1冊』
　　文生書院、2003年、44-45頁。

(史料5) 製茶ニ著色ヲ禁止スル可否答申

　明治26年6月27日小松原本縣知事より静岡県茶業組合聯合会議所に左の諮問あ
りたり。
　本縣製茶製造ノ技術進歩スルニ従テ粗製濫造ノ弊多ク其巧ナル實ニ驚クベキモノ
アリテ著色茶ヲ製スル者年ヲ遂テ増加シ既ニ本縣製茶ノ信用ヲ失スル少々ニアラズ、
今ニシテ此弊ヲ杜絶スルニアラザレバ其流弊ノ極如何ナル結果ニ立至ルベキヤモ測
ラレズ、假ニ縣下製茶總價格ノ一割ヲ減ズルトスレバ参拾萬圓ニシテ二割ヲ減ズル
トスレバ六拾萬圓なり、製造ノ良否ニ依リ一割乃至二割ノ價格ヲ増減スルコトハ既
往ノ實驗ニ照シテ明ナリ、故ニ此際縣令を以テ製茶ニ著色スルヲ禁止ハ急務中ノ急
務ナリト確信ス、然レドモ再製ニ至ツテハ荒製ト著色ノ性質ノ異ニシテ現時實況日
本茶輸出總額ノ過半ハ著色ノ製造ニシテ未ダ全ク禁止シ難キ事情ナリトス、本縣下
ニ於テ再製ノ業ハ實ニ僅々タリト雖モ茶業ニ冠タル本縣ニシテ全国ニ通ジ行ハレザ
ルノ令ヲ布カル、ハ頗ル遺憾ナキ能ハズ、依テ本所ノ意見ヲ開陳スルコト左ノ如シ
　一、製茶ニ黒煙其他ノ物品ヲ以テ著色スルコトヲ禁止スルハ至當ノ處置ナリト雖
　　モ直輸出製茶中海外販賣上必要ノ著色ニシテ茶業組合聯合會議所ノ證明ヲ得ル
　　モノハ禁止ノ限リニアラズ
　　　右謹テ答申候也
出所：静岡県茶業組合聯合会議所編『静岡県茶業史』国書刊行会、1926年、834-835頁。

（史料６）中央茶業組合本部規約

第一章　總則
第一條　中央茶業組合本部ハ東京ニ設置ス
第二條　中央茶業組合本部ノ施行スヘキ事項左ノ如シ
　第一項　茶業上ノ改良進歩ヲ計畫スルコト
　第二項　各地茶業取締所ノ氣脈ヲ聯通シ取締ノ方向ヲ一様ナラシムルコト
　第六項　横濱神戸長崎ノ三港ヘ調査委員ヲ派遣スルコト
　第七項　各地茶業取締所ノ間ニ製茶見本交換ノ方法ヲ設クルコト
　第八項　海外製茶ノ販賣并ニ茶業ノ實況ヲ詳ニスル爲メ茶業ニ關係アル全國ヘ通信或ハ調査委員ヲ派遣スルコト
第三條　中央會議ニ於テ議定シタル事件ハ各府縣茶業者履行スヘキモノトス
第五章　地方組合
第二十八條　各府縣茶業取締所ノ規約ハ其地方ノ情況ニ障碍ナキ事項ハ中央會議ニ於テ協議シ各地大差ナキヲ要スヘシ
第二十九條　各府縣茶業取締所及各茶業組合ノ規約ヲ議定シ或ハ變更シタルトキハ其時々本部ヘ送付スヘシ
第六章　通信報告
第三十條　本部ニ於テハ茶業上ノ論説記事及内外市場ノ景況輸出入ノ數量價格等總テ營業上緊要ノ事件ヲ輯メテ報告及ヒ統計書ヲ編成シ月報又ハ週報トシテ之ヲ各府縣茶業組合取締所並ニ各茶業組合ヘ配付スヘシ
第三十二條　各府縣茶業組合取締所ニ於テハ左ノ各項ヲ調査シ本部ヘ通報スヘシ
　第一項　製茶売賣價格並ニ栽培製造ノ景況
　第二項　製茶産額並ニ組合人員數及ヒ茶畑反別
　第三項　本部ヨリ臨時ニ照會スル事項
第三十三條　前條中第一項ハ其地方製茶期節（製造ニ着手セシ時）ヨリ八月迄ハ時々其餘ハ毎月一回通報スヘシ
　　　　　　但八月以後ト雖モ大變動アルトキハ其都度通報スヘシ
第三十四條　第三十二條中第二項ハ毎年十一月限リ通報スヘシ
第三十五條　各府縣組合ニ於テ茶業上ニ付集談會或ハ共進會等ヲ開設セシトキハ所轄取締所ヨリ其景況或ハ其事情ヲ本部ヘ報告スヘシ

出所：塚野文之輔『日本茶業史　第一篇』（復刻版）（寺本益英編『日本茶業史資料集成　第１冊』文生書院、2003年、47-51頁。

(史料7）中央茶業組合本部副約不正茶検査法
一橫浜神戸長崎ノ三港ニ製茶検査所ヲ設ケ中央茶業組合本部ヨリ検査委員ヲ派遣セ
　シメ各地方ヨリ輸送シ来ル茶荷物ヲ検査ス可シ
一検査所派遣ノ委員ハ時々問屋ニ出張シ問屋ノ実況ヲ監視ス可シ
一三港ノ問屋ニ於テハ専不正茶及ヒ荷票ノ有無等ヲ検出スルノ責ニ任シ若シ不正茶
　及無票ノ荷物ヲ検出シタルトキハ該荷物ヲ差押ヘ置キニ検査委員ニ報知ス可シ
　　但三港ノ問屋ニ於テハ不正茶及無票ノ荷物ハ決シテ取扱ハザル旨ヲ規約ニ確定シ
　該地方庁ノ認可ヲ受ケ其旨中央茶業組合本部ヘモ届ケ出ツ可シ
一三港ノ問屋ハ入荷員数ヲ日々検査所ニ報知ス可シ
一長崎港ハ當分ノ内該地茶業組合取締所ニ前條ノ検査事務ヲ委託スルモノトス
出所：塚野文之輔『日本茶業史　第一篇』（復刻版）（寺本益英編『日本茶業史資料集成　第1冊』
　　文生書院、2003年、59-60頁。

(史料8）粗悪不正茶ト認ムヘキ製茶ノ種類
一不正茶　但細別ハ左ノ如シ
他葉ヲ用キテ疑似ノ茶ヲ製シ或ハ之ヲ良茶ニ混淆セシモノ
製造中黒砂其他ノモノヲ混入シ故ラニ秤量ヲ増加セシモノ
難破船ノ為メ鹽入又ハ雨濡トナリ其他腐敗ニ至リシ品ヲ再乾偽造シ又ハ混淆セシモ
　ノ硬強(ごうきょう)ナル粗葉ニ粘質物ヲ用ヰ其形状ヲ良茶ニ偽造シ又ハ混淆セシモノ
其他種々ノ手段ヲ施シ前各項ニ類似ノモノヲ製シ又ハ混淆セシモノ
一着色茶　但細別ハ左ノ如シ
既製ノ茶ニ「アンチモニーム」又ハ黒鉛或ハ黒煙等ヲ以テ着色シ良茶ニ偽造シ又ハ
混淆セシモノ
製造中緑礬(ローハ)又ハ鐵氣(カナケ)ノモノ等ヲ加ヘ黒色ヲ興ヘテ良茶ニ偽製シ又ハ混合セシモノ
其他前各項ニ類似ノモノヲ製シ又ハ混淆セシモノ
一悪品　但細別ハ左ノ如シ
日光ニテ乾燥セシモノ　（但シ紅茶、烏龍茶、番茶ハ此限ニアラス）
硬強ナル茶葉ヲ種々ノ手段ヲ以テ腐敗セシメ黒色ヲ興ヘテ良茶ニ擬製シ又ハ混淆セ
シモノ
蔭乾製ノ腐敗セシモノ　其他前各項ニ類似スル製品
出所：塚野文之輔『日本茶業史　第一篇』（復刻版）（寺本益英編『日本茶業史資料集成　第1冊』
　　文生書院、2003年、60-61頁。

(史料9)（ロ）米国政府の「贋造茶輸入禁止條例」の発布にともなう農商務省の茶業者に対する警告

　明治16年（1883年）米国政府が「贋製茶輸入禁止條例」を発布して不正・不良茶の輸入取締を厳にすることになったので、農務局は同年四月「臨時報」第六十八回をもって、「茶業者に告ぐ」と題して、「粗製濫造の防止就中製茶に他物を混淆、粗悪茶の著色、日乾茶の製造廃止等製茶の粗製濫造防止に関する警告書」を発布した。
　告書で。製茶改良の要旨として指示された事項はつぎのとおりである。
　第一、培養摘葉ニ注意シ香味色沢ヲシテ佳良ナラシムルコト
　第二、日乾製ヲ廃シ他ノ便利ナル良法ニ改ムルコト
　第三、仕上乾燥ヲ十分ニシ並ニ乾燥機ヲ改良スルコト
　第四、貯蔵ヲ精密シ荷造ヲ十分ニシ変味変質ヲ防グコト
出所：農林省大臣官房総務課編『農林行政史　第2巻』農林協会、1959年、749-750頁。

(史料10)（ニ）「茶業組合準則」の改正と中央茶業組合本部製茶検査所設置

　明治十七年三月内務、農商務省達第四号「茶業組合準則」のなかには、茶業組合等が製茶の検査をおこなえるという規定を欠いていたので、明治十九年二月内務、農商務省達第二号をもって左のとおりこれを改正して、茶業組合等が製茶の検査をおこなえるようにした。
　「茶業組合準則第三條第二項ノ次ヘ左ノ一項ヲ追加シ第三項ヲ第四項トス」
　　追加
　「第三項　製茶検査法ヲ設ケ其正否ヲ鑑別スルコト」
　右の改正によって、中央茶業組合本部は本部規約副約として、「製茶検査規則」を制定するとともに同年四月から横浜、神戸、長崎の三港に製茶検査所ヲ設ケ（長崎港だけは同地の茶業組合取締所に検査事務を委託した）、各港に搬入される製茶の検査取締りを開始した。この検査、取締はこれらの地に搬入された輸出再製原料茶の検査および取締をおこなうものであって、すでに輸出茶と決定した再製茶に対しては検査をおこなわなかったから、今日おこなわれている輸出茶の検査と実質的にはほどとおいものがあったが、とにかくこの時代すでに製茶の輸出検査に一歩を踏出したことを特筆すべきことであろう。
　中央茶業組合本部の右の措置にさきだち、農務局長は十九年三月東京府ほか二府三十四県にたいし左の照会（後の通牒に当るもの）を発して地方長官の協力を要請した。
　「製茶の検査取締の儀に付照会（明治十九年三月）」

本年本省第二号ヲ以テ製茶検査法ヲ設クルノ一項ヲ茶業組合準則ヘ追加相成候ニ付本年茶業組合中央本部ニ於テモ横浜、神戸、長崎三港ヘ検査所ヲ設ケ不正茶ヲ検査スヘキ方法ヲ議決候処右ノ創始ノ事業ニシテ殊ニ開港場ニハ多年ノ弊習尠ナカラザレバ到底充分ノ検査ヲ実行スルニ至リ難ニ場合モ可有之候然ニ昨年ハ商況ノ模様ニヨリ下タ物ト唱フル粗茶ノ売価以外ニ格高ナリシヨリ其間或ハ粗悪茶ヲ製茶輸出セシモノアルヤノ趣ナレバ本年亦右等ノ製品市場ニ上ランモ難計万一此際組合ニ於テ前顕中央本部ノ決議ニ依頼シ取締ノ道相緩ミ候事有之候テハ容易ナラザル儀ニ付尚一層注意尽力至候様取締所役員等ヘ御示談相成度此段以申進置候

出所：農林省大臣官房総務課編『農林行政史　第2巻』農林協会、1959年、751-752頁。

(史料11)（ホ）横浜、神戸、長崎、三港の製茶検査所の茶業組合中央会議所への移譲とその施設の強化

　中央茶業団体として茶業組合中央会議所が設立されたので、従来茶業組合本部が経営していた横浜、神戸、長崎三港の製茶検査所がこれに引き継がれたのは当然のことである。そこで中央会議所は明治二十一年三月これが引き継ぎをうけるとその強化を図り、とくに横浜、神戸両港の検査には検査委員長をおいて検査取締の強化を図った。もっともこの検査もまた中央茶業組合本部のおこなっていたものと同じように、これら三港に搬入された茶の取締検査であって、輸出茶として決定したものにはその検査はおこなわれなかった。

出所：農林省大臣官房総務課編『農林行政史　第2巻』農林協会、1959年、752頁。

(史料12)茶業組合聯合会議所の製茶取締

明治二十一年二月本所は製茶取締に付て左の如く規約を定めたり。

第五條　組合員ハ製茶ニ他物ヲ混淆シ或ハ著色シ及日乾、宵揉、墨煙臭、腐敗、潮入、其他總テ人身ノ健康ヲ害シ若シクハ正業者ノ妨害トナル可キ不正不良茶ヲ製造シ又賣買スルコトヲ禁ズ

第六條　古茶ヲ貯ヘテ之ヲ五月十日以前ノ新茶ニ交ヘ又ハ特ニ製茶ニ粉末ヲ混ズルコトヲ禁ズ

第七條　組合員ヨリ横濱其他總テ他府縣下ヘ輸出スル茶荷物ヘハ本所ヨリ發布スル荷票赤色ヲ櫃ニ、青色ヲ丸茶ニ貼付スベシ

　　　　但シ荷票ハ側面（小口）ノ見出シ易キ所ヘ貼付シ番號、月日、姓名ヲ記入スベシ

第八條　第七條、第三十六條ニ違背シタル荷物ヲ引受ケタル貿易市場ノ賣込問屋竝

　　　　ニ各地荷受人ヘハ本所ヨリ各組合ヘ報告シテ本縣下組合員ヨリハ自後該店ヘ
　　　　宛茶荷物ノ輸送ヲナサヾルトノトス
第九條　縣外輸出ノ製茶荷造ハ粉茶川柳ヲ除クノ外必ラズ櫃詰タルベシ
　　　　但シ走リ茶ニ限リ其目方八貫匁未満ノ分ハ當分丸茶輸出ヲ許スト雖モ其荷
　　　　票ハ赤色ヲ貼用セシム
第十條　本縣下ヨリ他府縣ヘ輸送スル茶櫃ノ寸法ハ左ノ三種トス
　　　　　　長サ二尺八寸五分　　　長サ二尺三寸　　　長サ二尺
　　　　大　幅一尺四寸五分　　中　幅一尺四寸四分　小　幅一尺三寸三分
　　　　　　深サ一尺七寸　　　　　深サ一尺七寸　　　深サ一尺七寸
　　　　但シ明治二十一年ニ限リ既造ノ茶櫃ハ本文ノ寸法外ト雖モ使用スルコトヲ
　　　　許ス
第十一條　製茶縣内外輸出入ノ要所ニ檢査所ヲ設置シ茶荷物ノ取締ヲ為スベシ
第十二條　製茶檢査所事務ハ該地組合ノ組長ニ委嘱シ之ヲ施行セシム
　　　而して違約者の處分左の如く定めたり。
第三十三條　組合員ニシテ證票又ハ代人票ヲ携帯セザルモノト賣買ヲナシタルモノ
　　　　ハ金五拾錢ノ違約ヲ差出サシム
第三十四條　組合員ニシテ謂レナク分頭費ヲ納メザルモノハ其額ニ対スル五倍ノ違
　　　　約金ヲ差出サシム
第三十五條　縣外輸送ノ茶荷物ニ荷票ヲ貼付セザルモノ及ビ再貼用若シクハ青色ヲ
　　　　櫃茶ニ貼付シタルモノハ違約金トシテ定料ノ二十倍ヲ差出サシメ又番號、月
　　　　日、姓名ヲ記入ヲ怠リタルモノハ定料ノ五倍ヲ差出セシム
第三十六條　第七條ニ示ス所ノ不正ノ所為ヲナシタルモノハ金壹圓九拾錢ノ違約金
　　　　ヲ差出サシメ且古茶ヲ交ヘタルモノハ五月十日以前ノ賣買ヲ差止メ粉末ヲ混
　　　　ジタルモノハ之ヲ除却セシム
第三十七條　各組合員ノ内第六條ニ示ス處ノ不正不良茶ヲ製造若シクハ賣買シタル
　　　　モノヲ發見シタルトキハ現品ヲ差押置キ其筋ヘ告發ス
　　　　但シ本文ノ不正不良茶ハ都テ取揚焼棄ズベシ
　　　其後各年次の聯合会議に於て幾多の更生を經今日に及べり。
出所：静岡県茶業組合聯合会議所編『静岡県茶業史』国書刊行会、1926年、813-814頁。

(史料13) 海外輸出製茶檢査に関する建議案

「我が製茶第一の需要國たる北米合衆國に於ては三十年五月粗悪茶輸入禁止条例を発布し其の標準見本を制定した税関に於いて厳密なる検査をなさしめ昨三十一年に

至りては一層其程度を進め益々該条例の励行を図りつつあるに加へて加奈陀政府に於いても亦合衆國と同じく粗製茶の輸入を防遏せんが為め標準見本を定め本年より粗製茶輸入の禁止令を実施せんとするの義己に熟したりと抑需要國に於て如斯法律を布き製茶を厳重にし粗製茶の輸入を防遏する所以のものは畢竟生産國に於ける検査法の完全ならざるに基するや敢て言俟たず然ならば則生産地たる本邦に於ては一層厳格周密なる検査を施し需要國をして更に輸入茶の検査をなすの要なきを自覚せしむことを期せざるべからず是を以て本会議所は大に検査規定を厳密にし専ら其励行を努むと雖ども其検査は輸出港に集合する製茶の検査に止まり海外輸出に係る製茶一般の検査をなすの権能なきを如何せん既に我製茶の需要國に於ては至厳密なる条例の存ずるあり然るに輸出商中眼前の利益に拘泥し米國標準以下の劣等茶を輸出し遂に我重要輸出茶の名声を失墜せしむる所為をなすものあるは実に一大痛恨なりとす

　既に事情斯の如くなるを以て本会議所は常に製茶の改良を図ると雖ども彼れ輸出商の為めに其事業を蹂躙せられ其目的を達する能はず仰ぎ冀くは我政府に於ても亦米國粗製茶輸入禁止条例に倣ひ粗製茶輸入禁止条例を制定し國庫の支辨を以て輸出港税関に製茶検査所を設け適当の検査を加へられんことを若し夫れ輸出港税関に於て完全なる検査を加へられんが米國製茶禁止条例の必要なきに至るや必せり

　右は明治三十一年度茶業組合中央会議の決議を以て建議致し置き候得共改正条約実施の期も目前に相迫り益々其必要を告げ候に付本会議の決議を以て更に建議候也」

出所：塚野文之輔『日本茶業史　第一篇』（復刻版）（寺本益英編『日本茶業史資料集成　第1冊』
　　文生書院、2003年、138-139頁。

(史料14)「修正条項」

第一条　　東京ニ中央会議所ヲ横浜、神戸、長崎ニ製茶検査所ヲ置ク
第三十九条　検査所ニ於テハ粗悪不正茶ノ検査並ニ其処分経費ヲ徴収及内外茶況ノ
　　　　　　調査売込ノ実況ニ注目スル等ノ事ヲ掌理ス
第四十条　　検査所ニ於テハ日々輸入ノ茶荷物ニ付キ斤量含有粉茶ヲ検査シ及ヒ第
　　　　　　六十三条ノ各項ニ該当スル粗悪不正茶ヲ検査鑑別シ検定証ヲ交付スヘシ
第四十三条　検査ノ上第六十三条ノ第一項ヨリ第十一項迄ニ定ムル粗悪不正茶ト認
　　　　　　ムヘキモノヲ発見シタルトキハ其荷物ノ全部ヲ差押ヘ置キ其荷主及所轄組合
　　　　　　事務所ヘ通知シ日数五十日ヲ経テ棄却スルモノトス
第四十四条　検査所ニ於テハ各府縣聯合会議所若クハ組合ニ於テ定ムル所ノ荷票ヲ
　　　　　　貼付セザル茶荷物又ハ之レヲ再用シタルモノヲ発見スルトキハ該荷物を差シ

押ヘ置キ其荷主所在地ノ組合事務所ヘ通報シ処分済ノ上之レヲ解除スルモノトス

第四十五条　第四十三条ノ粗悪不正茶ノ認定ニ対シ異議ヲ申出ツルトキハ該事件ニ関係ナキ當業者三名ヲ選定シ當否ヲ査定セシム此査定ヲ以テ最終トス

　但シ本条ノ場合ニ於テハ検査所事務員ハ査定ニ要スル相當ノ金額ヲ異議者ヨリ予納セシメ置キ再審ノ上前認定正確ナルトキハ該金ヲ以テ査定費用ヲ支弁シ若シ誤認ニ係ルトキハ之レヲ還付スルモノトス

第四十六条　異議ヲ申出テントスルモノハ差押ヘノ通知ヲ受ケタル日ヨリ二十日以内ニ第四十五条ニ定ムル所ノ手続書ヲ當該検査所ヘ差出スヘシ検査所事務員ニ於テハ該請求書ヲ領収シタル日ヨリ三十日以内ニ第四十五条ニ定ムル所ノ手続ヲ為スモノトス

第四十七条　第四十三条第四十四条第四十五条第四十六条ノ場合ニ於テハ中央会議所及荷主所在地ノ聯合報告スヘシ

第四十八条　事務員又ハ其代理人出張シテ茶荷物ノ検査ヲ要スル場合ニ於テハ其荷主及荷受人等ハ之レヲ拒ムコトヲ得ス

第四十九条　各府縣組合及聯合会議所ニヨリ特ニ依頼アル事件ハ之レニ応スヘシ、但シ特ニ費用ヲ要スルトキハ該組合又ハ聯合会議所ヨリ之レヲ差出サシムヘシ

第五十条　検査ノ施行細則ハ事務員会ニ於テ之レヲ定ム

第六十三条　粗悪不正ト認ムヘキ製茶ノ種類ハ左ノ如シ

　一、他葉ヲ用テ疑似ノ茶ヲ製シ或ハ之レヲ良茶ニ混淆セシモノ

　一、製造中黒砂其他ノモノヲ混入シ故ラニ秤量ヲ増加セシモノ

　一、潮入其他腐敗ニ至リシ品ヲ再乾似製シ又ハ良茶ニ混淆セシモノ

　一、硬強ナル粗葉ニ粘質物ヲ用ヒ其形状ヲ良茶ニ似製シ又ハ良茶ニ混淆セシモノ

　一、既製ノ茶ニ「アンチモニーム」黒鉛、黒煙等ヲ以テ著色又ハ良茶ニ混淆セシモノ

　一、製造中緑礬（ローハ）又ハ鉄気（カナケ）ノモノ等ヲ加ヘ黒色ヲ興ヘテ良茶ニ似製シ又ハ混淆セシモノ

　一、日光ニテ乾燥セシ緑茶ハ之レヲ良茶に混淆セシモノ

　一、硬強ナル茶葉ヲ種々ナル手段ヲ以テ腐敗セシメ黒色ヲ興ヘテ良茶ニ似製シ又ハ混淆セシモノ

　一、蔭乾製ノ腐敗セシモノ又ハ之レヲ良茶ニ混淆セシモノ

一、茶の粉末ヲ以テ良茶「ジン」ニ似製シ之レヲ混淆シ又ハ其他不正手段ヲ以テ故ヲニ良茶ノ秤量ヲ増加セシモノ
一、其他前項ニ類似スル製品
但シ直輸出製茶ニハ第五項中海外販売上必要ノ着色ハ取捨スルコトヲ許スヘシ此直輸出製茶ト認ムヘキモノハ其府縣茶業組合聯合会議所ノ証明書ヲ添付シタルモノニ限ルモノトス

出所：塚野文之輔『日本茶業史　第一篇』(復刻版)(寺本益英編『日本茶業史資料集成　第1冊』文生書院、2003年、152-154頁。

(史料15) (ヘ) 輸出茶の国営検査実施の件陳情

「一八九七 (明治三十年) 米国は、「粗悪茶の輸入禁止条例」を、またカナダ政府も混合茶 (飲用に不適な混合茶) の輸入禁止令を発布する等、わが製茶の主要輸出先が粗悪不正茶の輸入取締を厳重にしたので、わが輸出茶の検査取締は一層その強化を必要とするに至った。そこで茶業組合中央会議所は明治三十一年三月中央会議の決議をもって「輸出茶の検査取締の厳正を期するために国営検査断行の外途なし」として、「海外輸出製茶に関する建議書を政府に提出した。この輸出茶の国営検査施行に関する建議は、その後しばしば繰り返し提出されたが、政府の取上げるところとならず、昭和十一年にいたってはじめて国営輸出検査の端緒が開かれるようになった。」

出所：農林省大臣官房総務課編『農林行政史　第2巻』農林協会、1959年、752-753頁。

(史料16) 標準茶に関する申告書

「抑々貴國政府が千八百九十七年 (粗悪茶) 禁止条例を実施したる所以のものは、従来不良不正茶と認められたる支那の不正茶を専ら拒絶せんが為めに制定せられたるものにして、未だ不正茶と認め排除せられざる他國茶に適用せんとする、貴國の意思にあらざることを信ず。然るに此法の実施は啻に従来多量の不正茶を製出したる支那茶の制裁に止まらずして、却て衛生上無害純良なる日本茶の輸入拒絶の不幸に遭遇するもの夥多あり、為に合衆國に対する供給の截短せらるるに至れり (中略)

現今輸入せらるる支那茶一斤十一仙より九仙の安値なるもの能く輸入を許可せられ、却て日本茶十三仙より十六仙の良茶が輸入拒絶の悲運に遭遇する所以のものは、敢て日本茶の市価の高きに非ずして、貴國適用の標準見本の、支那茶に許すに寛して日本茶に酷なるより来るものにして、即ち同種の茶にして一は支那茶標準見本の下に純良無害として通過し、他は日本茶標準見本の下に不正有害物として排拒せら

るるが故なり。而して米國製茶商の過半は品質の如何よりは寧ろ勉めて安茶購入を望むが故に、支那茶の十仙にして購入し得べき時に當り我茶の最廉なるもの十三仙なりとすれば、已に三割の不利なる差異を生ず。(中略)

標準見本選定の任に當る茶業家も毎年同一の委員を再任し、見本茶の制定年々支那に利にして我に不利を加うるの現況なり。ゆえに予は茲我が國の為め全然選定委員を改選し、多少日本茶の利害に一願を吝まざる委員の選任を希望するものなり。」
出所：塚野文之輔『日本茶業史 第一篇』(復刻版)(寺本益英編『日本茶業史資料集成 第1冊』文生書院、2003年、220-222頁。

(史料17) 茶業取締に関する件 (1911年4月農商務省令第20号)

次の各号の1に該當する製茶を製造又は賣買したる茶業者は100円以下の罰金に処す

但し第1号又は第2号に該當する製品にして本令施行前現に存在するものに付てはこの限りに在らず

1　粘質物を用ひて製造したるもの又は之を他の茶に混じたるもの
2　物料を用ひて色沢を付したるもの又は之を他の茶に混じたるもの
3　腐敗したるもの又は之を他の茶に混じたるもの
4　土砂その他の不純物料を混じたるもの

(注) この省令は、翌45年2月農商務省令第9号をもって改正 (但書削除) 同年7月1日にから施行された。

出所：全日本紅茶振興会『紅茶百年史』(復刻版)(寺本益英編『日本茶業史資料集成 第19冊』文生書院、2003年)、92-93頁。

(史料18) 静岡県令第33号 (1911年3月)

製茶業者並製茶販売業者は本縣當該吏員又は警察吏員において製茶取締の為その家屋倉庫又は製造する場所等に立入ることを拒むこと得ず。

前項の場合において當事業者は當該吏員に対し證票の提示を求むることを得。

第1項に違背したるものは拘留又は科料を処す

本令は明治44年5月1日より之を施行す

出所：全日本紅茶振興会『紅茶百年史』(復刻版)(寺本益英編『日本茶業史資料集成 第19冊』文生書院、2003年)、94頁。

あとがき

　「砂糖を茶に入れる」ならば、紅茶が一般的であろう。日本緑茶にせよ、中国緑茶にせよ、砂糖を入れて飲むことがないと思う人が多いだろう。かつて、筆者もその一人であった。ところが、2010年に北京経由で一時帰国した際、空港の自動販売機で購入したボトルの緑茶が甘かったことに驚いた。同じく、地元で市販されているお茶のドリンクも皆甘かったのだ。中国飲料水市場においては、日本飲料水市場と違い、むしろ甘くないお茶のドリンクがほとんど売れないというのが現状である。

　なぜ中国ではお茶のドリンクに砂糖を入れて飲むようになったのか。筆者個人の考えをまとめてみることにした。①従来の中国人の味覚に合うというよりも、近年の中国人の食生活の変化によって、もたらされたものである。ファーストフードを代表とした欧米の食生活が特に若い世代を中心に人気を博している。それとともに、"いつでもどこでも飲みたいときに飲める"という簡便性や携帯性を備えたお茶のドリンクが普及されるようになった。お茶の苦味を緩和するために砂糖を入れた可能性があると思われる。②保存性あるいは品質（主に外観）を向上させるためである。1年に数回にわたって茶葉の摘採が行われる。一番茶に比し、二番茶以降はやはり茶葉の質が落ちることは言うまでもない。そこで、現代の中国茶業界では、砂糖の粘りが強い特性を利用し、揉捻（茶葉を揉むこと）という再製工程において、茶葉に砂糖を加えて揉むことにより茶葉の光沢を向上させ、外観を均一化している。現代中国では「砂糖」を巧みに使い、茶葉の「外観」を向上させたのである。そして、その砂糖をもって再製された茶葉は、ドリンクの製造原料として使われ、自然と甘く味付けられたお茶のドリンクができあがった。ただし、砂糖をもって再製された茶葉は、茶葉の外観を美しくするが、茶葉の保存性を低下させ、入れた茶の湯を濁し、茶の本来の味を失わせる。

　なぜこのようなことを書いたのかというと、その国の食品の味付けや、着色

といった品質には、その国の食文化の他に、外来の文化や技術を導入する際の経路依存が存在するという一例になると考えたからである。

　原点に戻ることにしよう。筆者がなぜ茶に興味を持つに至ったのかというと、筆者自身が茶産地である福建省出身であることに加え、学部時代に読んだ角山栄氏が著した『茶の世界史』一書の影響が大きい。この一冊で、「茶」というテーマを得て、はじめて「領事報告」という資料を知った。研究を始めた当初の筆者は、近代中国において、なぜ大規模な茶業輸出を実現する民族資本が形成されなかったのか、という問題意識を抱えていたが、研究を進めてゆくにつれて、筆者の滞日中に幾度となく話題となった食品安全問題に関心が移っていった。中国における食品の安全が問題であることは事実であるかもしれない。しかし日本の食品は昔から安全だったのだろうか。仮に安全なものだとして、その「安全獲得」の歴史的過程について研究することに、私は日本で研究することの意義を見出していった。

　修士時代は、「茶」に関係した「領事報告」の整理・解読と手慣れない研究書の講読で大半の時間を費やした。外国人留学生ということもあって、「領事報告」の解読に苦労した。指導教授である永江雅和先生からは修士論文で取り上げた「領事報告」の解読について、逐一ご指導を賜った。また、学内履修制度を通じて、文学研究科歴史学専攻の新井勝紘先生のゼミを履修することができた。新井先生ゼミ所属・履修の先輩方、同級生諸氏から知的刺激を受けることも多かった。この段階では、製茶の「品質問題」とりわけ粗製濫造・着色茶問題を取り組んでいたに過ぎなかった。

　博士時代は、山本俊一氏が著した『日本食品衛生史』と出会い、「缶詰」・「製菓」を中心とした先行研究の資料の収集に追われていた。博士論文のテーマはある程度定まったとはいえ、「製茶」の比較対象になりうる近代日本の食品産業である「缶詰」・「製菓」に辿り着くまでには、相当な時間がかかってしまった。また、有力な一次資料に出会えず、社史・団体史といった刊行文献に多く依拠したため、その信憑性がいささか欠けると言わざるを得ないのが残念である。

　以上の経緯を経て、ようやくまとめ上げられたのが筆者の課程博士論文『戦前期日本の食品衛生問題』である。本書は筆者の課程博士論文を基に、加筆・修正したものである。また、第2章第3節は新たに書き加えた部分である。

あとがき

本書の構成は以下の通りである。

　序　章　先行研究の整理と問題提起
　第１部　衛生行政の形成と食品衛生問題
　　第１章　戦前期日本衛生行政の概観
　　第２章　衛生組合の活動
　第２部　個別産業における食品衛生・品質問題
　　第３章　明治期製茶
　　第４章　近代缶詰
　　第５章　近代製菓
　終　章

　第１部は、近代日本の衛生行政の形成過程を辿りながら、民間における衛生組合の活動を追った。食品衛生制度というものは、独立した行政として現れておらず、あくまでも防疫的な観点の、衛生問題の一環として、もしくは環境衛生の一領域として、存在していたにすぎなかった点にも問題があった。戦前期日本の衛生組合において、食品の安全性の問題は防疫の一環という位置づけとなっており、その他、化学物質に対する対応や栄養学的保健衛生的な取り組みは不十分なものであった可能性が高いことを解明した。

　第２部は、輸出産業である製茶・缶詰と内需産業である製菓を分析対象に、輸出相手国の食品衛生意識の変化、日本国内における食品衛生意識の変化などに注目し、時代状況によって変化する品質問題の実態を可能な限り掘り下げて分析した。個別産業分野において、食品衛生問題は、第一に食品輸出産業としての問題、第二に軍事的要因の問題という要素が戦前期日本の食品衛生問題に強い影響をもたらしたことを明らかにした。相対的にこれらの問題に関連の薄い、製菓業のような内需中心の食品産業では、衛生問題への対応が遅れがちとなったことを明らかにした。

　本書は平成27年度専修大学課程博士論文刊行助成を受けて出版される。筆者が課程博士論文を提出・出版できたことは、多くの方々のお力添えの賜物と深く感謝する次第である。まず、指導教授である永江雅和先生には、時に厳しく、

時に優しく、いつもあたたかくご指導ご鞭撻を賜り、心からの深謝の意を申し上げたい。また、永島剛先生・齋藤佳史先生には、副査として多くのご助言をしていただいた。そして、宮嵜晃臣先生・新井勝紘先生・大橋英夫先生・加藤浩平先生には、論理的思考に関する多くのご助言をしていただいた。ここに深謝の意を表する。

　次に、論文作成を参考した文献・資料については、国立国会図書館、川崎市市立図書館、専修大学図書館、一橋大学図書館、静岡大学図書館、東洋大学図書館、成城大学図書館、跡見学園女子大学など多くの方にお世話になった。記して感謝の意を表する次第である。最後になったが、出版に際しご配慮を賜った笹岡五郎氏、新保秀樹氏に感謝申し上げる。

郭　鋒（かく・ほう）

1983年生まれ。
専修大学大学院経済学研究科博士後期課程修了。博士（経済学）。

翻訳
「国際金融危機下での中国中部経済の成長実態と見通し（河南省社会科学院課題組著）──『中国中部地区発展報告［2010］』総論の一部紹介」（郭鋒訳、湯進監訳、宮嵜晃臣監修）専修大学社会科学研究所月報、2011年2月・3月合併号

戦前期日本の食品衛生問題

2016年2月29日　第1版第1刷

著　者　郭　鋒
発行者　笹岡五郎
発行所　専修大学出版局
　　　　〒101-0051　東京都千代田区神田神保町3-10-3
　　　　　　　　　　㈱専大センチュリー内
　　　　電話　03-3263-4230㈹
組　版　有限会社キープニュー
印　刷
製　本　株式会社加藤文明社

©GOU FENG　2016　Printed in Japan
ISBN 978-4-88125-299-4